D1753350

Mosaik

Elisabeth Fischers
Grosses vegetarisches Kochbuch

Das Standardwerk, mit 430 Rezepten
und zahlreichen Experten-Tips.
Mit 225 Blitzgerichten,
in 5–30 Minuten zubereitet.

Mosaik Verlag

INHALT

VORWORT 5

GESUNDES AUS DER SCHNELLEN KÜCHE . 7
So ein Gedicht, das Minutengericht!

EINKAUF 8
Erfolgreiches Kochen fängt beim Einkauf an.

VORRATSHALTUNG 10
Nicht viel, sondern das Richtige.

DIE KUNST DES WÜRZENS 11
So kommt der Geschmack ins Essen.

KÜCHENAUSSTATTUNG 12
Nützliches und Praktisches.

SPROSSEN 14

DRINKS, BROTAUFSTRICHE, TOASTS,
SNACKS UND VORSPEISEN 17
Klein, fein, schnell zubereitet.
– Drinks 18
– Brotaufstriche 22
– Toasts 25
– Snacks 28
– Arabische Vorspeisen 33

SALATE 37
haben immer Saison.
– Bunt gemischt 38
– Marinierte Gemüse 49
– Sattmacher 54

SUPPEN UND EINTÖPFE 59
Kaspars Leibgericht!
– Kalte Suppen 60
– Klare Suppen 63
– Cremesuppen 67
– Eintöpfe 75

NUDELGERICHTE 81
Pasta, damit basta!

GEMÜSE 97
Gut geschnitten ist halb gekocht.
– Von A bis Z 99
– Aus dem Wok 110
– Indische Curry-Gerichte 118

ALLES AUS EINER PFANNE 129
Resteküche

AUS DEM BACKOFEN 141
Mit wenig Aufwand große Wirkung.
– Gemüse, Gratins und Soufflés ... 142
– Quiches, Pastetchen und Pizza .. 155

DEFTIG UND KRÄFTIG 161
Einfach stark!
– Getreide 162
– Hülsenfrüchte 173
– Mexikanische Tortillas 180

SPEZIALITÄTEN MIT TOFU, TEMPEH
UND MISO 185
Alles Bohne!
– Tofu 186
– Tempeh 198
– Miso 200

SÜSSE LECKEREIEN 203
Kurz rühren –
– Kalte Desserts 204
– Eis und Sorbets 215
– Warme Desserts 218
– Torten und Kuchen 226

MENÜ-VORSCHLÄGE 230
Schnelle Menüs – praktische Kombinationen

REGISTER 237

VORWORT

Erprobte und beliebte Rezepte für jede Gelegenheit, blitzschnell gekochte Gerichte für den Alltag, anspruchsvolle Leckerbissen für Feste und Gäste; in diesem vegetarischen Kochbuch für ein ganzes, kunterbuntes Leben findet jeder sein gesundes Leibgericht.

Ganz besonders wichtig, wenn Kinder im Haus sind: denn ihnen muß das Essen schmecken und gerade für sie hat die vegetarische Küche aufbauende Lieblingsessen parat. Männer, die ständig Angst haben, daß sie nicht satt werden, überzeugt herzhaft Deftiges. Kritischer Besuch gerät ob exquisiter Bissen ins Schwärmen. Suppenliebhaber können nicht genug bekommen und Pasta-Fans entdecken den schnellsten Weg zum köstlichen Nudelgericht.
Die so dringend benötigten Vitamine liefern raffinierte Salate, knackige Gemüsegerichte und fruchtig süße Leckereien.
Und wer auf seinem Teller gern eine Reise um die Welt startet, reist mit der vegetarischen Küche erster Klasse zu eleganten, chinesischen Gemüsegerichten aus dem Wok, duftenden, indischen Reistafeln, zu den Tafelfreuden des Orients, entdeckt Sonniges vom Mittelmeer und Feuriges aus der Karibik.

Elisabeth Fischer, Autorin mehrerer sehr erfolgreicher Kochbücher ist über Deutschlands Grenzen hinaus bekannt für ihre kreative vegetarische Küche. Mit diesem Standardwerk beweist sie erneut, wie köstlich Gesundheit und Lebensfreude schmecken kann.

Das richtige Rezept auf den ersten Blick – diese Symbole machen die Auswahl leicht:
⚡ = blitzschnelle Gerichte (in 5–30 Minuten zubereitet)
🥕 = rein pflanzliche Gerichte

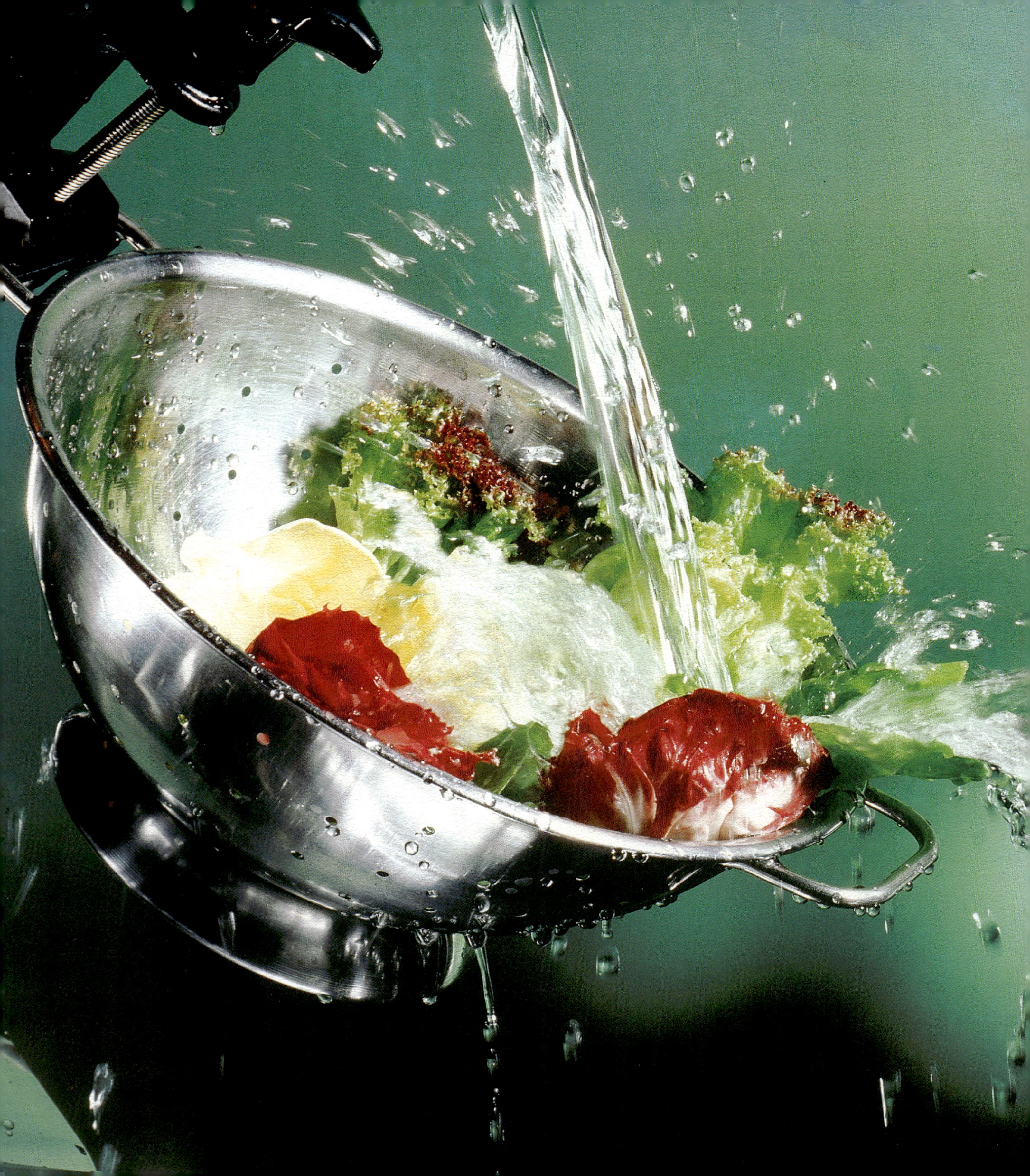

GESUNDES AUS DER SCHNELLEN KÜCHE

So ein Gedicht, das Minutengericht!

Gesundheit ist ohne gesunde Ernährung nicht möglich, das weiß heute (fast) jeder.
Aber viele glauben immer noch, daß gesund kochen eine höchst komplizierte und langwierige Angelegenheit ist. Das Gegenteil ist der Fall. Aus der vegetarischen Küche servieren Sie in kürzester Zeit raffinierte Leckerbissen.
In maximal 30 Minuten stehen 250 Rezepte aus diesem Kochbuch fix und fertig auf dem Tisch, viele bereits nach einer Viertelstunde. Vorspeisen, Häppchen, Salate, Suppen, Gemüsegerichte, Toasts, Pasta, Desserts und Drinks. Damit Sie die Blitz-Rezepte auf den ersten Blick erkennen, denn auch langes Suchen kostet Zeit, sind sie mit folgendem Symbol gekennzeichnet: ⚡

Die Rezeptbeschreibungen sind sehr ausführlich, es sind die Kleinigkeiten, die den Unterschied ausmachen, will man schnell und einfach kochen. Darum werden wichtige Einzelheiten auch öfters wiederholt; ich kann nicht davon ausgehen, daß Sie ein ganzes Buch studieren, bevor Sie ein Rezept kochen.
Langeweile kann in der schnellen

Küche nicht aufkommen, denn bewährte Anregungen gibt es aus vielen Ländern, z. B. chinesische Gemüsepfannen, italienische Spaghettifeste, indische Currys, Suppen aus der Karibik. Aber auch in unserer nächsten Umgebung finden sich altvertraute Leibgerichte, die in Windeseile zubereitet sind.

So wird die schnelle Küche, geboren aus chronischem Zeitmangel, zu einem internationalen Spaß am unkomplizierten Kochen, der nur ein Ziel hat: Es muß viel Zeit zum genußvollen Essen bleiben.

Beschränken Sie die Lust am guten Essen nicht auf wenige feierliche Gelegenheiten und lassen sonst Herrn Instant Tiefkühl und Frau Mikrowella das Regime in Ihrer Küche führen. Warum sich mit Fertigprodukten begnügen, wenn man mit Leichtigkeit wohlschmeckend und gesund kochen kann.

Kultivieren Sie das Feinschmeckersein im täglichen Leben, die Freude am Essen mit den einfachsten Mitteln. Ein Menu auf die Schnelle: Granatapfel-Karotten-Salat, Ziegenkäsetoast mit provençalischer Sauce, frische Beeren in Vanillecreme. Auch wenn Gäste kommen und die Zeit knapp wird, kann Sie das nicht mehr erschüttern. In 15 Minuten sind Paprika, Sellerie und Ananas süß-sauer, ein pikantes Wokgericht, oder Spaghetti mit Austernpilzen und Sahne fertig.

Der modernen Küche bleibt kein Fortschritt erspart. Die Rede ist vom viel gepriesenen und gut verkauften Mikrowellenherd. Nach Rezepten für die Mikroschnellen werden Sie vergebens suchen. Die Diskussion darüber, ob der Verzehr der mit elektromagnetischen Schwingungen gegarten Speisen gesundheitsschädigend sei oder nicht, ist noch nicht abgeschlossen und wird von Befürwortern und Gegnern der High-Tech-Küchenmaschine heftig geführt. Ich für meinen Teil habe beschlossen, kein Meerschweinchen zu werden, das die Aufnahme zum Langzeittest auch noch teuer bezahlen muß. Sie brauchen keine Mikrowelle, um nach dem neuesten Stand der Technik nicht besser und kaum schneller zu kochen, als es mit traditionellen Methoden und pfiffigen Rezepten möglich ist.

Auch Entspanntsein fördert das Wohlbefinden. Machen Sie sich darum nicht zu allem Streß auch noch den Ernährungsstreß, und schaffen Sie zuerst einmal das Schuldgefühl ab, daß Sie für die wirklich und wahrhaftig gesunde Ernährung keine Zeit haben. Ein Vollkornbrot mit Butter und Schnittlauch, dazu Radieschen, Käse oder Quark stehen in 3 Minuten auf dem Tisch.

EINKAUF

Erfolgreiches Kochen fängt beim Einkaufen an.

Frische und Qualität ist Trumpf bei Obst und Gemüse, Milchprodukten und Kräutern. Denn damit alles so gut schmeckt wie geplant, müssen zuerst einmal die Zutaten stimmen. Erfolgreiches Kochen fängt beim Einkaufen an.

Am besten schmecken Obst und Gemüse aus nächster Nähe, die beide dem natürlichen Reifegrad entsprechend frisch geerntet wurden, keine langen Transportwege hinter sich haben und nur kurze Zeit im Gemüsegeschäft gelagert wurden. Diese Früchtchen begeistern zum einen durch ihr intensives Aroma, zum anderen liefern sie auch reichlich Vitamine, welche durch zu frühe Ernte, lange Transport- und Lagerzeiten verlorengehen.

Verlangen sie nicht alles zu jeder Jahreszeit. Je saisongebundener Sie kaufen, um so größer ist die Chance, daß die Tomate auch nach Tomate schmeckt. Es gibt immer mehr Wochenmärkte, auch in kleineren Städten, auf denen Bauern und Gärtner Obst und Gemüse aus biologischem Anbau anbieten – eine preiswerte Gelegenheit, sich mit erntefrischen, schmackhaften Zutaten einzudecken. Im Winter verwöhnen tiefgekühlte Beeren und zarter Blattspinat mit Vitaminen, und zur Abwechslung kommen bei besonderen Gelegenheiten exotische Früchte auf

EINKAUF

den Tisch. Diese müssen aber meist in der guten Stube noch ein paar Tage nachreifen.

Käse bringt viel Geschmack in herzhafte Speisen. Kaufen Sie keine in Plastik eingeschweißten Käsestücke, die in Kühltheken jammervoll dem Ende ihres Verfallsdatums entgegenvegetieren. Lassen Sie sich ein frisches Stück vom großen Käselaib abschneiden. Fragen Sie ruhig nach einer kleinen Probe – wer möchte die einem Feinschmecker auf der Suche nach dem Guten verwehren!

Auch für Milchprodukte, für Joghurt, Buttermilch, Kefir und Quark gilt: Das Beste ist gerade gut genug. Das Beste sind die reinen, natürlichen Produkte ohne Zusätze und Verdickungsmittel.

Ausgezeichnet schmecken Käse und Milchprodukte aus biologischer Landwirtschaft, die es in Naturkostgeschäften, aber auch im Supermarkt gibt. Das Sortiment ist zwar beschränkt, aber bei Bio-Produkten schlägt die Qualität die Quantität.

Mit der Wahl von Bio-Produkten betreiben Sie außerdem auch Umweltschutz mit der Einkaufstasche, denn die biologische Landwirtschaft hält Luft, Wasser und Boden sauber und fördert die Erhaltung der Artenvielfalt.

Frische Kräuter sind Schätze des Wohlgeschmacks und der Bekömmlichkeit, grüne Seele der Gerichte – für jedes ist ein Kraut gewachsen. Auf den zentralen Märkten der Großstädte können Sie das ganze Jahr über eine reiche Auswahl an Kräutern kaufen. Seit sich durch veränderte Eßgewohnheiten die Nachfrage der Konsumenten geändert hat, finden Sie frische Kräuter wie Basilikum, Minze oder Estragon auch oft im Gemüsegeschäft um die Ecke. Am besten schmecken Kräuter jedoch frisch geerntet. Wenn Sie keinen Garten haben, gedeihen Kräuter in Töpfen auf dem Balkon und auf einem sonnigen Fensterbrett. Am einfachsten ist es, Sie kaufen im Frühjahr in einer Gärtnerei oder im Gartenfachhandel einige Töpfe mit jungen Kräuterpflanzen, dann dauert es nicht mehr lange, und Sie würzen aus eigener Zucht.

Verringert wird der Zeitaufwand für den Einkauf, wenn Sie sich einen kleinen Vorrat an haltbaren Lebensmittel zulegen (nächstes Kapitel) und alle 2 bis 3 Tage nur ganz gezielt die Frischprodukte dazukaufen.

Tagesfrisches Gemüse

VORRATS-HALTUNG

Nicht viel, sondern das Richtige.

Einkaufen kostet sehr viel Zeit. Die Freude am Kochen kann vergehen, muß man erst sämtliche Zutaten für ein Rezept einkaufen. Angestrengt von der Arbeit hat kaum jemand noch die Nerven, sich in den allgemeinen Einkaufsrummel nach Feierabend zu stürzen und ausgefallene Zutaten zu suchen. Auch der Gedanke an eine unternehmungslustige Kinderschar allein zu Hause oder die sich türmende Wäsche verhindert den entspannten Bummel über den Markt.

Den Anspruch, gut zu essen, sollte man aber trotz wenig Zeit zum Einkaufen nicht aufgeben. Mit etwas Planung läßt sich der Einkauf auf ein erträgliches Maß einschränken. Voraussetzung dafür ist eine sinnvolle Vorratshaltung, die Sie in die Lage versetzt, die benötigten Frischprodukte unproblematisch und gezielt einzukaufen. Ein weiterer Vorteil dieses Eichhörnchenverhaltens: »Ein paar Nüßchen gut versteckt, hat noch keinen Gast erschreckt!« Ausgewählte Vorräte ermöglichen manches spontane Festessen. Es ist hier nicht die Rede von gut gefüllten Vorratskammern und Kellern, wie sie unsere Großmütter mit viel Arbeit im Herbst anlegten.

Den kleinen Vorrat für die vegetarische Küche gilt es zu organisieren. Als Grundstock die substanziellen Lebensmittel Getreide und Hülsenfrüchte: Naturreis, Vollkornnudeln, Vollkorngrieß, Weizen, Roggen, Gerste, Grünkern, Hirse, Linsen und Bohnen. Von jedem reicht schon ein Kilo, gut verschlossen in Gläsern. Eine kleine Menge der verschiedensten Nüsse und Samen macht Ihren täglichen Speiseplan knackiger: Haselnüsse, Mandeln, Walnüsse, Pinienkerne, ungesüßte Kokosflocken, ungeschälte Sesamkörner sowie Samen für die Sprossenzucht, z. B. Kresse, Alfalfa (Blaue Luzerne), Radieschen und grüne Sojabohnen (Mungobohnen). Mit Honig, braunem Demerara-Zucker, Succanat und getrockneten Früchten (Aprikosen, Datteln, Rosinen) versüßen Sie sich den Alltag. Für Saucen und Desserts brauchen Sie Speisestärke, Weißwein oder Sherry und Rum oder Brandy. Verschiedene Öl- und Essigsorten sorgen für Abwechslung. Konservierte Tomaten (geschält in Dosen, püriert im Tetra-Pack und Tomatenmark) sind stets bereit für ein schnelles Spaghettigericht.

Herzstück Ihrer Vorratshaltung sollte jedoch die Abteilung Gewürze und Würzmittel sein (Seite 11). Von Gewürzen werden Sie zwar nicht satt, aber ohne eine Vielfalt an Gewürzen erleben Sie nur ein begrenztes Spektrum an Eßgenüssen. Einige Würzmittel werden Sie vielleicht etwas exotisch anmuten, aber die vegetarische Küche (und nicht nur sie) lebt vom wohldosierten, geschickt kombinierten Einsatz der Gewürze. Sie machen aus hungerstillenden Gerichten raffinierte Eßerlebnisse. Gewürze und getrocknete Kräuter werden nur in kleinen Mengen verwendet. Viele Gewürze in kleinen, lichtundurchlässigen Gläsern nehmen wenig Platz weg. Gut verschlossen hält sich ihr Aroma lange Zeit.

Langfristig macht die gesunde, vollwertige Ernährung nur dann Spaß und Appetit, wenn sie besser schmeckt, und dazu brauchen Sie ein buntes Sortiment an Würzstoffen. Wichtiger Baustein der Geschmackspalette ist die Sojasauce, die auch ungekühlt lange haltbar ist. Instant-Gemüsebrühe (ohne Glutamat) sollte nie ausgehen, ein schnelles Süppchen ist oft sehr tröstlich! Essiggurken, Kapern, grüner Pfeffer, Dijon-Senf bleiben im Kühlschrank lange frisch.

Diese Aufstellung des kleinen Vorrats mag Ihnen sehr umfangreich vorkommen. Alles, inklusive der Gewürze und einem Tee- und Kaffeesortiment, hat aber in zwei Küchenhängeschränken Platz. Mit diesen haltbaren Produkten sind Sie bestens ausgerüstet und müssen nur noch Obst, Gemüse, frische Kräuter, Milchprodukte, Tofu und Brot dazu kaufen.

Die Kunst des Würzens

So kommt der gute Geschmack ins Essen.

Das einfachste Essen verwandelt sich zum Festmahl durch den gekonnten Einsatz von Kräutern und Gewürzen. Ein und dieselben Grundzutaten werden durch verschiedene Würzmischungen zu vollkommen neuen Gerichten.

Erinnerungen an den Sommer in Griechenland weckt Spinat, begleitet von einer knoblauchwürzigen Joghurt-Sauce mit Dill, Petersilie und Schnittlauch. (Spinat »Tinos« Seite 104). Gebraten mit duftendem Cumin (Kreuzkümmel), abgeschmeckt mit Zitronensaft, entwickelt sich zarter Spinat zu einem typisch indischen Gemüse, das jede Reistafel bereichert. (Gebratener Spinat mit Cumin Seite 119)

Karotten, Lauch und Sellerie, respektlos und in völliger Unterschätzung ihrer kulinarischen Möglichkeiten als Suppengemüse bezeichnet, sind die immer und überall erhältlichen Zutaten für eine kulinarische Reise. In Frankreich werden sie in einer milden Cremesauce, aromatisiert mit Kerbel, Liebstöckel, Muskat, Piment, Lorbeer und Weißwein, serviert (Suppengemüse a la creme Seite 112), in China unter Rühren im Wok gebraten und pikant mit Sojasauce, Ingwer und Chili abgeschmeckt.

Dieses grenzüberschreitende Würzspiel mit heimischen Grundzutaten fordert zu ständig neuen Kreationen heraus. Die sonnige Mittelmeerküche bringt Basilikum, Thymian, Oregano, Minze, Dill und Lorbeer ins Haus, kräftig unterstützt von Knoblauch und Olivenöl. Nähert man sich dem Orient, so findet man auf den Basaren neben diesen Kräutern noch Cumin (Kreuzkümmel), Koriander, Chili, Paprika, Zimt, Piment, Muskat und das kostbarste aller Gewürze, den Safran.

Für eine indische Curry-Mischung werden die arabischen Aromen mit Ingwer, Kardamom und Gelbwurz vermischt und winzige, schwarze Senfkörner dazugegeben. In Indien und Thailand kommt als harmonische Ergänzung der Curry-Mischungen ein ganz neuer Geschmack auf den Teller: üppige Kokosmilch. Saft und abgeriebene Schale von Zitronen oder Limetten, dazu das frische Koriander-Kräutchen, vollenden Curry-Gerichte mit Kokosmilch auf das Feinste.

Im Fernen Osten, in China und Japan wird sparsamer, aber nicht weniger perfekt gewürzt. Mit Sojasauce, Ingwer, Chili, Reiswein oder Sherry, dazu Miso (Seite 200) und Sesam, in Form der ganzen Körnchen oder als Paste (Tahini), kann man am heimischen Herd schnell und einfach asiatisch kochen.

Am anderen Ende der Welt, in der Karibik und im temperamentvollen Mexiko, treffen wir gute alte Bekannte wieder, eßbarer Beweis für den jahrhundertealten Austausch unter den verschiedensten Kochkulturen. Koriander, als Kräutchen oder Gewürz, Oregano, Thymian, Cumin, Paprika edelsüß, Ingwer, Kokosmilch, Curcuma, Muskatblüte, Piment, Zimt, Petersilie, dazu viel höllenscharfes Chili und Pfeffer. Selbstverständlich wie überall: Mit dabei sind Knoblauch und Zitrone.

Eines gilt für sämtliche Geschmacksrichtungen: zuerst zurückhaltend dosieren, nachwürzen kann man immer noch.

Kräuter und Gewürze bringen einfach, schnell und preisgünstig Abwechslung auf den Tisch. Gewürze und Würzsaucen stehen griffbereit im Schrank, Kräuter wachsen im Garten, im Blumentopf auf der Fensterbank, oder bringen als Tiefkühlware Sommerfrische in Wintergerichte.

KÜCHEN-AUSSTATTUNG

Nützliches und Praktisches.

Für die vegetarische Küche brauchen Sie weniger Küchengeräte als Sie wahrscheinlich bereits im Schrank stehen haben. Sie müssen nichts Neues anschaffen, sondern nur das schon Vorhandene nach seiner Brauchbarkeit ordnen. Küchenutensil Nr. 1: der Kochtopf. Lieber weniger Kochtöpfe, keine astronomisch-gastronomische Anzahl ungenutzt im Schrank, auch für Kochtöpfe gilt, kaufen Sie Qualität statt Quantität. Bevorzugen Sie Kochtöpfe aus Edelstahl mit dickem Boden und gut schließenden Deckeln. Sie werden jahrelang Ihre Kochfreude daran haben. Kochtöpfe mit dickem Boden verteilen die Hitze gleichmäßig und speichern sie. In ihnen können Gemüse mit minimaler Flüssigkeitszugabe bei niedrigen Temperaturen schonend gegart werden.

Ideal ist es, wenn Sie drei Pfannen besitzen: eine kleine, eine mittlere und eine große. Ich bevorzuge Pfannen aus Gußeisen. Edelstahl, so sehr ich dieses Material für Töpfe schätze, eignet sich nicht für Pfannen, in denen Eiergerichte oder Getreideküchlein gebacken werden, sie kleben leicht an. Damit Pfannen und Töpfe auch einmal in den heißen Backofen gestellt werden können, müssen Griffe und Stiele aus Metall sein.

Ein wertvoller Helfer für die zeitsparende Küche ist der Schnellkochtopf. Er macht Hülsenfrüchten, Getreide, Suppen und Kartoffeln Dampf, damit sie rechtzeitig auf dem Tisch stehen. Um Gemüse auf vitaminschonendste Weise ohne Druck in einem normalen Kochtopf im Wasserdampf zu garen, brauchen Sie ein Metallsieb oder einen fächerförmigen Dämpfeinsatz aus Edelstahl.

Ein Topf, den sie vielleicht noch nicht in Ihrem Bestand haben, dessen Anschaffung sich aber lohnt, ist der chinesische Wok: eine große, hohe Pfanne mit abgerundetem Boden aus Eisen, Edelstahl oder Gußeisen. Der Wok ist ein All-Round-Kochtopf. Ideal, um Gemüse knackigfrisch zu braten. Sie können in ihm aber genauso gut dünsten, fritieren und dämpfen. Aufgrund des wachsenden Interesses an der chinesischen Küche sind bei uns mittlerweile die verschiedensten Woks auf dem Markt. Einige Tips sollten Sie beachten, damit Sie auch in den ganzen Genuß aller Möglichkeiten dieser großen Allzweck-Pfanne kommen.

Der traditionelle Wok, mit seinem abgerundeten Boden, eignet sich nur zum Kochen auf der offenen Gasflamme. Am häufigsten und am billigsten wird der Wok aus Eisen angeboten. Ein Wok aus Eisen verlangt aber einige Pflege und wird Ihnen nur Freude machen, wenn Sie sehr häufig darin kochen und der Wok sich dadurch mit einer dunklen Schutzschicht überzieht.

Ich empfehle Ihnen für einen ungetrübten Wokgenuß die Anschaffung eines Woks aus Edelstahl oder Gußeisen. Mittlerweile werden auch Woks speziell für den Elektroherd entwickelt. Bei allen Rezepten, die einen Wok vorschlagen, können Sie an seiner Stelle auch eine große, schwere Pfanne verwenden.

Gerichte aus dem Backofen mit kurzen Garzeiten werden in Auflaufformen aus Email oder Metall gebacken. Diese Materialien leiten die Hitze schneller als Keramik und Ton. Die Backzeit wird auch von der Größe der Form bestimmt. Flach ausgebreitete Speisen in großen Formen sind schneller fertig als hoch aufgeschichtete Gerichte in kleinerem Backgeschirr.

Mit Messern müssen Sie nicht ausgerüstet sein wie ein Messerwerfer für den Gala-Auftritt in Las Vegas. Ein großes Messer, ein kleines Messer, ein Schälmesser und ein großes Wellenschliffmesser genügen. Hauptsache, sie sind alle aus gutem Material, und damit sie auch immer gut schneiden, brauchen Sie noch einen Schleifstein. Arbeiten Sie auf einem großen Schneidebrett, denn es ist lästig, wenn das Gemüse vom Brett purzelt.

Ein starker Mixer und ein Handrührgerät gehören zur technischen Grundausstattung der Küche, sie machen das Kochen einfacher und schneller.

Wer oft Frucht-Drinks mixt, ist mit einer elektrischen Saft-Presse gut bedient und allen Backbegeisterten

KÜCHENAUSSTATTUNG

sei ein Teig-Knetgerät empfohlen, das meist als Zusatzgerät zum Mixer angeboten wird.

Noch ein paar kleine, wichtige Geräte: eine stabile Knoblauchpresse aus Metall, eine Gemüsereibe, eine Muskatreibe und eine Pfeffermühle, ein großes Sieb für Salat und Nudeln.

Die »Flotte Lotte« ist ein sehr praktisches, preisgünstiges Gerät zum Durchpassieren von gekochtem Gemüse, Saucen und Säften. Ein engmaschiges Metallsieb erfüllt den gleichen Zweck, nimmt aber etwas mehr Zeit in Anspruch.

Die Anschaffung einer Getreidemühle lohnt sich für die Vollwertküche. Sie können das Getreide aber auch gleich im Naturkostgeschäft oder Reformhaus mahlen lassen.

Wok, der Allround-Kochtopf

Einführung

SPROSSEN

Ihre private Sprossenzucht können Sie mit einem minimalen Aufwand an Zeit und Arbeit zu Hause starten – ein sehr lohnendes Unternehmen. Die grünen Winzlinge enthalten Vitamine und Proteine in hoher Konzentration und bringen neues Leben in viele Gerichte. Für zusätzliche Würze im Salat eignen sich am besten Alfalfa- und Radieschensprossen. Sie werden roh gegessen. Die Alfalfasprossen mit ihrem milden Geschmack sind am vielseitigsten verwendbar. Es gibt kaum eine Salatkombination, mit der sie nicht harmonieren. Aus grünen Sojabohnen oder Mungobohnen keimen die Sprossen mit der ältesten Tradition. Mungosprossen werden in China seit 3000 Jahren gegessen, in Gemüsegerichten, Suppen und Salaten. Sie werden jedoch nicht roh verzehrt, sondern immer kurz gebraten oder gekocht. Zum Keimen eignen sich auch Weizen, Roggen, Gerste, Hafer und Linse. Grund genug fürs Experimentieren: Begeben Sie sich auf die Suche nach Ihrer Lieblingssprosse! Die Sprossenzucht kann in Keimgeräten aus Plastik oder Ton stattfinden. Meiner Erfahrung nach funktioniert die Produktion von Sprossen aber auch ausgezeichnet noch einfacher und billiger. Sie brauchen dazu nur ein großes Einmachglas und ein engmaschiges Sieb.

Sprossenvielfalt

SPROSSEN

Sorte	Einweich-zeit (Std.)	Spülvorgänge pro Tag	Keimdauer (Tage)	Länge des Keimes	beste Methode	Geschmack	Besonder-heiten
Gerste	8–12	2	3–5	Kornlänge	alle Geräte	süßlich	spelzenfreie Sorten verwenden
Hafer	ca. 4	1	3–5	Kornlänge	alle Geräte	süßlich	spelzenfreie Sorten verwenden
Roggen	8–12	2	2–3	Kornlänge	alle Geräte	würzig, nussig	
Weizen	8–12	2	2–3	Kornlänge	alle Geräte	süßlich	
Linsen	6–12	2–3	3–4	2 cm	Glas oder Keimbox	leicht süß nicht nussig	
Mungo-bohnen	ca. 12	2–3	3–4	2–4 cm	Glas oder Keimapparat	knackig, frisch	
Alfalfa	0–4	2	5–7	mehrere cm mit 2 grünen Blättchen		knackig, frisch	sparsam dosieren
Kresse	0–4	2	5–6	mehrere cm mit 2 grünen Blättchen	Papier/Watte	pikant, herb	schleimbildend
Rettich	0–4	2	ca. 2 oder 5–6	ca. 2 mm bzw. mehrere cm	Keimapparat	scharf	Faserwurzeln

Weichen Sie die Samen zuerst in kaltem Wasser, je nach Größe 6 bis 8 Stunden, ein. Die aufgequollenen Samen im Sieb gut abtropfen lassen, dann in ein Glas geben. Das Glas ein- bis dreimal täglich mit kaltem Wasser auffüllen. Vorteil dieser Methode: Wenn Sie die Sprossen einen Moment stehenlassen, sinken die meisten Sprossen auf den Boden des Glases und auf der Wasseroberfläche schwimmen leere Samenhülsen. Entfernen Sie soviel wie möglich von diesen. Das Wasser mit den Sprossen anschließend langsam ins Sieb gießen; auf diese Weise sammeln sich leere Samenhülsen am Boden des Glases, auch diese entfernen. Die Sprossen im Sieb gut abtropfen lassen und ins ausgespülte, abgetrocknete Glas zurückgeben. Wichtigster Punkt beim Selberkeimen: Die Sprossen müssen immer feucht gehalten werden, dürfen aber nicht im Wasser sitzen, sonst fangen sie an zu schimmeln und werden schleimig. Keimen Sie immer nur 2 bis 3 Eßlöffel Samen.

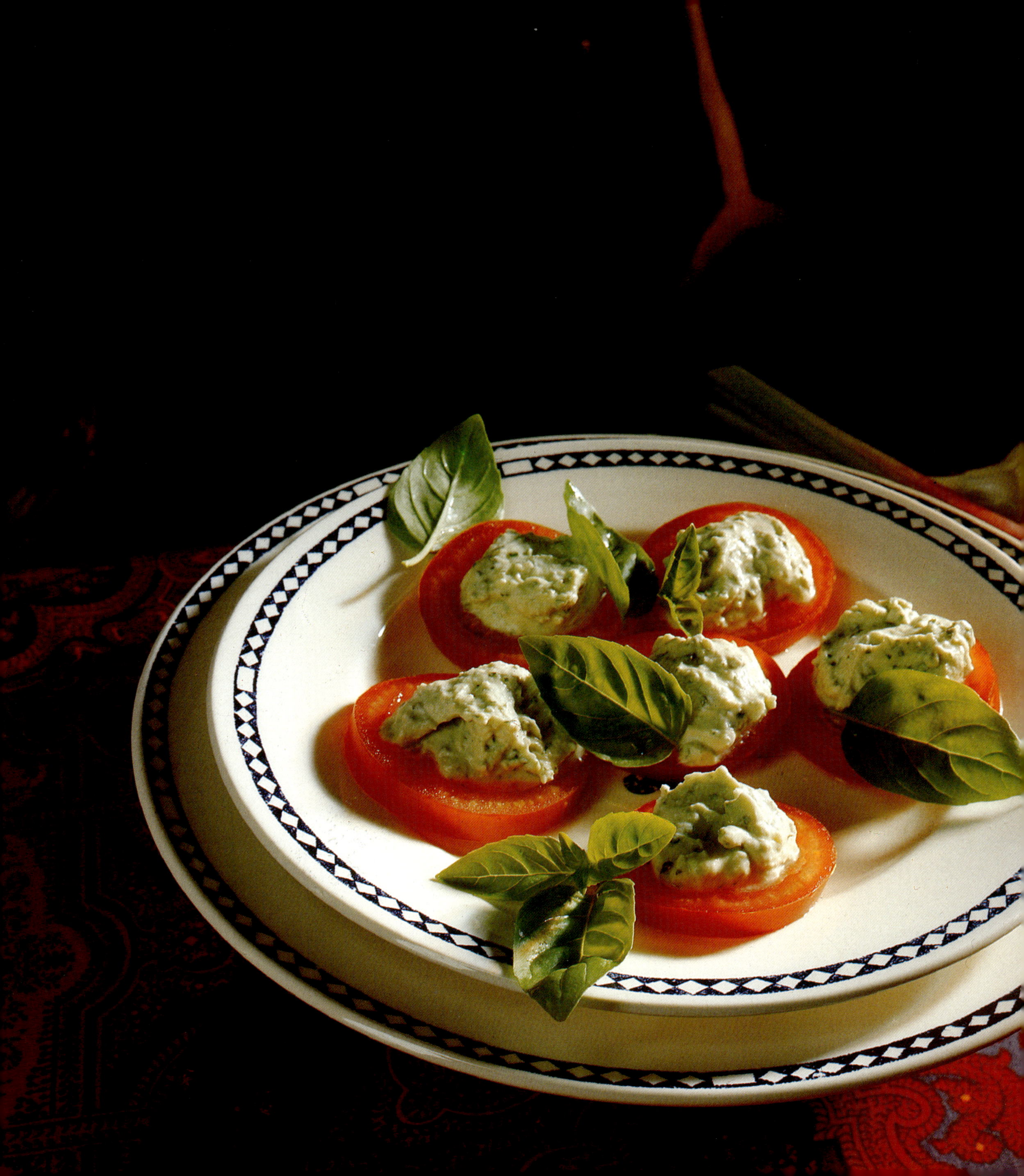

Drinks, Brotaufstriche, Toasts, Snacks und Vorspeisen

Klein, fein, schnell zubereitet.

und vielseitig einsetzbar müssen Speisen sein, die in der modernen Küche Karriere machen wollen. Denn Flexibilität ist gefragt, auch bei Gerichten. Idealerweise kann ein und dasselbe Rezept als Snack, als Vorspeise oder als Teil des Hauptgerichts serviert werden. So schmecken Tomaten mit Basilikumcreme (Foto links) zur Brotzeit, können aber genauso gut als erster Gang eines eleganten Abendessens oder mit grünem Spargel als Hauptgericht auf den Tisch kommen. Genauso vielseitig, jedoch etwas deftiger, ist der Toast »Viva Mexico« mit Avocado und pikanter Tomatensauce.

Damit diese schnellen Rezepte auch alles, was in ihnen steckt, bieten können, müssen einige überholte Speisen-Hierarchien abgeschafft werden. Statt Suppe gibt es zur vitaminreichen Abwechslung einen Aprikosen-Himbeer-Drink, statt komplizierter Vorspeise die attraktiven Chicoréeblättchen, gefüllt mit Hüttenkäse und Mandarinen. Und

Tomaten mit Basilikumcreme (Rezept Seite 30)

wer sagt, daß bei einer erfolgreichen Einladung immer warm gegessen werden muß? Eine üppige arabische Vorspeisentafel mit Schafskäsecreme, Zaziki und Joghurtfrischkäse-Bällchen schmeckt hervorragend und läßt sich gut vorbereiten.

DRINKS

Erfrischend, vitaminreich und nahrhaft-frische Säfte und Milchgetränke sind schnell und unaufwendig gepreßt und gemixt. Für die private Produktion sind Sie mit einem Mixer, einer elektrischen Zitruspresse und einem Sieb bestens ausgerüstet. Das zeitraubende Einkochen sparen Sie sich, die Säfte werden den Jahreszeiten entsprechend frisch serviert und von den allermeisten mit Begeisterung getrunken. Gerade Kinder (und nicht nur sie), ab und zu etwas kaufaul, nehmen ihre Vitamine liebend gern in flüssiger Form zu sich.

DREIFRUCHT-COCKTAIL

Für 4 Personen

2 Pfirsiche, Stücke
Saft von 8 Orangen
200 g rote Johannisbeeren
2–3 EL Honig

Alle Zutaten im Mixer pürieren, den Cocktail durch ein Sieb streichen.

INGWERLIMONADE

Für 4 Personen

1000 ml Apfelsaft
20 g frischer Ingwer, gerieben
Saft von 1 Zitrone oder Limone
1 EL Honig
250 ml Mineralwasser
1 Zitrone oder Limone, Scheiben

Apfelsaft, Ingwer, Zitronensaft und Honig vermischen. Mindestens 1 Stunde kalt stellen. Die Ingwerraspeln abseihen. Mineralwasser und Zitronenscheiben in die Limonade geben, sofort servieren.

ANANAS-COCKTAIL »KING CREOLE«

Für 6 Gläser

Anstelle einer Vorspeise oder Suppe ist ein schnell gemixter Gemüse- oder Fruchtcocktail, besonders im Sommer, sehr angenehm.

1 Ananas, Stücke
2 EL Honig
300 ml kaltes Wasser
Saft von 4 Orangen
70 ml weißer Rum
Eiswürfel

Ananasstücke, Honig und Wasser im Mixer pürieren, den Saft durch ein Sieb streichen oder durchpassieren. Dann mit Orangensaft und Rum vermischen. Mit Eiswürfeln servieren.

FRÜCHTE-COCKTAIL »ALOHA IN SAMOA«

Für 4 Gläser

1 Mango, geschält, kleine Stücke
1 kleine Papaya, geschält, Stücke
Saft von 8 Orangen
2 EL Honig

Alle Zutaten im Mixer pürieren. Wenn der Cocktail zu dickflüssig wird, mischen Sie noch etwas Wasser und 1 bis 2 TL Honig darunter.

TRAUBENSAFT

Für 4 Gläser

Der Herbst kommt, und mit ihm Trauben in Hülle und Fülle. Nichts einfacher, als eine Traubenkur zu Hause!

1 kg süße Trauben

Trauben im Mixer zerkleinern und durch ein Sieb streichen oder mit der »Flotten Lotte« durchpassieren.

ERDBEER-SHAKE

Für 4 Personen

1 1/2 Bananen
500 ml Sojamilch (ungesüßt)
1 EL Honig
100 g Erdbeeren

Alles im Mixer pürieren. Den Drink kühl servieren.

TOMATENCOCKTAIL

(Foto rechts)
Für 4 Personen

800 g Tomaten
4 kleine Stiele Stangensellerie, Stücke
200 ml kalte Gemüsebrühe
40 g abgezogene Mandeln
4–6 EL Zitronensaft
Salz
Pfeffer

Alle Zutaten im Mixer pürieren, den Cocktail durch ein Sieb streichen

BANANEN-ORANGEN-SHAKE

Für 4 Personen

2 Bananen
500 ml Sojamilch (ungesüßt)
Saft von 4 Orangen
1½–2 TL Honig

Alles im Mixer pürieren.
Verziehen Sie ob der Sojamilch nicht das Gesicht – auch Kinder trinken Sojamilch in dieser Form sehr gern. Sojamilch gibt's in Reformhäusern und Naturkostläden.

VITAMIN-MIX

Für 1 Glas

Wenn Sie damit dem Schnupfen nicht trotzen, hilft nur noch eine konzentrierte Knoblauchsuppe (Seite 70). Am besten Sie probieren beides auf einmal.

1 Kiwi, kleine Stücke
1/2 Banane, Scheiben
Saft von 2 Orangen

Alle Zutaten im Mixer mischen.

> Wenn die Winterstürme ums Haus toben, stärken Sie sich in der guten Stube mit exotischen Köstlichkeiten. Verwenden Sie reife, weiche Früchte, sonst schmeckt der Saft nicht. Exotische Früchte gibt es meist nur steinhart zu kaufen. Lassen Sie die Früchte einige Tage liegen (nicht im Kühlschrank), dann kommen Sie in den vollen Genuß ihres Aromas.

PAPAYA-KOKOS-DRINK

Für 1 Glas:

150 ml Kokosmilch mit Wasser (siehe Seite 121)
100 g Papaya, kleine Stücke

Kokosmilch und Papaya im Mixer pürieren. Den Drink über Eiswürfeln servieren.

APRIKOSEN-HIMBEER-DRINK

Für 4 Personen

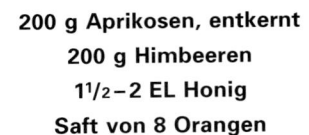

200 g Aprikosen, entkernt
200 g Himbeeren
1 1/2 – 2 EL Honig
Saft von 8 Orangen

Alle Zutaten im Mixer pürieren, den Drink durch ein Sieb streichen.

FRUCHTBOWLE »ARUBA«

Für 4 Gläser

Ein ideales, erfrischendes Getränk für warme Sommerabende.

250 ml frisch gepreßter Orangensaft
abgeriebene Schale von 1/4 ungespritzten Orange
200 ml kaltes Wasser
Saft von 1/2 Limette oder Zitrone
3 EL Honig
1 Orange, filetiert, oder in dünnen Scheiben
100 g Ananas, kleine Stücke
1/2 Mango, kleine Stücke

Orangensaft durch ein Sieb gießen. Orangensaft, Orangenschale, Wasser, Limettensaft und Honig im Mixer verrühren, dann die Früchte dazugeben. Die Bowle mindestens eine Stunde im Kühlschrank durchziehen lassen.

BANANEN-MANDEL-MILCH

Für 2 Gläser

Die üppige Variante der beliebten Bananenmilch. Sie können damit eine Zwischenmahlzeit ersetzen.

1 Banane
1/2 EL Mandelmus
Vanillemark aus einer Vanilleschote
1/2 EL Honig
250 ml kalte Milch

Alle Zutaten im Mixer pürieren.

AYRAN

Für 4 Gläser

Ein klassisches orientalisches Getränk. Schmeckt hervorragend zu orientalischen Spezialitäten und zur ganz normalen Brotzeit mit Käseplatte und Radieschen.

500 g Joghurt
400 ml kaltes Wasser
Salz
2 EL frische Minze, fein gehackt
Eiswürfel

Joghurt und Wasser im Mixer vermischen, mit Salz und Minze abschmecken. Mit Eiswürfeln servieren.

Wenn Sie gerade keine frische Minze zur Hand haben, es schmeckt auch ohne. Statt Joghurt können Sie auch Kefir verwenden.

DRINKS

ORANGEN-JOGHURT-GETRÄNK

(Foto unten)
Für 6 Gläser

Ein echter Durstlöscher! Dieses leicht gesüßte Erfrischungsgetränk ist bei Kindern und bei Erwachsenen ein Hit!

500 g Joghurt
Saft von 6 Orangen
2 EL Honig
500 ml kaltes Wasser

Alle Zutaten im Mixer oder mit dem Handrührgerät auf höchster Stufe vermischen.

ANANAS-BANANEN-FLIP

Für 6 Gläser

1 Ananas (ca. 400 g), Stücke
250 ml kaltes Wasser
2 Bananen
500 ml Buttermilch

Ananas mit Wasser im Mixer pürieren. Den Saft durch ein Sieb streichen oder mit der »Flotten Lotte« durchpassieren. Den Ananassaft mit den Bananen im Mixer pürieren. In einem großen Krug mit der gut gekühlten Buttermilch vermischen.

ORANGENTEE

Für 4 Personen

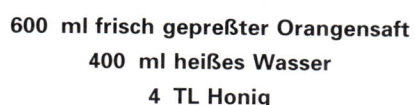

600 ml frisch gepreßter Orangensaft
400 ml heißes Wasser
4 TL Honig

Den Orangensaft durch ein Sieb gießen, Orangensaft, heißes Wasser und Honig vermischen und in Gläser füllen.

MANGO-ORANGEN-FLIP

Für 6 Gläser

1 reife Mango, Stücke
Saft von 5 Blutorangen
500 ml Buttermilch, gut gekühlt
1 EL Honig

Alle Zutaten im Mixer vermischen.

BROTAUFSTRICHE

Ein Gericht kann nur so gut sein wie die Rohstoffe, aus denen es zubereitet wird. Die größte Kochkunst ist zum Scheitern verurteilt, muß sie sich mit faden, wäßrigen Lebensmitteln begnügen, deren Eigengeschmack den Erfordernissen der überstürzten Massenproduktion und der langen Haltbarkeit zum Opfer gefallen ist. Verwenden Sie hochwertige Zutaten: würzigen, ausgereiften Käse und cremige Milchprodukte, saisongemäßes Obst und Gemüse, knackige Nüsse, frische Kräuter und duftende Gewürze. Mit diesen aromatischen Rohprodukten hat die Natur Ihnen den größten Teil der Arbeit für die kalte Küche schon abgenommen. Ihre Aufgabe ist es nur noch, die Zutaten in das richtige Verhältnis zueinander zu bringen, damit sie ihren ureigenen Geschmack auf das vortrefflichste entfalten können.

EDELSCHIMMEL-MASCARPONE-CREME

Für 4 Personen ⚡

100 g Edelschimmelkäse (Roquefort, Bergader etc.)
100 g Mascarpone
schwarzer Pfeffer, frisch gemahlen

Edelschimmelkäse mit der Gabel fein zerdrücken, mit Mascarpone und Pfeffer vermischen.

CAMEMBERTCREME MIT GRÜNEM PFEFFER

Für 4 Personen ⚡

100 g reifer Camembert
100 g Quark
2 TL grüner Pfeffer

Käserinde entfernen. Käse mit einer Gabel zerdrücken und mit dem Quark zu einer Creme verrühren. Grünen Pfeffer untermischen.
Lassen Sie den grünen Pfeffer weg, und Sie haben einen Brotaufstrich, der Kindern gut schmeckt.
Die Creme schmeckt auch lecker mit frischen Kräutern.

ZIEGENKÄSECREME MIT KRÄUTERN

Für 4 Personen ⚡

Reife Tomaten und ein knuspriges Vollkornbrot dazu – ein vorzügliches Abendessen.

200 g weicher Ziegenkäse (Konsistenz von Camembert)
1½ EL frisches Basilikum, fein gehackt
10 Blatt frische Minze, fein gehackt
1 Knoblauchzehe, gepreßt
schwarzer Pfeffer, frisch gemahlen

Käse mit einer Gabel zu einer Creme zerdrücken (eventuell harte Rinde vorher entfernen). Dann mit den übrigen Zutaten vermischen.

TOFU-KRÄUTER-CREME

(Foto rechts) ⚡
Für 4 Personen

200 g Tofu
2 EL Öl
1 EL Sojasauce
2 EL Schnittlauch, fein gehackt
2 EL Kerbel, fein gehackt
2 EL Basilikum, fein gehackt
2 EL Petersilie, fein gehackt
2 TL Liebstöckel, fein gehackt
2 Champignons, fein gehackt
2 Knoblauchzehen, gepreßt
schwarzer Pfeffer, frisch gemahlen
Salz

Tofu durch ein Sieb streichen. Tofu und Öl mit dem Handrührgerät zu einer cremigen Masse verrühren. Die restlichen Zutaten untermischen.

Kalte Tofu-Aufstriche sollen eine cremige Konsistenz haben, darum muß der Tofu erst durch ein Sieb gestrichen werden. Wichtig ist auch, daß Sie den durchpassierten Tofu zuerst mit dem Öl vermischen. Die Tofupaste wird am cremigsten, wenn Sie die Zutaten mit dem Handrührgerät vermischen.

AVOCADO-NUSS-CREME

(Foto rechts)
Für 4 Personen

1 weiche Avocado
1/2 EL Mandelmus
1 EL Haselnüsse, grob gehackt
1 Frühlingszwiebel, feine Ringe
1 EL Petersilie, fein gehackt
1 Knoblauchzehe, gepreßt
3 TL Zitronensaft
1 Prise abgeriebene Zitronenschale von einer ungespritzten Zitrone
1 Prise Chili
1 Prise Piment
Salz

Avocado halbieren, Kern entfernen, das Fruchtfleisch mit einem Löffel auslösen und mit einer Gabel zu einer cremigen Masse zerdrücken. Das Avocadomus mit dem Mandelmus verrühren. Haselnüsse, Frühlingszwiebeln, Petersilie, Knoblauch, Zitronensaft und abgeriebene Zitronenschale untermischen. Die Creme mit Chili, Piment und Salz abschmecken.
Als Vorspeise wird die Creme mit Karotten, Gurken und Selleriestreifen serviert.

DRINKS, BROTAUFSTRICHE, TOASTS, SNACKS UND VORSPEISEN

BAYERISCHER OBATZTER

Für 4 Personen

150 g reifer Camembert
50 g weiche Butter
1 kleine Zwiebel, fein gehackt
1 1/2 TL Paprika, edelsüß
schwarzer Pfeffer, frisch gemahlen

Camembert mit einer Gabel zerdrücken. Dann mit der Butter und den restlichen Zutaten gut vermischen.

SCHWÄBISCHES VESPER

(Foto links)
Für 4 Personen

80 g weicher Romadur oder Münsterkäse
150 g weiche Butter
1 Bund Schnittlauch, fein geschnitten

Käserinde mit dem Messer abkratzen und auf einem flachen Teller alle Zutaten mit einer Gabel vermischen.

TOASTS

Unkompliziert zubereitet und überaus beliebt sind Toasts, die schnellen, heißen Brötchen. Ziegenkäsetoast mit provencalischer Sauce überzeugt jeden Feinschmecker und mit Mozzarella-Tomaten-Crostinis, Salat und einem Glas Rotwein bewirten Sie gekonnt eine größere Anzahl von Gästen, auch wenn Sie fast keine Zeit zum Kochen haben. Beliebt bei Kindern, das gegrillte Käsesandwich.

Weiteres Riesenplus: Toasts sind ideal für die Resteverwertung. Sie finden im Kühlschrank noch ein kleines Stück Gorgonzola, ein Eckchen Camembert, etwas Gouda, eine Tomate und ganz wenig Schnittlauch, wunderbar – Sie haben die Zutaten für einen saftigen EU-Toast in der Hand und müssen nur noch das Brot aufschneiden.

Zum guten Gelingen. Zuerst kommen die Toasts in den Backofen. Während der Backzeit werden die Zutaten für Saucen und Garnitur geschnitten. Auf diese Weise stehen in 15 Minuten die fertigen Toasts auf dem Tisch. Die Rezepte sind für 2 Personen als kleiner Snack gedacht. Experimentieren Sie mit verschiedenen Vollkornbrotsorten, dadurch werden die Toasts noch abwechslungsreicher. Brot, das schon einige Tage alt ist, läßt sich noch gut als Toast backen.

MOZZARELLA-TOMATEN-CROSTINI

(Foto unten)
Für 4 Personen

4 Scheiben lockeres Weizenvollkornbrot
2 TL Butter
1 Knoblauchzehe, fein gehackt
200 g Mozzarella, dünne Scheiben
2 Tomaten, dünne Scheiben
1 Frühlingszwiebel, feine Ringe
schwarzer Pfeffer
einige Blättchen Basilikum

Brot mit Butter bestreichen. Knoblauch darauf verteilen, mit Mozzarella und Tomatenscheiben belegen. Im vorgeheizten Ofen bei mittlerer Hitze 7 Minuten backen. Mit Pfeffer und Basilikum bestreuen.

ZIEGENKÄSETOAST MIT PROVENÇALISCHER SAUCE

Für 4 Personen

4 Scheiben Roggen-Weizen-Vollkorntoast
2 TL Butter
200 g weicher Ziegenkäse (Konsistenz von Camembert), dünne Scheiben

Sauce:
1 Tomate, sehr kleine Würfel
1/2 gelbe Paprikaschote, sehr kleine Würfel
1 EL Zwiebeln, fein gehackt
4 schwarze Oliven, kleine Stücke
1 Knoblauchzehe, gepreßt
1 Prise Oregano
1 Prise Thymian
1 Prise Basilikum
1 TL Olivenöl
schwarzer Pfeffer, frisch gemahlen
Salz

Brotscheiben mit Butter bestreichen, den Käse auf dem Brot verteilen. Die Brote im vorgeheizten Ofen 7 Minuten bei mittlerer Hitze backen, bis der Käse zu schmelzen beginnt. In dieser Zeit die Sauce zubereiten: Dazu alle Zutaten gut vermischen. Je einen Eßlöffel Sauce auf die fertig gebackenen Toasts geben.

EU-TOAST

Für 4 Personen

Italienischer Gorgonzola, französischer Camembert und holländischer Gouda.

4 Scheiben Weizenvollkornbrot
50 g Gorgonzola, kleine Stücke
50 g Camembert, dünne Scheiben
100 g mittelalter Gouda, dünne Scheiben
1 Prise Paprikapulver, edelsüß
1 Tomate, dünne Scheiben
1/2 EL Schnittlauch, fein gehackt
1 EL Kresse
schwarzer Pfeffer, frisch gemahlen

Die Brotscheiben mit Gorgonzola, Camembert und zuletzt mit Gouda belegen und mit Paprika würzen. Dann im vorgeheizten Ofen bei mittlerer Hitze in 7 Minuten überbacken. Die Toasts mit Tomaten, Schnittlauch und Kresse garnieren. Mit Pfeffer übermahlen.

TOAST »VIVA MEXICO!«

Für 4 Personen

3 Scheiben Weizenvollkorntoast
2 TL Butter
120 g junger Gouda, dünne Scheiben
1 Tomate, kleine Würfel
1/2 Zwiebel, fein gehackt
1 Knoblauchzehe, gepreßt
1 gute Prise Chili
1 Prise Oregano
1 TL Zitronensaft
Salz
4 Salatblätter
1 reife Avocado, dünne Scheiben

Toastbrote mit der Butter bestreichen, den Käse auf den Broten verteilen, die Brote im vorgeheizten Ofen 5 bis 6 Minuten bei mittlerer Hitze überbacken. In dieser Zeit die restlichen Zutaten kleinschneiden. Tomatenwürfel, Zwiebel, Knoblauch, Chili, Oregano, Zitronensaft und Salz vermischen. Die fertigen Toasts mit Salatblättern und Avocadoscheiben belegen. Die Tomatensauce auf den Toasts verteilen.

KNOBLAUCHBROT

Scheiben von leichtem Weizenvollkornbrot rösten. Dann nehmen Sie eine ganze Knoblauchzehe und reiben davon soviel Sie wollen auf die Brotscheibe. Brot mit Olivenöl beträufeln und leicht salzen – fertig.

KNOBLAUCH-BAGUETTE

(Foto rechts)
Für 4 Personen

**1 Baguette
50 g Butter
3 Knoblauchzehen, gepreßt
schwarzer Pfeffer, frisch gemahlen
Salz**

Das Baguette in Abständen von 2 cm bis auf halbe Höhe einschneiden. Butter und Knoblauch vermischen, mit Pfeffer und Salz abschmecken. Die Knoblauchbutter in die Einschnitte streichen, das Baguette im vorgeheizten Ofen 5–7 Minuten backen.

SNACKS

Aus der kalten Küche kommt für jede Gelegenheit ein Leckerbissen, schnell und einfach zubereitet.
Rote Paprikaschiffchen, beladen mit grasgrüner, zitronenwürziger Avocadocreme, saftige Pfirsiche, gekrönt von einem rosaroten Häubchen aus Beeren, Nüssen und Meerrettich-Sahne, Champignons mit kräuterwürziger Walnuß-Ricotta-Füllung. Servieren Sie diese gefüllten Happen und Häppchen als raffinierten Imbiß, leichte Vorspeise, als dekorativen Mittelpunkt eines kalten Buffets, oder bestreiten Sie ein ganzes Abendessen mit den verschiedensten mundwässernden Appetitanregern oder Magentratzerln, wie man in Bayern dazu sagt.

CHAMPIGNONS MIT WALNUSS-RICOTTA-FÜLLUNG

Für 4 Personen

100 g Ricotta Salata (fester Ricotta)
8 große Champignons
1 kleine Tomate, kleine Würfel
30 g Walnüsse, grob gehackt
2 EL Petersilie, fein gehackt
1 Knoblauchzehe, gepreßt
1 EL Olivenöl
Pfeffer, frisch gemahlen
Salz

Ricotta fein reiben. Die Stiele der Champignons ausbrechen und fein hacken. Ricotta, gehackte Champignonstiele, Tomatenwürfel, Walnüsse, Petersilie, Knoblauchzehe und Olivenöl gut vermischen, mit Pfeffer und Salz abschmecken. Die Pilze mit der Masse füllen.
Wenn Sie die Pilze im voraus zubereiten, sollten Sie Füllung und Pilze getrennt im Kühlschrank aufbewahren und die Pilze vor dem Füllen kurz in Zitronenwasser tauchen, sie werden dann wieder schön weiß.

GRUYÈRECREME AUF BIRNENSCHEIBEN

Für 4 Personen

100 g Gruyère, fein gerieben
100 g Frischkäse
1 gute Prise Chili oder 1/2 TL frische Peperoni, fein gehackt
1 EL Frühlingszwiebeln, feine Ringe
1 EL Essiggurken, fein gehackt
2 saftige Birnen, dünne Scheiben

Gruyère und Frischkäse gut vermischen, Chili oder Peperoni, Frühlingszwiebeln und Essiggurken in die Käsemasse rühren. Die Birnenscheiben ringförmig anordnen und die Käsecreme in die Mitte geben.
Für ein kaltes Buffet tauchen Sie die Birnenscheiben in Zitronenwasser, damit sie nicht braun werden.

PAPRIKA MIT OLIVEN-ZIEGENKÄSECREME

Für 4 Personen

Dieses Rezept gelingt am besten, wenn Sie schmale, längliche Paprikaschoten verwenden.

100 g weicher Ziegenkäse (Konsistenz von Camembert)
100 g Ziegenfrischkäse
1 Knoblauchzehe, gepreßt
5 schwarze Oliven, fein gehackt
1 EL frisches Basilikum, fein gehackt
1 EL Frühlingszwiebeln, feine Ringe
1 Prise Oregano
1 Prise Thymian
schwarzer Pfeffer, frisch gemahlen
1 rote Paprikaschote
1 gelbe Paprikaschote

Den Ziegenkäse mit einer Gabel zu einer cremigen Masse zerdrücken. Mit Frischkäse, Knoblauch, Oliven, Basilikum, Frühlingszwiebeln, Oregano, Thymian und Pfeffer vermischen. Am Stielende der Paprikaschoten jeweils einen Deckel abschneiden, die Kerne entfernen, die Käsemasse in die Paprikaschoten füllen und gut andrücken, damit die Schoten gleichmäßig gefüllt sind. Dann mit einem scharfen Messer in Ringe schneiden. Wenn Sie die Paprikaschoten im voraus zubereiten, erst kurz vor dem Servieren aufschneiden.

CHICORÉE GEFÜLLT MIT HÜTTENKÄSE UND MANDARINEN

(Foto rechts)
Für 4 Personen

200 g Hüttenkäse
2 EL Mandelblättchen
1/2 EL Zitronensaft
1 EL Petersilie, fein gehackt
Salz
1 großer Chicorée, einzelne Blätter
2 Mandarinen, Spalten

Hüttenkäse, Mandelblättchen, Zitronensaft und Petersilie vermischen, mit Salz abschmecken. Die Chicoréeblättchen auf einer Platte anrichten, in jedes Blatt einen kleinen Löffel Füllung geben und mit Mandarinenspalten garnieren.

Mengenangaben. Sämtliche Rezepte in diesem Kapitel sind als Imbiß für 2 Personen oder als Vorspeise für 4 Personen ausreichend.

TOMATEN MIT BASILIKUMCREME

(Foto Seite 16)
Für 4 Personen

100 g Mascarpone
40 Blatt Basilikum, fein geschnitten
Salz
Pfeffer
4 Tomaten, Scheiben
einige Basilikumblättchen zum Garnieren

Mascarpone mit Basilikum, Salz und Pfeffer verrühren. Kaltstellen. Kurz vor dem Servieren die Tomatenscheiben auf einen Teller legen, auf jede Scheibe einen Klacks Basilikumcreme geben, mit Basilikumblättern garnieren.

PREISELBEER-MEERRETTICH-CREME MIT PFIRSICH ODER APFEL

Für 4 Personen

Ein Rezept für zwei Jahreszeiten. Ich konnte mich nicht entscheiden, wie's besser schmeckt, darum zwei Versionen.

100 g Quark
3 EL Sahne
3 EL Haselnüsse, grob gehackt
3 EL Preiselbeerkompott
3/4 EL Meerrettich, frisch gerieben
3 Pfirsiche, halbiert, entsteint
oder 2 saure Äpfel, dünne Scheiben

Alle Zutaten für die Creme gut vermischen, die Pfirsichhälften damit füllen, oder auf einem Teller die Apfelscheiben ringförmig anordnen und die Creme in die Mitte geben. Für ein kaltes Buffet beträufeln Sie die Apfelscheiben sofort nach dem Aufschneiden mit Zitronensaft, damit sie nicht braun werden.

GEFÜLLTE TOMATE »BELLA ITALIA«

Für 4 Personen

Italiens Lieblingszutaten traut vereint in einer kleinen Tomate.

50 g Pinienkerne, grob gehackt
60 g Parmesan, frisch gerieben
1 kleines Bund Basilikum, fein gehackt
2 Knoblauchzehen, gepreßt
1 1/2 EL Olivenöl
Salz
schwarzer Pfeffer, frisch gemahlen
4 mittelgroße Tomaten
8 Blättchen Basilikum
1 TL Pinienkerne

Pinienkerne, Parmesan, Basilikum, Knoblauch und Olivenöl gut vermischen, mit Salz und Pfeffer abschmecken. Die Tomaten halbieren und aushöhlen. Dann mit der Nuß-Kräuter-Masse füllen und mit Basilikumblättchen und Pinienkernen garnieren.

AVOCADOCREME MIT ROTEN PAPRIKASCHOTEN

Für 4 Personen

Avocados sind beim Einkauf meist steinhart. Lassen Sie die Frucht einige Tage liegen (nicht im Kühlschrank), bis sie weich ist. Denn: Mit einer harten Avocado können Sie dieses Rezept nicht zubereiten.

1 weiche Avocado
100 g Frischkäse
1 Bund Schnittlauch, fein geschnitten
1 Knoblauchzehe, gepreßt
1 TL Zitronensaft
Salz
Pfeffer, frisch gemahlen
2 rote Paprikaschoten, geviertelt

Avocado halbieren, den Kern entfernen und das weiche Fruchtfleisch mit einem Löffel herauskratzen. Das Avocadofleisch mit einer Gabel zu einer cremigen Masse zerdrücken und mit Frischkäse, Schnittlauch, Knoblauch und Zitronensaft glattrühren. Die Creme mit Salz und Pfeffer abschmecken und in die Paprikaviertel füllen.
Die Avocadocreme eignet sich nicht für ein kaltes Buffet – wenn sie einige Zeit steht, wird sie braun.

ZIEGENKÄSE IN KNOBLAUCH-MARINADE

(Foto rechts)
Für 4 Personen

400 g runder Ziegenkäse, dicke Scheiben
1 kleien Zwiebel, feine Ringe
10 Knoblauchzehen, Scheibchen
2 Thymianzweige
2 Oreganozweige
1 Salbeiblatt
2 Lorbeerblätter
1 TL schwarzer Pfeffer, grob zerstoßen
¼ l kaltgepreßtes Olivenöl

Ziegenkäse abwechselnd mit Zwiebelringen, Knoblauch, Kräutern und Pfeffer in ein Einmachglas schichten, das Öl darübergießen. Den Käse 2 Tage im Kühlschrank durchziehen lassen.
Zum marinierten Käse herzhaftes Vollkornbrot reichen. Statt Ziegenkäse kann man auch Schafskäse einlegen.

GEFÜLLTE GURKE »SANTORINI«

Für 4 Personen ⚡

Am besten eignen sich die etwas dickeren Gärtnergurken.

**200 g Schafskäse (Feta)
2 EL Joghurt
1/2 Bund Dill, fein gehackt
1/2 Bund Petersilie, fein gehackt
schwarzer Pfeffer, frisch gemahlen
1 mittelgroße Gurke**

Schafskäse mit einer Gabel zerdrücken, mit Joghurt, Kräutern und Pfeffer zu einer cremigen Masse verrühren. Gurke schälen, der Länge nach halbieren und mit einem Löffel die Kerne herauskratzen. Eine Hälfte der Gurke mit der Schafskäse-Masse füllen, die andere Gurkenhälfte obenauf setzen und gut festdrücken. Die Gurke mit einem scharfen Messer in 2 cm dicke Scheiben schneiden.
Wenn Sie die Schafskäse-Creme bei einem kalten Buffet servieren wollen, sollten Sie sie in Paprikaschoten füllen, denn die Gurkenringe ziehen bei längerem Stehen Wasser.

ROQUEFORTBIRNE

Für 4 Personen ⚡

Eine attraktive, schnell zubereitete Vorspeise. Sie schmückt auch jedes kalte Buffet.

**2 saftige Birnen
500 ml Wasser
1 TL Zitronensaft
Salz
100 g Roquefort
40 g Butter
schwarzer Pfeffer
4 Zitronenscheiben
4 schwarze Oliven
einige Zweigchen Dill**

Birnen schälen, halbieren und das Kernhaus mit einem Teelöffel halbkugelförmig entfernen. Das Wasser mit Zitronensaft zum Kochen bringen, salzen, die Birnenhälften je nach Reifegrad 2 – 4 Minuten leicht kochen. Bei der Kochzeit muß beachtet werden, daß die Birnen im Kochwasser abkühlen.
Roquefort mit der Gabel zerdrücken, glatt rühren. Die Butter schmelzen, zum Roquefort geben, gut mit Pfeffer würzen und alles zu einer Creme verrühren. Kalt stellen, nach einer Stunde hat sich die Creme verfestigt.
Die abgekühlten Birnen aus dem Kochwasser nehmen, abtropfen lassen. Von der Roquefortmasse Kugeln abstechen, die Birnen damit füllen. Mit Zitronenscheiben, Oliven und Dill garnieren.
Roquefortbirnen können Sie schon am Tag vorher zubereiten. Dann sollten Sie die Birnen jedoch erst kurz vor dem Servieren füllen.

APFEL-WALNUSS-SALAT MIT STANGEN-SELLERIE

Für 4 Personen ⚡

Stangensellerie ist ein knackiges, saftiges Gemüse, geradezu gewachsen, um roh gegessen zu werden.

**3 EL saure Sahne
2 EL Joghurt
1 paar Tropfen Tabasco oder
1 Prise Chili
1 saurer Apfel, kleine Stücke
40 g Walnüsse, grob gehackt
1 EL Petersilie, fein gehackt
Salz
4 Stiele Stangensellerie, schmale,
5 cm lange Stücke**

Saure Sahne, Joghurt und Tabasco oder Chili gut verrühren. Apfel, Walnüsse und Petersilie mit der Sauce vermischen. Den Salat mit Salz abschmecken, in die Mitte eines großen Tellers geben und die Selleriestücke rundherum arrangieren.

Arabische Vorspeisen

(Foto rechts)

Keiner Zauberei bedarf es, um orientalische vegetarische Tafelfreuden am häuslichen Eßtisch zu genießen. Sie brauchen einige Gewürze, die inzwischen auch bei uns nicht mehr unbekannt sind, Cumin (Kreuzkümmel), Curcuma (Gelbwurz), Koriander, den vielgeliebten Safran, Chili, Rosenpaprika, Piment (Nelkenpfeffer), dazu noch ein gutes Olivenöl und die orientalische Grundausstattung ist fertig (siehe auch Seite 11: »Die Kunst des Würzens«).

Eine orientalische Vorspeisentafel kann so üppig ausfallen, daß sie mit einem Dessert eine ganze, farbenfrohe Mahlzeit bildet. Sehr praktisch daran: alles läßt sich gut im voraus zubereiten. Bei einer arabischen Vorspeisentafel ist der Tisch über und über mit kleinen Tellern bedeckt, die mangels Platz auch noch aufeinandergestapelt werden. Neben gekochten Gemüse- und Bohnencremes gibt es Felafel (Kichererbsenbällchen, Rezept Seite 175), scharfe und milde Saucen, Tabbouli (marinierten Kräuter-Getreide-Salat), Gemüse- und Blattsalate, Joghurtgerichte. Mit wenig Arbeitsaufwand wird die Vorspeisentafel durch Oliven, Essiggurken, eingelegte Peperoni, geröstete Nüsse, Tomatenscheiben, rohe Karotten und Gurkenstückchen ergänzt.

SKORDALIA
Pikante Kartoffelpaste
Für 4 Personen

500 g Kartoffeln
50 g Weizenvollkornbrot, zerkrümelt
6 Knoblauchzehen, gepreßt
3 EL Essig oder Zitronensaft
Salz
Pfeffer
100 ml Olivenöl
1 EL Petersilie, fein gehackt

Die Kartoffeln in der Schale weichkochen, schälen und zu einem Brei zerdrücken. Brei mit Weizenvollkornbrot, Knoblauch, Essig, Salz und Pfeffer vermischen. Das Olivenöl langsam unterrühren. (Das geht mit dem Handrührgerät am einfachsten.) Es soll eine glatte feste Paste entstehen.
Mit Petersilie bestreuen.

> Zu den Vorspeisen wird Fladenbrot (Pittabrot Seite 159) gegessen, von dem man sich Stücke abreißt und das Essen damit in den Mund schiebt. Eine orientalische Vorspeisentafel können Sie auch mit Erfolg als kaltes Buffet aufbauen.

TABBOULI
Bulgur-Kräuter-Salat
(Foto Seite 33)
Für 4 Personen

Auf einem kalten Buffet darf Tabbouli nicht fehlen.
Bulgur ist geschroteter, vorgedünsteter und wieder getrockneter Weizen, der entweder nur eingeweicht wird oder eine sehr kurze Kochzeit hat. Der Salat sollte einige Zeit durchziehen, damit sich die Bulgurkörnchen mit dem Kräuteraroma vollsaugen können. Bulgur können Sie in griechischen und türkischen Geschäften kaufen.

300 bis 350 ml Wasser
Salz
250 g Bulgur
1 Bund Schnittlauch, fein gehackt
3 Bund Petersilie, fein gehackt
1 Bund Minze, fein gehackt (3 EL)
3 Tomaten, Kerne entfernt, kleine Würfel
4 bis 6 Knoblauchzehe, gepreßt
Saft von 2 Zitronen
5 EL Olivenöl
Pfeffer

Die Wassermenge beim Bulgurkochen richtet sich nach der Grobkörnigkeit des Bulgurs. Wenn Sie sehr fein geschroteten Bulgur haben, benutzen Sie die kleinere Menge Wasser, bei grob geschrotetem Bulgur die größere. Sind Sie sich unsicher, fangen Sie mit weniger Wasser an und geben Sie während des Kochens heißes Wasser dazu.

Wasser mit Salz zum Kochen bringen, Bulgur einstreuen, aufkochen, Topf schließen. Bulgur bei kleiner Flamme 5 Minuten zugedeckt ausquellen lassen, vom Feuer nehmen. Bulgur bei geschlossenem Deckel noch 10 Minuten nachquellen lassen; er soll körnig und locker sein. Kräuter und Tomaten mit dem Bulgur in eine Schüssel geben. Aus gepreßten Knoblauchzehen, Zitronensaft, Öl, Pfeffer und Salz eine Marinade anrühren, mit den Salatzutaten gut vermischen. Den Salat 2 Stunden durchziehen lassen. Eventuell mit Salz nachwürzen.

ZAZIKI
Für 4 Personen

2 mittelgroße Gurken, geschält, 3 cm lange Streifen
500 g Joghurt
4 Knoblauchzehen, fein gehackt
2 EL Olivenöl
Salz und Pfeffer

Der Trick bei diesem höchst einfachen Gericht: Die Gurken müssen in einem Küchentuch fest ausgedrückt werden, bis sie ganz glasig aussehen; der Gurkensaft würde den Joghurt verwässern.
Die ausgedrückten Gurkenstreifen mit den übrigen Zutaten vermischen, im Kühlschrank mindestens eine Stunde durchziehen lassen.

LABNA
Joghurt-Frischkäse

(Foto Seite 33)
Für 4 Personen

Würziger Käse, mit minimalem Arbeitsaufwand selbst hergestellt. Schmeckt gut zum Frühstück, paßt auch auf ein üppiges Buffet.

600 g Joghurt (3,5% Fett)
½ TL edelsüßes Paprika

Ein Sieb mit einem Küchentuch auslegen, den Joghurt hineinschütten, an einem kühlen Ort 12 Stunden zugedeckt abtropfen lassen. Aus dem Käse kleine Kugeln formen, mit Paprikapulver bestreuen.

SCHAFSKÄSECREME

Für 4 Personen

250 g Schafskäse (Feta)
3 EL Olivenöl
¼ TL Oregano
½ kleine rote Zwiebel, fein gehackt
2 Knoblauchzehen, fein gehackt
3 EL frische Minze, fein gehackt
Pfeffer
einige frische Minzeblättchen

Den Schafskäse mit einer Gabel zerdrücken, mit Olivenöl zu einer glatten Paste verrühren. Oregano, Zwiebeln, Knoblauch, gehackte Minze und Pfeffer dazugeben und gut vermischen. Die Creme mit ganzen Minzeblättchen garnieren.

BABA GHANNOOJ
Auberginenpüree mit Tahini

Für 4 Personen

1 kg Auberginen
5 bis 7 Knoblauchzehen
Saft von ½ Zitrone
3 EL Olivenöl
1 EL Tahini (Sesammus)
Salz

Den Stiel der Auberginen abschneiden. Jede Aubergine dreimal mit der Gabel tief einstechen. Die ganzen Auberginen im vorgeheizten Ofen 50 Minuten bei guter Hitze schwarzbraun backen. Auberginen abkühlen lassen, halbieren, die in den Auberginen angesammelte Flüssigkeit abgießen. Das Fruchtfleisch aus der Schale kratzen, mit den restlichen Zutaten im Mixer zu einem glatten Brei pürieren. Wenn Sie keinen Mixer haben: Das Fruchtfleisch klein hacken, mit der Gabel zerdrücken, Knoblauchzehen pressen. Das Püree mit Zitronensaft, Olivenöl, Tahini und Salz vermischen.

> **Tahini, Sesammus** aus ungeschälten Sesamkörnern gibt es in Naturkostgeschäften zu kaufen. Ein wertvolles Lebensmittel, enthält Sesam doch sehr viele Mineralstoffe.

HOMMOS BI TAHINI
Sesam-Kichererbsen-Creme

(Foto Seite 33)
Für 4 Personen

Wer würde je auf die Idee kommen, daß diese pikante Creme aus Kichererbsen gemacht ist.

250 g Kichererbsen, über Nacht eingeweicht
1500 ml Wasser
4 Knoblauchzehen
Saft von 2 Zitronen
50 ml Olivenöl
1 EL Tahini (Sesammus)
1 TL Cumin
Salz
Pfeffer
Garnitur:
1 EL Olivenöl
½ TL Rosenpaprika, edelsüß
½ EL Petersilie, fein gehackt

Die eingeweichten Kichererbsen abgießen, abtropfen lassen, mit dem Wasser zum Kochen bringen und 1 bis 2 Stunden zugedeckt weich kochen (im Dampfkochtopf 45–60 Minuten). Die Kichererbsen müssen sich leicht zwischen den Fingern zerdrücken lassen. Kichererbsen abgießen, Einweichwasser auffangen, vom Einweichwasser 100 ml abmessen. Kichererbsen mit Knoblauch, Zitronensaft, Olivenöl, Tahini, Cumin, Salz und Pfeffer und dem abgemessenen Einweichwasser im Mixer zu einer glatten Paste pürieren.

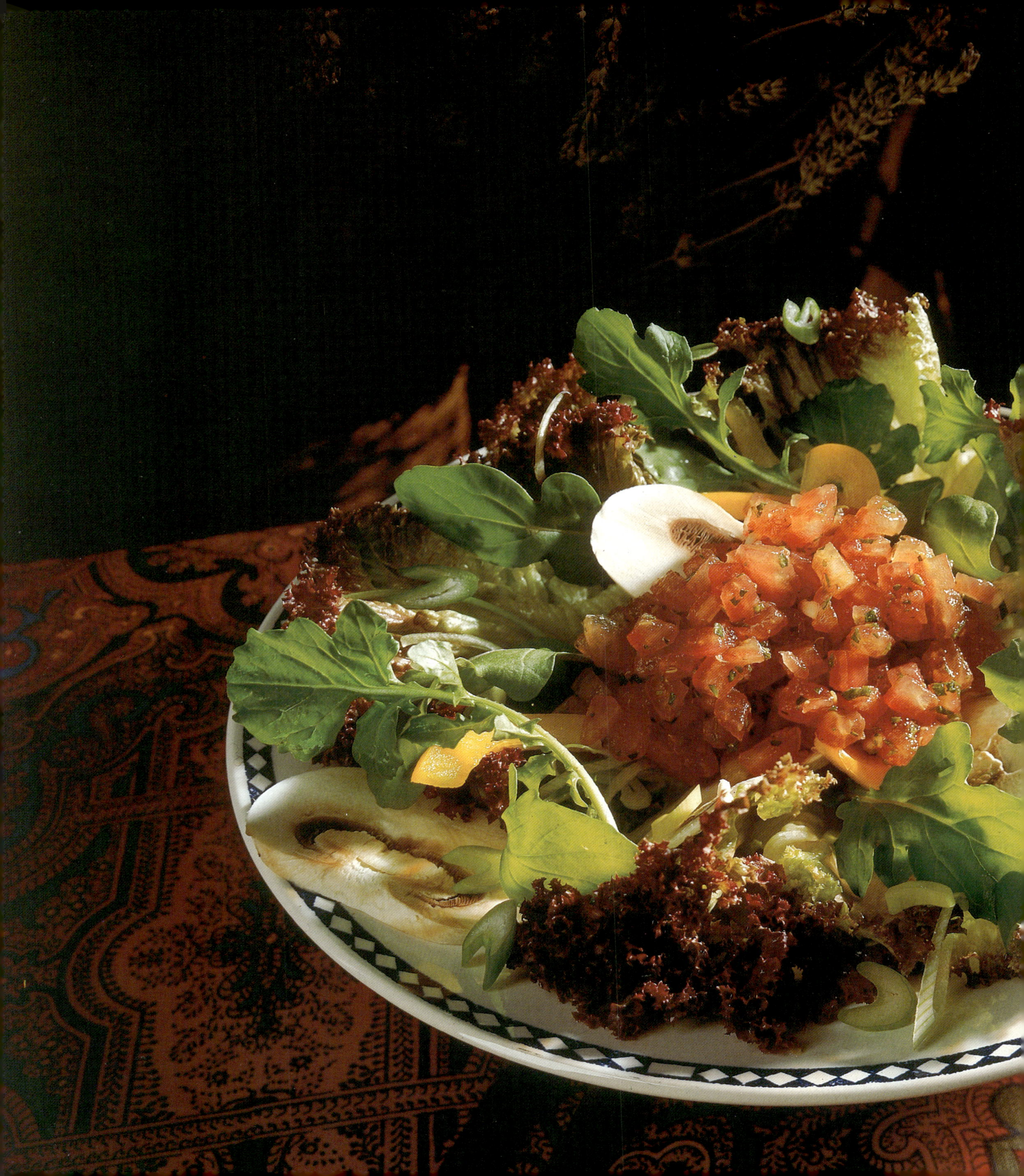

SALATE

haben immer Saison.

Im Sommer, weil die Lust auf Leichtes überwiegt. Im Winter, weil die Temperaturen sinken und der Vitaminbedarf steigt. Im Frühjahr wird die Müdigkeit damit bekämpft, und im Herbst bleibt nur der Grund, daß Salate täglich schmecken. Die große Schüssel mit Blättchen und Kräutchen, ein ganzes Jahr lang steht sie knackig frisch auf dem Tisch.

Anpassungsfähig wie er ist, übernimmt der Salat bei Ihren Essens-Inszenierungen jede Rolle. Im »romantischen Dinner bei Kerzenlicht« spielt er die Vorspeise, in »Einladung für die lieben Verwandten am Sonntag« tritt er souverän in der entscheidenden Nebenrolle, Beilage zum Hauptgang, auf. Am besten jedoch gefällt er sich, wenn er die Tischbretter, die ihm die Welt bedeuten, dominieren kann. Das geschieht regelmäßig in dem modernen Erfolgsstück »Heute gibt's nur eine große Schüssel Salat, Kinder!«, ein Einakter für einen Darsteller. Ein Stück Brot und eine Scheibe Käse dürfen ihm am Rande assistieren, doch er beherrscht die Szene, zieht alle Register seiner Kunst, keine Nuance läßt er aus, und beweist überlegen, daß das »nur« im Titel des Stückes nur eine Provokation war.

Salat mit Tomatenvinaigrette
(Rezept Seite 38)

Salat, jeden Tag, zu jedem Anlaß. Und Sie stehen ständig wieder vor der Frage: Was kommt rein in die große Schüssel? Feldsalat, Kopfsalat, Tomaten, Gurken, Paprika, Sprossen, Endivie, Walnüsse, Haselnüsse, Emmentaler, Sellerie, Stange oder Knolle, Karotten, Radieschen, Eier, Frühlingszwiebeln, Orangen, Avocado, Banane, Radicchio, Kartoffel, und wird die Sauce dazu cremig pikant, mit Kräutern gewürzt, nach Knoblauch duftend oder wie eh und je, aus Essig und Öl, Salz und Pfeffer sein?

Sämtliche Salatzutaten sind, wie Sie wohl bemerkt haben, noch lange nicht aufgeführt, aber dies soll auch keine Enzyklopädie der möglichen und wahrscheinlichen Salatzutaten werden.

Für die zahllosen Gelegenheiten Salat zu essen, möchte ich Ihnen ein paar unkomplizierte, wohlschmeckende Rezepte vorschlagen. Kurzum, damit der Salat nie langweilig wird, braucht es Abwechslung, und da kann ich Ihnen nur mit der bekannten Dichterin Wilhelmina Husch raten:

»Schnell geschnitten,
flink gerührt,
mal was Neues ausprobiert!«

BUNT GEMISCHT

Lassen Sie sich bei diesen Rezepten von langen Zutatenlisten nicht er- und abschrecken. Die langen Zutatenlisten bedeuten weder komplizierte, langwierige Arbeit noch zeitintensives Einkaufen in den verschiedensten Geschäften. Die lange Zutatenliste kommt durch die Gewürze zustande. Die Gewürze stehen auf ihren Einsatz wartend im Regal. Im Nu ist der Salat abgeschmeckt, exotisch mit Cumin, Kardamom und Chili oder südeuropäisch mit Thymian, Oregano und Basilikum. Gewürze sind ein Segen für die schnelle Küche. Durch Gewürze werden die einfachsten Zutaten zu exquisiten Gerichten, ganz ohne zusätzlichen Arbeitsaufwand. Sie müssen nur richtig dosieren (und die Gewürze im Schrank stehen haben).

MANGO MIT ERDNUSSAUCE

Für 4 Personen ⚡

4 Blätter Eissalat, dünne Streifen
2 reife Mangos, dünne Scheiben
1 Frühlingszwiebel, feine Ringe
Erdnußsauce:
3 EL Erdnußmus
1 Knoblauchzehe
½–1 EL Sojasauce
1 EL Zitronensaft
½ TL Honig
50–75 ml Milch

Eissalat, Mango und Frühlingszwiebeln auf Teller anrichten. Die Saucenzutaten im Mixer pürieren. Je einen Klacks Sauce auf den Salat geben.

SALAT MIT TOMATEN-VINAIGRETTE

(Foto Seite 36) ⚡

1 kleiner Lollo Rosso, mundgerechte Stücke
30 g Rucola
100 g Champignons, dünne Scheiben
1 gelbe Paprika, feine Streifen
1 Frühlingszwiebel, feine Ringe
Vinaigrette:
250 g Tomaten
2 Knoblauchzehen, fein gehackt
1 TL Basilikum, fein gehackt
1 TL Kapern, fein gehackt
½ EL Essig
Salz
Pfeffer
3 EL Olivenöl

Die Salatzutaten auf einer großen Platte anrichten. Tomaten kurz in kochendes Wasser geben, abgießen, Haut abziehen und in sehr kleine Würfel schneiden.

Tomatenwürfel mit Knoblauch, Basilikum, Essig, Salz und Pfeffer vermischen. Das Olivenöl tropfenweise unterrühren. Die Vinaigrette über den Salat gießen. Damit auch der optische Genuß stimmt, den Salat erst auf dem Tisch vermischen.

GRANATAPFEL-KAROTTEN-SALAT AUF FENCHEL

(Foto rechts)
Für 4 Personen

Eine Freude fürs Auge, weiße Fenchelscheiben, orangefarbene Karotten und durchsichtig rotschimmernde Granatapfelkerne.

3 EL Zitronensaft
1 EL Öl
1 TL Honig
Salz
1 Granatapfel, Kerne ausgelöst
300 g Karotten, grob gerieben
30 g Mandeln, gehackt
1 Fenchelknolle, hauchdünne Scheiben

Aus Zitronensaft, Öl und Honig eine Marinade anrühren, mit Salz abschmecken. 3 Eßlöffel Granatapfelkerne, Karotten und Mandelsplitter mit der Marinade vermischen. Die Fenchelscheiben auf einer Platte anrichten, die marinierten Karotten in die Mitte des Tellers auf den Fenchel geben und den Salat mit den restlichen Granatapfelkernen garnieren.

Wenn Sie den Salat im voraus zubereiten, bewahren Sie die Fenchelscheiben separat in kaltem, gesalzenem Zitronenwasser auf, so bleiben sie schön weiß.

SALAT AUS KRESSE, KAROTTEN UND GRAPEFRUIT MIT AVOCADOCREME

Für 4 Personen

150 g Brunnenkresse
1 Karotte, streichholzgroße Stifte
1 Grapefruit, filetiert
1 Frühlingszwiebel, dünne Ringe
Avocadocreme:
1 reife Avocado
4 EL saure Sahne
1 Prise Chilipulver
abgeriebene Schale von
¼ ungespritzten Zitrone
Salz

Die Salatzutaten auf einem großen Teller kranzförmig anrichten.
Avocadocreme: Avocado schälen, entkernen, in Stücke schneiden, mit den übrigen Zutaten pürieren. Die Creme in die Mitte des Tellers gießen.

FELDSALAT MIT NÜSSEN UND SPROSSEN

Für 4 Personen

50 g Haselnüsse
100 g Feldsalat
2 Frühlingszwiebeln, dünne Ringe
30 g Alfalfasprossen
2 EL Essig
3 EL Öl
Salz, Pfeffer

Die Haselnüsse 5 Minuten bei mittlerer Hitze im Backofen auf einem Blech rösten und klein hacken. Feldsalat, Frühlingszwiebeln, Sprossen und die Nüsse in einer Salatschüssel anrichten.
Aus Essig, Öl, Salz und Pfeffer eine Marinade anrühren, den Salat damit vermischen.

PIKANTER ORIENTALISCHER SALAT

(Foto Seite 33)
Für 4 Personen

¼ Rettich, kleine Würfel
½ Gurke, kleine Würfel
1 gelbe Paprikaschote, kleine Würfel
2 Tomaten, kleine Würfel
½ rote Zwiebel, fein gehackt
½ bis 1 grüne Chilischote, fein gehackt
2 Knoblauchzehen, gepreßt
Saft von 1 Zitrone
3 EL Olivenöl
Salz
½ Bund Petersilie, fein gehackt

Rettich, Gurke, Paprika, Tomaten und Zwiebel in eine Schüssel geben. Aus Chili, Knoblauch, Zitronensaft, Olivenöl und Salz eine Marinade anrühren. Die Gemüse mit der Marinade vermischen. Salat 30 Minuten durchziehen lassen, mit Petersilie garnieren.

BUNTER SALAT MIT KARTOFFELDRESSING

Für 4 Personen

Eine einsame Kartoffel ist übrig geblieben! Verarbeiten Sie sie zur würzigen Sauce für einen knackigen Salat.

1 kleiner Lollo Rosso, mundgerechte Stücke
2 Tomaten, kleine Schnitze
1 gelbe Paprikaschote, dünne Streifen
4 Champignons, dünne Scheiben
½ Zwiebel, fein gehackt
2 EL Gartenkresse
Dressing:
1 gekochte Kartoffel (ca. 80 g), fein gerieben
2 EL Essig
3 EL Joghurt
1 TL Dijon-Senf
2 Knoblauchzehen, gepreßt
Salz
3 EL Olivenöl
1 EL Petersilie, fein gehackt

Die Salatzutaten in einer Schüssel anrichten. Für das Dressing die geriebene Kartoffel mit Essig, Joghurt, Senf, Knoblauchzehen und Salz mit dem Handrührgerät vermischen. Nach und nach das Olivenöl unterrühren, zuletzt die Petersilie dazugeben. Den Salat mit der Sauce vermischen.

GEMISCHTER SALAT MIT OLIVENSAUCE

Für 4 Personen ⚡

Olivensauce:
2 hartgekochte Eier
1 TL Senf
1 TL Essig
Saft von ½ Zitrone
1 Knoblauchzehe, gepreßt
Salz
Pfeffer
4 EL Olivenöl
15 bis 20 grüne Oliven, entsteint, fein gehackt
2 EL Petersilie, fein gehackt

Salat:
100 g Radicchio, mundgerechte Stücke
100 g Romano oder Kopfsalat, mundgerechte Stücke
1 mittlere Fenchelknolle, dünne Scheiben
1 Karotte, ganz dünne Stifte
2 Stiele Stangensellerie, dünne Scheiben
2 Tomaten, Schnitze
1 kleine rote Zwiebel, fein gehackt

Olivensauce: Die Eigelb mit der Gabel zerdrücken (Eiweiß für den Salat aufbewahren), mit Senf, Essig, Zitronensaft und der durchgepreßten Knoblauchzehe zu einer glatten Paste verrühren, mit Salz und Pfeffer würzen.

Das Olivenöl, wie bei einer Majonnaise langsam unterrühren, es soll eine cremige Sauce entstehen. Oliven und Petersilie untermischen.

Salat: Das Eiweiß in kleine Würfel schneiden. Mit den übrigen Salatzutaten in eine Schüssel geben. Den Salat mit der Olivensauce vermischen.

AVOCADO MIT GRAPEFRUITGELEE

Für 4 Personen 🥕

300 ml Grapefruitsaft
2 TL Honig
1 Prise Salz
Saft von ½ Limette oder Zitrone
¾ TL Agar Agar-Pulver
2 reife Avocados
4 Salatblätter
4 EL Alfalfa-Sprossen
2 Frühlingszwiebeln, dünne Ringe

Grapefruitsaft, Honig, Salz und Limettensaft vermischen. Den Saft erhitzen und währenddessen Agar Agar-Pulver in 3 EL Wasser auflösen. Den Saft kurz vor dem Kochen vom Feuer nehmen, Agar Agar-Lösung untermischen, die Flüssigkeit in eine kalt ausgespülte, abgetrocknete Schüssel gießen, abkühlen lassen. 30 Minuten auf Eis stellen. Avocados schälen, halbieren und entkernen. In dünne Scheiben schneiden, das fest gewordene Gelee in Würfel schneiden. Avocadoscheiben und Grapefruitwürfel portionsweise auf einem Salatblatt anrichten. Mit Alfalfa-Sprossen und Frühlingszwiebeln garnieren.

FELDSALAT MIT CHAMPIGNONS UND KRESSE

Für 4 Personen 🥕⚡

Saft von ½ Zitrone
1 EL Essig
1 Knoblauchzehe, fein gehackt
½ EL Sojasauce
½ TL Honig
1 Prise Chili
150 g Feldsalat
2 EL Öl
150 g Champignons, dünne Scheiben
Salz
2 Frühlingszwiebeln, feine Ringe
3 EL Kresse

1 Teelöffel Zitronensaft beiseite stellen. Den restlichen Zitronensaft, Essig, Knoblauch, Sojasauce, Honig und Chili zu einer Marinade verrühren. Feldsalat in einer Schüssel anrichten. Öl in einer Pfanne erhitzen, die Pilze darin unter Rühren 2–3 Minuten anbraten, leicht salzen und mit 1 Teelöffel Zitronensaft beträufeln (dadurch werden die Pilze wieder hell). Die Pilze auf den Feldsalat geben, die Marinade über den Salat gießen, mit Frühlingszwiebeln und Kresse garnieren.

Oder Sie mischen den Salat erst am Tisch mit der Sauce.

Sie können den Salat auch mit Austernpilzen oder japanischen Shiitake-Pilzen zubereiten.

BLATTSALAT MIT WALNUSSAUCE

Für 4 Personen

½ Frisée, mundgerechte Stücke
½ Eichenblattsalat, mundgerechte Stücke
1 kleiner Chicorée, mundgerechte Stücke

Walnußsauce:
30 g Walnüsse, leicht geröstet, gehackt
2 EL Essig
5 EL Öl
Salz
Pfeffer
1 Frühlingszwiebel, feine Ringe

Die Blattsalate in einer Schüssel anrichten. Die Zutaten für die Sauce im Mixer pürieren. Den Salat mit der Sauce vermischen. Mit Frühlingszwiebeln bestreuen.

MEXIKANISCHER MELONENSALAT

Für 4 Personen

100 g Frischkäse
3 EL Orangensaft
1 Prise Chilipulver
1 EL frischer Koriander, fein gehackt, oder Petersilie
Salz
1 kleine Honigmelone, dünne Scheiben
4 Salatblätter
1 EL Frühlingszwiebeln, dünne Ringe

Frischkäse, Orangensaft, Chili und Koriander vermischen, mit Salz abschmecken.
Auf einzelnen Tellern die Melonenscheiben fächerförmig auf den Salatblättern anrichten, die Frischkäsecreme darübergießen, mit Frühlingszwiebeln bestreuen.

ROTE BETE-SALAT MIT MANDEL-MEERRETTICH-SAUCE

Für 2 Personen

Sauce:
½ EL Meerrettich, frisch gerieben
½ EL Mandelmus
125 g Joghurt
Saft von ½ Zitrone
Salz

Salat:
150 g Rote Bete, gerieben
150 g, säuerlicher Apfel, gerieben
6 Blätter Eissalat, mundgerechte Stücke

Aus Meerrettich, Mandelmus, Joghurt und Zitronensaft mit dem Handmixer eine Sauce rühren, mit Salz abschmecken. Rote Bete und Apfel mit der Sauce vermischen. Eissalat auf einer Platte anrichten und den Rohkostsalat in die Mitte geben.

CHINESISCHER SALAT MIT ENDIVIEN, KAROTTEN UND ORANGEN

Für 4 Personen

½ EL ungeschälte Sesamkörner
1 kleiner Endiviensalat, feine Streifen
2 Knoblauchzehen, fein gehackt
2 große Orangen, filetiert
2 EL Öl
200 g Karotten, 3 mm feine Stifte
1 Prise Chili
1 EL Sojasauce
1 Frühlingszwiebel, feine Ringe

Sesamkörner in einer trockenen Pfanne anrösten, bis sie anfangen hochzuspringen, dann beiseite stellen. Endiviensalat und Knoblauch in eine Schüssel geben. Die Orangen über der Schüssel mit Endiviensalat filetieren (Seite 47), damit der heruntertropfende Saft aufgefangen wird. Den restlichen Saft aus den filetierten Orangen drücken. In einer Pfanne oder einem Wok das Öl erhitzen, die Karottenstifte darin mit 1 Prise Chili 2 Minuten unter Rühren anbraten, mit der Sojasauce ablöschen und mit dem Salat vermischen. Den Salat mit Frühlingszwiebeln und geröstetem Sesam garnieren.

BUNT GEMISCHT

KRAUTSALAT »NEW YORK«

(Foto unten)
Für 4 Personen

50 g Mandelblättchen
300 g Weißkraut, fein gehobelt
3 Stangen Bleichsellerie, feine Scheiben
3 säuerliche, rote Äpfel
½ Zwiebel, fein gehackt
3 EL Zitronensaft
2 EL Öl
Salz
Pfeffer
1 EL Senf
150 g Joghurt
100 g Sauerrahm
3 EL Dill, fein gehackt

Mandelblättchen in einer trockenen Pfanne unter Rühren anrösten.
Kraut, Sellerie, Apfel und Zwiebel in eine Schüssel geben. Zitronensaft, Öl, Salz und Pfeffer verrühren, mit dem Salat vermischen.
Senf, Joghurt, Sauerrahm glattrühren, mit Salz abschmecken. Die Sauce über den Salat gießen. Den Salat mit Mandelblättchen und Dill garnieren.
Besonders appetitlich wirkt der Salat portionsweise angerichtet.

MANGO-PAPAYA-COCKTAIL

Für 4 Personen

Die Kunst bei dieser umwerfenden Vorspeise besteht darin, eine reife Mango und eine reife Papaya zu finden.

1 Mango
1 kleine Papaya (ca. 300 g)
Saft von ½ Limette
4 Salatblätter

Mango schälen und in dünne Streifen schneiden. Papaya schälen, Kerne entfernen und ebenfalls in dünne Streifen schneiden.
In einer Schüssel Mango und Papaya mit Limettensaft vermischen und portionsweise auf den Salatblättern anrichten.

SALATE

SALAT MIT JOGHURT-MINZ-SAUCE

Für 4 Personen

Salat:
1 Kopfsalat, mundgerechte Stücke
4 Tomaten, Schnitze
1/2 Gurke, dünne Scheiben
1/4 Zwiebel, fein gehackt

Sauce:
150 ml Joghurt
1 EL Olivenöl
1 EL Zitronensaft
1 EL frische Minze, fein gehackt
1–2 Knoblauchzehen, durchgepreßt
Salz
Pfeffer

Garnitur:
einige frische Minzeblättchen

Alle Salatgemüse in einer Schüssel anrichten, die Saucenzutaten gut vermischen, über den Salat gießen. Salat mit der Sauce gut vermischen und mit den ganzen Minzeblättchen garnieren.

KRÄUTERDRESSING

(Foto unten)
Für 4 Personen

Ein sämiges, grasgrünes Dressing zu gemischten und Blattsalaten. Eignet sich perfekt als Dressing für ein Salat-Buffet.

1 Bund Dill, fein gehackt
1 Bund Petersilie, fein gehackt
125 ml Öl
30 ml Essig
100 ml Wasser
1 EL Zitronensaft
1 TL mittelscharfer Senf
1 TL Honig
1/4 TL Basilikum
2 EL zerkrümeltes Weizenvollkornbrot
Pfeffer
Salz

Alle Zutaten mit dem Quirl oder im Mixer zu einer glatten Sauce pürieren.

PILZ-TOMATEN-VORSPEISE

Für 4 Personen

2 EL Öl
1/2 Zwiebel, fein gehackt
2 Knoblauchzehen, fein gehackt
1/2 TL Ingwer, gerieben
1/4 Chilischote, fein gehackt
250 g Champignons
30 g Cashewnüsse, dünne Scheiben
1 EL Sojasauce
1 TL Zitronensaft
1/2 TL Honig
2 Tomaten, kleine Würfel
1 Frühlingszwiebel, feine Ringe
4 große Salatblätter

Öl im Wok oder einer großen Pfanne erhitzen. Zwiebeln, Knoblauch, Ingwer und Chili unter Rühren einige Minuten goldbraun braten. Pilze und Nüsse hinzufügen, 3 Minuten unter Rühren braten. Sojasauce, Zitronensaft und Honig dazugeben, unter Rühren braten, bis alle Flüssigkeit verdampft ist. Vom Feuer nehmen und abkühlen lassen. Pilze mit Tomaten und Frühlingszwiebeln vermischen. Auf Salatblättern anrichten.

Sie können die Vorspeise auch mit frischem Koriander würzen.

JAPANISCHER SALAT MIT MANDARINEN-SAUCE

Für 4 Personen

Eleganter Salat! Eine leichte Vorspeise für ein fernöstliches Menü.

2 Stück Wakamealge, je 20 cm lange (je 5 g)
4 Karotten, streichholzgroße Stifte
2 Mandarinen, Schnitze, längs halbiert
Saft von 2 Mandarinen
4 TL Sojasauce
2 TL Öl
2 TL Zitronensaft
Salz
1 EL geröstete Sonnenblumenkerne (S. 46)

Wakamealgen in 500 ml kaltem Wasser 5 Minuten einweichen, abgießen (Einweichwasser auffangen, kann für Misosuppe verwendet werden). Wenn nötig, die harte Mittelrippe der Algen entfernen; Algen in mundgerechte Stücke schneiden. Karotten, Wakamestücke und Mandarinenschnitze in einer Schüssel anrichten. Aus Mandarinensaft, Sojasauce, Öl und Zitronensaft eine Marinade anrühren, mit dem Salat vermischen. Salat eventuell mit Salz abschmecken, kurz durchziehen lassen. Den Salat mit gerösteten Sonnenblumenkernen bestreuen.

SALAT TOSCANELLA MIT KAPERN-VINAIGRETTE UND CROÛTONS

Für 4 Personen

Vinaigrette:
3 EL Essig
4 EL Öl
Salz
Pfeffer
1 EL Petersilie, gehackt
½ EL Kapern, fein gehackt
Salat:
1 kleiner Kopfsalat, Stücke
1 kleiner Lollo Rosso, Stücke
100 g Champignons, dünne Scheiben
3 Frühlingszwiebeln, dünne Ringe
1 EL Butter
2 Knoblauchzehe, fein gehackt
1 Scheibe leichtes Weizenvollkornbrot, kleine Würfel

Vinaigrette: Essig, Öl, Salz und Pfeffer zu einer Marinade verrühren, Petersilie und Kapern dazugeben und vermischen.
Salat: Die Gemüse in eine Salatschüssel geben. Die Butter in einer kleinen Pfanne erhitzen, Knoblauch kurz anbraten, die Brotwürfel dazugeben und knusprig braun anrösten, ab und zu umrühren. Brotwürfel zum Salat geben, den Salat mit der Marinade vermischen und gleich servieren.

SALAT »SPEEDY GONZALES«

Für 4 Personen

½ Eisbergsalat, Stücke
1 Karotte, grob gerieben
2 Tomaten, Schnitze
1 gelbe Paprikaschote, dünne Streifen
50 g Spinat, mundgerechte Stücke
8 Radieschen, dünne Scheiben
8 schwarze Oliven
1 rote Zwiebel, dünne Ringe
Marinade:
Saft von 1 Zitrone
3 EL Öl
1 Knoblauchzehe, gepreßt
Salz
Pfeffer

Die Salatzutaten in einer Schüssel anrichten. Die Zutaten für die Marinade verrühren.
Den Salat mit der Marinade vermischen.

> **Heiß und kalt gekonnt gemischt.** Mit einem Salat als Vorspeise können Sie das festlichste Mahl gebührend eröffnen. Einen besonderen Pfiff bekommt die Vorspeise, wenn Sie einen Salat servieren, in dem sich heiß und kalt vermischen.

SALAT MIT STANGEN-SELLERIE, ANANAS UND NÜSSEN

Für 4 Personen

1 Stiel Stangensellerie, dünne Scheiben
1 kleiner Kopfsalat, Stücke
1/2 Apfel, kleine Stücke
150 g frische Ananas, kleine Stücke
2 EL gehackte Nüsse
Marinade:
125 ml saure Sahne
Saft von 1/2 Zitrone
1/2 TL Honig
Salz

Die Salatzutaten in einer Schüssel anrichten. Alle Zutaten für die Marinade verrühren. Den Salat mit der Marinade vermischen.

GERÖSTETE SONNEN-BLUMENKERNE

Für 4 Personen

Über Salate gestreut, zu Gemüsen oder einfach zum Knabbern.

100 g Sonnenblumenkerne
1 EL Sojasauce

Die Sonnenblumenkerne in einer trockenen Pfanne unter Rühren 2 Minuten anrösten. Vorsicht, sie werden schnell schwarz! Sojasauce dazugeben und umrühren, bis die Flüssigkeit verdampft ist. Die Sonnenblumenkerne auf einem flachen Teller zum Trocknen ausstreichen. Sehr beliebt: Geröstete Sonnenblumenkerne zum Aperitif.

SALAT »TRI COLORI« MIT BRUNNENKRESSE

Für 4 Personen

2 Handvoll Brunnenkresse
8 mittelgroße Tomaten, kleine Schnitze
2 EL Pinienkerne
2 Frühlingszwiebeln, dünne Ringe
Vinaigrette:
5 EL Olivenöl
2 EL Zitronensaft
1 EL Essig
2 Knoblauchzehen, gepreßt
schwarzer Pfeffer, frisch gemahlen
Salz

Brunnenkresse in mundgerechte Stücke zupfen. Dann mit Tomaten, Pinienkernen und Frühlingszwiebeln in eine Schüssel geben. Die Zutaten für die Vinaigrette verrühren und den Salat mit der Sauce vermischen.
Dieser Salat paßt gut zu Nudelgerichten (Seite 81).

ENDIVIENSALAT MIT FRÜCHTEN, SPROSSEN UND NÜSSEN

Für 4 Personen

1 Orange
1 kleiner Endiviensalat, dünne Streifen
1 Apfel, kleine Stücke
50 g Sprossen (Alfalfa, Radieschen, Weizen)
2 EL gehackte Nüsse
Marinade:
150 ml Kefir
Saft von 1/2 Zitrone
Saft von 1/2 Orange
1 EL Öl
Pfeffer
Salz

Die Orange in Stücke schneiden, angenehmer zu essen ist es aber, wenn Sie die Orange filetieren (siehe Seite 47). Alle Salatzutaten in einer Schüssel anrichten.
Die Zutaten für die Marinade verrühren. Den Salat mit der Marinade vermischen.

MEXIKANISCHER AVOCADO-SALAT

(Foto rechts)
Für 2 Personen

1 weiche Avocado, dünne Scheiben
1 kleine rote Paprika, dünne Streifen
2 Tomaten, kleine Schnitze
1 EL Zwiebel, fein gehackt
Sauce:
Saft von ½ Zitrone
2 EL Öl
1 Knoblauchzehe, gepreßt
1 EL Petersilie (oder ½ EL frischer Koriander), fein gehackt
1 Prise Chili
Salz

Die Gemüse in einer Schüssel anrichten. Die Zutaten für die Sauce gut verrühren und vorsichtig mit den Gemüsen vermischen, damit die Avocadoscheiben nicht zerfallen.

Orangen filetieren. Die Orangenschale mit einem scharfen Messer abschneiden. Wichtig: Auch die weiße Haut muß ganz entfernt werden. Am einfachsten geht es, wenn Sie die Orange in der Hand halten und mit dem Messer die einzelnen Orangenschnitze zwischen den Trennhäute herausschneiden. Die Orange immer über einer Schüssel filetieren, damit der heruntertropfende Saft aufgefangen wird.

SALATE

SALAT MIT AVOCADO UND SPROSSEN

Für 4 Personen

1 Kopfsalat, mundgerechte Stücke
1 reife Avocado, dünne Streifen
100 g Sprossen (Alfalfa, Weizen, Radieschen)
1 Frühlingszwiebel, dünne Ringe

Marinade:

100 ml saure Sahne
Saft von ½ Blutorange
2 TL Zitronensaft
Pfeffer
1 Prise abgeriebener Schale von
1 ungespritzten Zitrone
Salz

Die Salatzutaten in einer Schüssel anrichten. Die Zutaten für die Marinade verrühren, den Salat mit der Marinade vermischen.

SALAT »VIERMAL GRÜN« MIT INGWER-DRESSING

Für 4 Personen

1 Kopfsalat
3 kleine Stiele Stangensellerie, 2 mm dünne Scheiben
1 Frühlingszwiebel, feine Ringe
2 EL Alfalfasprossen

Dressing:

¼–½ TL frischer Ingwer, gerieben
1 Knoblauchzehe, gepreßt
1 TL Sojasauce
2 EL Essig
3 EL Öl

Die Salatzutaten in eine Schüssel geben. Die Zutaten für das Dressing gut verrühren und mit dem Salat vermischen.

KAROTTEN-ORANGEN-SALAT

(Foto unten)
Für 4 Personen

300 g Karotten, grob gerieben
2 Orangen, filetiert, Stücke

Sauce:

Saft von ½ Zitrone
Prise abgeriebene Schale von einer ungespritzten Zitrone
Saft von 1 Orange
1 EL Öl
Salz
schwarzer Pfeffer, frisch gemahlen
100 g Joghurt
100 g Sauerrahm
25 g Pistazien gehackt

Karotten in eine Schüssel geben. Orangen über den Karotten filetieren, damit der Saft nicht verlorengeht. Orangenstücke zu den Karotten geben.

Für die Sauce Zitronen-, Orangensaft, Zitronenschale, Öl, Salz und Pfeffer verrühren, unter den Salat mischen. Joghurt und Sauerrahm glatt rühren.

Den Salat anrichten, mit Joghurtsauce und Pistazien garnieren.

Karotten-Orangen-Salat

MARINIERTE GEMÜSE

Wer sagt, daß Gemüsegerichte nur heiß auf den Tisch kommen können? Marinierte Gemüse werden als Vorspeise serviert, fürs Picknick eingepackt und geben der Brotzeit das pikante Etwas.

Marinierte Gemüse werden überall dort aufgetischt, wo ein Salat gebraucht wird, der, fix und fertig zubereitet, auch noch nach Stunden frisch aussieht und frisch schmeckt. Denken Sie an ein kaltes Buffet, auf ihm verliert ein Blattsalat oder ein Salat von rohen Gemüsen schnell seinen Reiz. Traurig schwimmen zusammengefallene Salatblätter in der Sauce, werden Tomaten und Gurkenscheiben schlapp und unattraktiv. Gekochte, marinierte Gemüse schmecken im Lauf des Abends, je länger sie durchziehen, immer besser und sehen gleichbleibend appetitlich aus.

Broccoli Korfu (Rezept Seite 50)

BROCCOLI »KORFU«

(Foto Seite 49)
Für 4 Personen

1 kg Broccoli und Romanesco
Marinade:
1/4 l trockener Weißwein
1/8 l Gemüsebrühe
Saft von 1/2 Zitrone
3 Lorbeerblätter
1/4 TL Thymian
8 Knoblauchzehen
schwarzer Pfeffer
3 EL Olivenöl
15 schwarze Oliven, entsteint

Broccoli und Romanesco in kleine Röschen zerteilen. Strünke schälen, in dünne Scheiben schneiden.
Für die Marinade Weißwein, Brühe, Zitronensaft, Lorbeer und die ganzen Knoblauchzehen aufkochen. 10 Minuten zugedeckt bei kleiner Flamme ziehen lassen. Gemüse dazugeben und darin 15–20 Minuten zugedeckt garen.
Herausnehmen und zugedeckt warm stellen.
Den Sud auf 150 ml einkochen lassen. Mit Salz, Pfeffer und Öl abschmecken. Über das noch warme Gemüse geben. Oliven halbieren und daruntermischen. Kurz durchziehen lassen. Broccoli noch lauwarm als Vorspeise servieren.
Diese kleine Gemüsegericht macht sich auch gut auf einem kalten Buffet.

GRIECHISCHER GEMÜSESALAT

Für 4 Personen

Marinade:
1000 ml Wasser
125 ml Olivenöl
125 ml Zitronensaft
125 ml trockener Weißwein
1 TL Salz
2 EL Petersilie, fein gehackt
1/4 TL Fenchelsamen
1/4 TL Dillsamen
10 Korianderkörner
20 Pfefferkörner
1/4 TL Thymian
Gemüse:
200 g grüne Bohnen, 3 cm lange Stücke
200 g Karotten, dünne Scheiben
100 g Schalotten, ganz
8 Knoblauchzehen, ganz
200 g kleine Champignons
200 g Blumenkohl, kleine Röschen
2 Petersilienwurzeln, dünne Stifte
200 g Zucchini, Scheiben

Marinade: Wasser, Olivenöl, Zitronensaft und Weißwein zum Kochen bringen, salzen. Die Gewürze in ein Leinensäckchen oder in einen Papierfilter binden und in die Flüssigkeit hängen, 5 Minuten leicht kochen.
Gemüse: Nun werden die Gemüse nebeneinander in den Topf gegeben und zugedeckt bei mäßiger Hitze gegart. Die Bohnen in die Flüssigkeit geben, 10 Minuten kochen, Karotten, ganze Schalotten, ganze Knoblauchzehen dazugeben, 5 Minuten kochen, Pilze, Blumenkohl, Petersilienwurzel dazugeben, 5 Minuten kochen, zuletzt Zucchini dazugeben und weitere 5 Minuten kochen. Die Gemüse sollen noch knackig sein.
Die Gemüse in ein Sieb abgießen, die Kochflüssigkeit auffangen und in ca. 10 Minuten auf einen halben Liter Marinade einkochen lassen. Die Marinade über die Gemüse geben, gut durchmischen, mit Salz abschmecken und einige Stunden durchziehen lassen.

GRÜNE BOHNEN MIT TOMATEN-VINAIGRETTE

Für 3 bis 4 Personen

500 g grüne Bohnen
Vinaigrette:
3 Tomaten, sehr kleine Würfel
1/2 Zwiebel, fein gehackt
2 Knoblauchzehen, fein gehackt
1 großer Bund Petersilie, fein gehackt
3 EL Essig
4 EL Öl
schwarzer Pfeffer, frisch gemahlen
Salz

Bohnen in einem Einsatz über kochendem Wasser zugedeckt in 7–10 Minuten al dente dämpfen. Die Zutaten für die Vinaigrette verrühren und mit den gedämpften Bohnen vermischen. Den Salat einige Zeit durchziehen lassen.

ZUCCHINI »PALERMO«

(Foto rechts)
Für 4 Personen

Ist es jetzt ein Gemüse oder ein Salat, das wird nie ganz klar – um so eindeutiger schmeckt es – nämlich prima!

4 EL Olivenöl
3 Knoblauchzehen, dünne Scheiben
700 g Zucchini, feinblättrig geschnitten
Salz
Saft von 1/2 Zitrone
Pfeffer

Das Olivenöl in einer Pfanne erhitzen, die Knoblauchzehen unter Rühren anbraten bis sie sich gelb färben; sie dürfen nicht dunkel werden, sonst schmecken sie bitter. Die Zucchini dazugeben, salzen und auf großer Flamme unter ständigem Rühren anbraten, bis sich nach etwa 4 Minuten jener schnell flüchtige Zustand zwischen roh und gekocht einstellt. Sofort vom Feuer nehmen, in einer Schüssel mit dem Zitronensaft vermischen, mit Salz und Pfeffer abschmecken, warm oder kalt servieren.
Sieht schön aus: mit Parmesan-Spänen garnieren.

ANDALUSISCHER KAROTTENSALAT

Für 4 Personen

700 g Karotten, 1/2 cm dicke Scheiben
250 ml Wasser
1 1/2 TL Cumin (ganze Samen)
1 kleine rote Zwiebel, fein gehackt
1 Knoblauchzehe, gepreßt
Saft von 1 Zitrone
1 EL Essig
4 EL Olivenöl
Salz
Pfeffer

Die Karotten im Salzwasser weich kochen, sie sollen noch einen leichten Biß haben. Abgießen, das Kochwasser auffangen und auf 125 ml einkochen.
Cumin im Mörser leicht zerstoßen und in einer trockenen Pfanne unter Rühren kurz anrösten, bis ein angenehmer Duft aufsteigt. Cumin mit den restlichen Zutaten zu einer Marinade verrühren und über die Karotten geben, vermischen. Zum Schluß noch das reduzierte Kochwasser dazugeben, gut umrühren und den Salat durchziehen lassen.

ROTE-BETE-SALAT

(Foto rechte Seite)
Für 4 Personen

Für diesen Salat brauchen Sie ganz frische, junge Rote Bete, die möglichst noch mit dem Kraut verkauft werden.

500 g junge Rote Bete
1 EL Petersilie, grob gehackt
Saft von 1 Zitrone
3 EL Olivenöl
Salz und Pfeffer
3 EL Schnittlauch, fein geschnitten

Rote Bete weichkochen, je nach Größe 15–30 Minuten. Mit kaltem Wasser abschrecken, schälen, in Scheiben schneiden. Petersilie dazugeben, mit Zitronensaft, Olivenöl, Salz und Pfeffer anmachen. 30 Minuten durchziehen lassen. Mit Schnittlauch garnieren.

SPARGEL-PILZ-SALAT

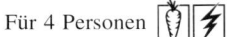

Für 4 Personen

300 g Spargel, geschält, 4 cm lange Stücke
Salz
200 g mittelgroße Champignons
1 EL Reiswein
2 EL Sojasauce
1/2 TL Honig
1/2 TL geröstetes Sesamöl
2 TL Zitronensaft

Spargel in kochendem Salzwasser 2 Minuten blanchieren, die ganzen Pilze dazugeben, eine Minute mitkochen. Die Gemüse abgießen und abtropfen lassen.
Aus Reiswein, Sojasauce, Honig, Sesamöl und Zitronensaft eine Marinade anrühren, die Gemüse damit vermischen und durchziehen lassen.

BLUMENKOHLSALAT »RHODOS«

Für 4 Personen

1 großer Blumenkohl, kleine Röschen
1 Bund Petersilie, fein gehackt
2 Frühlingszwiebeln, feine Ringe
2 TL Kapern
Marinade:
2 EL Essig
Saft von 1 Zitrone
4 EL Olivenöl
2 Knoblauchzehen, fein gehackt
schwarzer Pfeffer, frisch gemahlen
Salz

Blumenkohl in einem Metallsieb oder einem Dämpfeinsatz über kochendem Wasser zugedeckt in 10 bis 13 Minuten dämpfen. Die Röschen sollen noch Biß haben. Den Blumenkohl mit Petersilie, Frühlingszwiebeln und Kapern in eine Schüssel geben. Die Zutaten für die Marinade gut verrühren und mit dem Blumenkohl vermischen. Den Salat einige Zeit durchziehen lassen.

Gemüse über Wasserdampf garen. Eine besonders schonende, aromaerhaltende und sehr unproblematische Zubereitungsweise. Das kleingeschnittene Gemüse wird dazu in einem Siebeinsatz über kochendem Wasser gedämpft. Sie brauchen nur einen normalen Kochtopf, ein Metallsieb und einen gut schließenden Topfdeckel.

MARINIERTE GEMÜSE

PAPRIKASALAT »SEVILLA«

Für 4 Personen

3 große rote Paprikaschoten
3 große grüne Paprikaschoten
1 kleine rote Zwiebel, fein gehackt
2 EL Essig (Sherryessig wäre wunderbar)
2 EL Olivenöl
Salz
Pfeffer

Den Backofen vorheizen, die Paprikaschoten auf den Rost (Mittelschiene) legen und 20–30 Minuten backen, bis die Haut Blasen wirft und sich dunkelbraun färbt. Kurz abkühlen lassen (am besten in ein Küchentuch wickeln und ca. 15 Minuten in einen Plastikbeutel stecken, dann läßt sich die Haut besser abziehen).

Die Haut abziehen, Kerne und den Stiel entfernen, die Paprikaschoten in 1 cm breite Streifen schneiden. Mit den restlichen Zutaten vermischen und den Salat einige Zeit durchziehen lassen.

SELLERIESALAT MIT SENFSAUCE

Für 4 Personen

500 g Knollensellerie, geschält, grob gerieben
Saft von ½ Zitrone
Salz
Senfsauce:
4 EL Dijonsenf
3 EL kochendes Wasser
70 ml Olivenöl
1 EL Zitronensaft
Salz, Pfeffer
Garnitur:
2 EL Petersilie, fein gehackt

Geriebenen Sellerie mit Zitronensaft und Salz vermischen, 1 Stunde ziehen lassen.

Senfsauce: Den Senf in eine Schüssel geben und mit dem Rührbesen tropfenweise das kochende Wasser unterrühren. Das Olivenöl wie bei einer Mayonnaise in kleinen Mengen unterrühren; es soll eine dicke, glatte Sauce entstehen. Zitronensaft tropfenweise unterrühren, mit Salz und Pfeffer würzen. Den marinierten Sellerie mit der Senfsauce vermischen, mindestens 2 Stunden durchziehen lassen.

Mit der Petersilie garniert servieren.

Rote-Bete-Salat

SATTMACHER

Große Feste, viele Gäste, wenig Zeit, und viel kosten solls auch nicht. Da hilft nur einer, der Salat aus marinierten Hülsenfrüchten: Er läßt sich in rauhen Mengen einfach herstellen und kostet wenig. Trotzdem müssen die Gäste auf Raffinesse nicht verzichten. Die richtige Würze macht den ganzen Unterschied, ein arabischer Linsensalat mit frischer Minze (Seite 57) macht satt und hinterläßt das angenehme Gefühl, etwas Besonderes gegessen zu haben.

Zum üppigen Hauptgericht schwingt sich der Salat auf, enthält er neben Gemüse und Bohnen auch Käse, hartgekochte Eier oder Tofu. Proteine im Salat, dazu ein Stück Vollkornbrot, und die ausgewogene Ernährung ist gesichert.

»SOPSKA SALATA«
Bulgarischer Bauernsalat

Für 4 Personen

Ein Gemüsesalat mit Schafskäse. Die Besonderheit: Der Schafskäse wird über den fertigen Salat gerieben, dadurch entfaltet sich das milde Käse-Aroma besonders gut.

1 Gurke, dünne Scheiben
2 Tomaten, kleine Schnitze
1 gelbe Paprikaschote, dünne Streifen
2 Frühlingszwiebeln, feine Ringe
1 Bund Petersilie, fein gehackt
4 EL Olivenöl
3 EL Essig
schwarzer Pfeffer, frisch gemahlen
Salz
100 g Schafskäse (Feta), fein gerieben

Die Gemüse und die Kräuter in eine Schüssel geben. Aus Öl, Essig, Pfeffer und Salz eine Marinade anrühren. Den Salat mit der Marinade vermischen. Den geriebenen Käse wie eine Schneehaube über den Salat streuen.

PIKANTER BOHNENSALAT

Für 4 Personen

Ein würziger Salat, der schön satt macht.

250 g Wachtelbohnen
1 Stück Muskatblüte
1 Nelke
1 Lorbeerblatt
1 Zwiebel, fein gehackt
2 Knoblauchzehen, fein gehackt
1 in Essig eingelegte scharfe Peperoni, fein gehackt
1 Bund Petersilie, fein gehackt
Vinaigrette:
1 EL Hefeflocken
5 EL Olivenöl
4 EL Essig
Salz

Die Wachtelbohnen 6 Stunden in kaltem Wasser einweichen. Abgießen und abtropfen lassen. Die Bohnen im Schnellkochtopf mit 800 ml kaltem Wasser, Muskatblüte, Nelke und Lorbeerblatt zum Kochen bringen. Den Topf verschließen und die Bohnen unter Druck 25 Minuten kochen. In dieser Zeit Zwiebel, Knoblauch, Peperoni und Petersilie kleinschneiden und die Zutaten für die Vinaigrette verrühren. Die Bohnen abgießen, abtropfen lassen, mit der Vinaigrette und den übrigen Zutaten mischen und 1 Stunde durchziehen lassen.

SPINATSALAT »SARDA«

(Foto rechts) ⚡

Hauptgericht für 2 Personen,
Vorspeise für 3 Personen

Die Spinatblätter werden nur ganz kurz in heißem Olivenöl gewendet, daß sie noch knackig, aber doch leicht erwärmt sind.

Saft von ½ Zitrone
1 EL Essig, Salz
1 Knoblauchzehe, fein gehackt
1 Prise Oregano
1 Prise Thymian
1 Prise Basilikum
4 EL Olivenöl
200 g Spinat
150 g Schafskäse, kleine Würfel
2 Tomaten, kleine Schnitze
2 TL Kapern
8 schwarze Oliven
2 Frühlingszwiebeln, feine Ringe
Pfeffer, frisch gemahlen

Aus Zitronensaft, Essig, Salz, Knoblauch, Oregano, Thymian und Basilikum eine Marinade anrühren. In einem großen, flachen Topf das Olivenöl erhitzen, den Spinat zufügen und im Olivenöl mit 2 Löffeln wenden, bis der Spinat anfängt zusammenzufallen (ca. 1 Minute). Die Blätter müssen noch knackig, aber rundum mit heißem Öl überzogen sein. Den Spinat mit Schafskäse, Tomaten, Kapern, Oliven und Zwiebeln in eine Schüssel geben und mit der Marinade vermischen. Zuletzt mit Pfeffer übermahlen.

MITTELMEERSALAT

Für 4 Personen

400 g festkochende Kartoffeln
1/2 kleine rote Zwiebel, fein gehackt
3–4 EL heiße Gemüsebrühe
1 EL Essig
2 EL Olivenöl
Salz
Pfeffer
1 Prise geriebene Muskatnuß
200 g grüne Bohnen
1 kleiner Kopfsalat, mundgerechte Stücke
4 Tomaten, Schnitze
4 hartgekochte Eier, geviertelt
4 rohe Champignons, dünne Scheiben
1 gelbe Paprika, feine Streifen
12 schwarze Oliven

Kräutervinaigrette:
2 EL Essig
1/2–1 EL Zitronensaft
6 EL Olivenöl
1/2 EL Kapern, gehackt
1 TL frisches Estragon, gehackt
1/2 TL frisches Oregano, gehackt
1/2 EL Petersilie, fein gehackt
einige frische Thymianblättchen
Salz
Pfeffer

Die Kartoffeln gar kochen, schälen, in dünne Scheiben schneiden, mit Zwiebeln, Brühe, Essig, Öl, Salz, Pfeffer, Muskatnuß vermischen und 1 Stunde ziehen lassen.
Die Bohnen in reichlich Salzwasser in 5–7 Minuten al dente kochen, abgießen, sofort eiskalt abschrecken und abtropfen lassen.
Kopfsalat, Kartoffelsalat, grüne Bohnen, Tomaten, Eier, Champignons, Paprikastreifen und Oliven portionsweise anrichten.
Kräutervinaigrette: Essig, Zitronensaft und Öl mit dem Schneebesen verrühren. Kapern, Estragon, Oregano, Petersilie, Thymian in die Sauce rühren, mit Salz und Pfeffer abschmecken. Die Vinaigrette zum Salat reichen.

SALAT »CALIFORNIA« MIT ROQUEFORT

Für 4 Personen ⚡

1 kleiner Kopfsalat
2 Tomaten, kleine Schnitze
1 gelbe Paprikaschote, feine Ringe
1/2 Gurke, dünne Scheiben
4 Champignons, dünne Scheiben
2 Frühlingszwiebeln, feine Ringe
2 EL Petersilie, fein gehackt
100 g Roquefort, kleine Stücke
10 schwarze Oliven

Vinaigrette:
5 EL Olivenöl
2 EL Essig
1 Knoblauchzehe, gepreßt
schwarzer Pfeffer, frisch gemahlen
Salz

Die Salatzutaten in einer Schüssel anrichten. Die Zutaten für die Vinaigrette gut verrühren und den Salat mit der Sauce vermischen.

INDISCHER KARTOFFELSALAT

Für 4 Personen ⚡

Kochen Sie bei nächster Gelegenheit gleich die doppelte Portion Kartoffeln, dann haben Sie schon die Grundlage für einen würzigen, sättigenden Salat.

500 g gekochte Kartoffeln, 1 cm kleine Würfel
1/2 Gurke, kleine Würfel
1 rote Paprikaschote, kleine Würfel
1/2 Zwiebel, fein gehackt
1 Bund Petersilie, fein gehackt

Sauce:
350 g Joghurt
3 Knoblauchzehen, gepreßt
1 gute Prise Cumin (Kreuzkümmel)
schwarzer Pfeffer, frisch gemahlen
Saft von 1 Zitrone
2 EL Öl
Salz

Die Salatzutaten in eine Schüssel geben. Die Zutaten für die Sauce gut verrühren und mit den Gemüsen vermischen.

ARABISCHER LINSEN-SALAT MIT MINZE
Für 4 Personen

Mit Schafskäse, eingelegten Peperoni, Oliven und Vollkornbrot eine abgerundete, kalte Hauptmahlzeit.

250 g Linsen
1 Lorbeerblatt
1 Nelke
1 Stück Muskatblüte
1 rote Paprikaschote, kleine Würfel
2 Tomaten, kleine Würfel
2 Frühlingszwiebeln, feine Ringe
1 Bund Petersilie, fein gehackt
2 EL frische Minze, fein gehackt
Marinade:
1 TL Cumin
2 Knoblauchzehen, gepreßt
Saft von 1/2 Zitrone
3 EL Essig
4 EL Olivenöl
schwarzer Pfeffer, frisch gemahlen
Salz

Linsen im Schnellkochtopf in 800 ml kaltem Wasser zum Kochen bringen, eventuell auftretenden Schaum abschöpfen. Lorbeerblatt, Nelke und Muskatblüte zu den Linsen geben, den Topf verschließen und die Linsen unter Druck 15 Minuten kochen. In dieser Zeit Paprika, Tomaten, Frühlingszwiebeln und Kräuter kleinschneiden und die Marinade zubereiten. Dafür Cumin in einer trockenen Pfanne kurz unter Rühren anrösten und in einer kleinen Schüssel mit den restlichen Zutaten vermischen. Die gekochten Linsen durch ein Sieb abgießen, abtropfen lassen, mit Paprika, Tomaten, Frühlingszwiebeln, den Kräutern und der Marinade vermischen und 1 Stunde durchziehenlassen. Servieren Sie den Salat auf Kopfsalatblättern oder Gurkenscheiben angerichtet.

KARIBISCHER REISSALAT
Für 4 Personen

1 Rezept Kokosreis (siehe Seite 170), abgekühlt
1 Karotte, streichholzgroße Stücke, oder 1 Karotte, grob gerieben
1 rote Paprikaschote, dünne Streifen
150 g frische Ananas, kleine Stücke
1 kleine Mango, dünne Streifen
1 Frühlingszwiebel, dünne Ringe
2 EL Cashewnüsse, gehackt
1 EL Rosinen
Marinade:
Saft von 1 1/2 Orangen
Saft von 1 Zitrone
2 TL Honig
1 Prise Chilipulver
3 TL Sojasauce

Alle Salatzutaten in eine Schüssel geben.
Die Zutaten für die Marinade verrühren, über den Salat gießen, gut vermischen. Den Salat ca. 1 Stunde durchziehen lassen.

SALAT »SMOKEY JOE«
Für 2 Personen

Knackige Gemüse und würziger Räucherkäse. Der Salat schmeckt besonders gut, wenn er einige Zeit im Kühlschrank durchzieht, darum eignet er sich auch, in größeren Mengen zubereitet, für ein kaltes Buffet.

100 g Räucherkäse, kleine Würfel
2 rote Paprikaschoten, kleine Würfel
1/2 Gurke, kleine Würfel
1/2 Zwiebel, fein gehackt
2 EL Petersilie, fein gehackt
Marinade:
1 EL Essig
3 EL Öl
schwarzer Pfeffer, frisch gemahlen
Salz

Alle Salatzutaten in eine Schüssel geben. Die Zutaten für die Marinade verrühren und mit dem Salat vermischen.

> **Räucherkäse.** Appetit auf ein deftiges Essen? Probieren Sie einmal ein Gericht mit Räucherkäse. Sein Ansehen hat leider wegen des überall erhältlichen geräucherten Schmelzkäses gelitten. Kaufen Sie Naturräucherkäse, sein fein würziges Aroma wird Sie überraschen. Dieser Käse schmeckt kalt in Salaten, eignet sich aber auch ausgezeichnet zum Überbacken (beispielsweise für Toasts) oder für Pasta-Saucen.

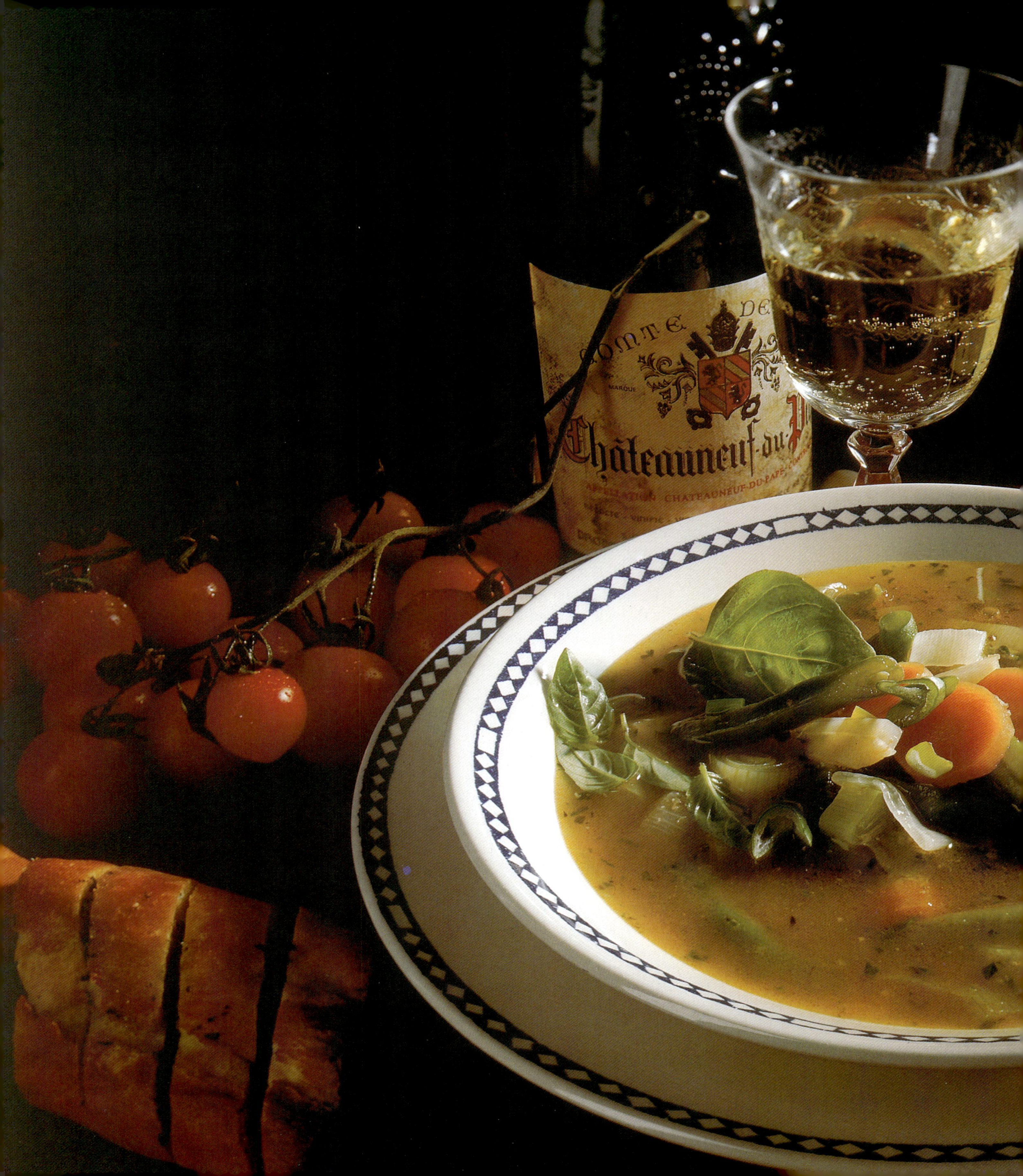
MARQUE
Châteauneuf-du-
APPELLATION

SUPPEN UND EINTÖPFE

Kaspars Leibgericht!

Die Kochkunst muß mit der Suppe ihren Anfang genommen haben. Über dem Feuer, in einem großen Topf mit brodelndem Wasser, kochten alle verfügbaren Zutaten traut vereint, schmeckten plötzlich gemeinsam gegart anders als einzeln roh, und das pure Wasser hatte sich in Brühe verwandelt.

Die erste Suppe, eine entscheidende Kulturleistung. Unter Einwirkung von Hitze entstand in einem vom Menschen hergestellten Gefäß aus verschiedenen Teilen ein nahrhaftes Ganzes mit neuen Qualitäten. Kein Wunder, daß dem großen Topf, in dem so manches Süppchen köchelte, auch magische Kräfte zugeschrieben wurden. Was wäre eine Hexe ohne Kessel? Oder eine Köchin ohne Suppentopf? Verloren – dem Koch erginge es ebenso! Die Suppe, das Herzstück der guten Küche. Dampfend und duftend darf sie beim festlichen Bankett nicht fehlen, und für sich allein, als Hauptgericht genossen, ist ihr großer Zuspruch gewiß.

Der schnellen Küche bietet die Suppe mannigfaltige Abwechslung und bringt aus allen Kontinenten ein schnelles Rezept mit. Eine Fest-

Provençalische Gemüsesuppe mit Pistou (Rezept Seite 78)

tagssuppe aus Indien mit Blumenkohl und wohlriechenden Gewürzen; aus der Schweiz eine Kartoffel-Käse-Cremesuppe und aus Kalifornien die Karotten-Orangen-Suppe. Der Suppentopf liefert täglich Neues; das ist jedoch nicht sein einziger Vorteil. Die Suppe gehört zur Kategorie der problemlosen Gerichte, kocht sie einmal, erfordert sie nicht mehr viel Aufmerksamkeit, und Sie können sich in aller Ruhe auf die Zubereitung eines Salates konzentrieren.

Suppe, Salat und Vollkornbrot – mit wenig Arbeit gut ernährt. Und den Kindern schmeckt's auch.

Die grausame Geschichte vom Suppenkaspar habe ich nie verstanden, eine Diskriminierung von Müttern und Kindern, fast als böswillig zu bezeichnen. Wilhelmina Husch, die Muse der schnellen Küche, reimt da in ihrer unnachahmlichen Art entscheidend anders.

»Kaspar«, rief die Frau Mama, »deine Suppe steht schon da!« Kaspar kommt auch gleich gerannt mit dem Löffel in der Hand. »Welche Suppe gibt es heut?« fragt der Kaspar hoch erfreut. »Maisklößchen sind es mit Spinat (Seite 63) und dazu noch ein Salat.« Kaspar jauchzt: »Welch ein Genuß!« Gibt der Mutter einen Kuß.

KALTE SUPPEN

Sommer – die Temperaturen steigen, die Lust am Essen vergeht wie das Eis in der Sonne, und die Freude am Kochen ist nur noch eine Erinnerung an kühlere Tage.

Da gibt's nur eins: »Die Suppe, die aus der Kälte kam!« Der Mixer wird angeworfen, und im Handumdrehen sind die erfrischendsten, vitaminreichsten Suppen fertig. Kombinieren Sie im Mixer zur kühlenden Suppe, was Kühlschrank, Markt und Kräuterbeet bereithalten. Joghurt, Gurken und frische Minze oder die cremige Version einer leicht pikanten Avocadosuppe, verfeinert mit Buttermilch und mit duftendem Koriander garniert. Noch ein paar Eiswürfel in die Schüssel, fertig ist der Suppenspaß!

GEEISTE ORANGENSUPPE

Für 4 Personen

500 ml Orangensaft, frisch gepreßt
500 ml Gemüsebrühe
1/4 TL Agar Agar-Pulver

Orangensaft durch ein Sieb gießen. Gemüsebrühe filtern, Orangensaft und Gemüsebrühe erhitzen. Agar Agar mit 2 EL Wasser anrühren. Die Suppe kurz vor dem Kochen vom Feuer nehmen, Agar Agar-Lösung einrühren. Suppe in eine Schüssel geben, abkühlen lassen, während des Abkühlens ab und zu umrühren.

Die Orangensuppe vor dem Servieren gut 30 Minuten auf Eis stellen.

KALTE GEMÜSE-BASILIKUM-SUPPE

Für 4 Personen

1 mittelgroße Gurke, geschält, große Stücke
1 Paprikaschote, große Stücke
400 g reife Tomaten, geviertelt
1/2 Zwiebel, große Stücke
4 Knoblauchzehen
30 Blatt Basilikum oder 1/2 TL getrocknetes Basilikum
250 g Joghurt
250 ml kaltes Wasser
schwarzer Pfeffer, frisch gemahlen
Salz
einige Basilikumblättchen zum Garnieren

Gurke, Paprika, Tomaten, Zwiebel, Knoblauch, Basilikum mit Joghurt und Wasser im Mixer fein pürieren. Die Suppe mit Pfeffer und Salz abschmecken und mit Basilikum garniert servieren.

Wenn die Tomaten nicht aromatisch genug sind, was trotz schönster roter Farbe vorkommen kann, dann geben Sie noch 1 Eßlöffel Tomatenmark in den Mixer.

KALTE SUPPEN

GAZPACHO

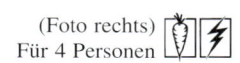

(Foto rechts)
Für 4 Personen

50 g Weizenvollkornbrot getoastet, zerbröselt
1 mittlere Gurke, geschält, Stücke
500 g Tomaten, geschält, Stücke
1 grüne Paprikaschote, Stücke
1 mittlere Zwiebel, Stücke
3 Knoblauchzehen
250 ml Wasser
Salz
½ TL Paprika, edelsüß
Pfeffer
3–4 EL Essig
5 EL Olivenöl

Sämtliche Zutaten teilen, die erste Hälfte Brot, Gurken, Tomaten, Paprika, Zwiebeln, Knoblauch, Wasser Gewürze und Essig im Mixer pürieren, bis eine sämige Suppe entsteht. Weitermixen und das Öl langsam dazugießen, die Suppe soll ganz glatt und glänzend werden. Mit der anderen Hälfte der Zutaten genauso verfahren. Zusammenschütten und im Kühlschrank einige Stunden kaltstellen. Die Suppe pro Teller mit einem Eiswürfel servieren.

SUPPEN UND EINTÖPFE

KALTE AVOCADO-BUTTERMILCH-SUPPE

(Foto unten)
Für 4 Personen

Eine erfrischende, nahrhafte Sommersuppe.

2 weiche Avocados, geschält, große Stücke
500 ml Buttermilch
250 ml kaltes Wasser
Saft von 1½ Zitronen
½ TL Cumin (Kreuzkümmel)
1 Prise Chili
Salz
1 EL Petersilie oder frischer Koriander, fein gehackt

Avocadostücke mit Buttermilch, Wasser, Zitronensaft, Cumin und Chili im Mixer cremig pürieren. Die Suppe mit Salz abschmecken, auf Teller verteilen und mit Petersilie garniert servieren. Eventuell kurz vor dem Servieren einige Eiswürfel in die Suppe geben.

Für dieses Rezept müssen die Avocados butterweich sein. Achten Sie beim Einkauf darauf, oder lassen Sie zu feste Früchte einige Tage bei Zimmertemperatur nachreifen.

KALTE JOGHURT-GURKENSUPPE MIT KRÄUTERN

Für 4 Personen

500 g Joghurt
1 Knoblauchzehe, kleine Stücke
1 Bund Dill, 3 cm lange Stücke
20 Blatt Minze
250 ml kaltes Wasser
½ Gurke, geschält, sehr kleine Würfel
schwarzer Pfeffer, frisch gemahlen
Salz
einige Minzeblättchen zum Garnieren

Joghurt, Knoblauch, Dill, Minze und Wasser im Mixer pürieren. Gurkenwürfel dazugeben und alles mit Pfeffer und Salz abschmecken. Eventuell kurz vor dem Servieren einige Eiswürfel in die Suppe geben. Mit Minzeblättchen garniert servieren.

SAURE SUPPE MIT SCHWARZBROT

Für 4 Personen

1 l Sauermilch
4 Scheiben Vollkornbrot, kleine Würfel

Die Sauermilch auf Suppenteller oder -tassen verteilen und die Brotwürfel getrennt dazu reichen. Jeder »brockt« sich die Brotwürfel nach Belieben in die Milch ein.

Kalte Avocado-Buttermilch-Suppe

KLARE SUPPEN

MAISKLÖSSCHEN-SUPPE »FÜR KASPAR«

(Foto rechts)
Für 4 Personen

1000 ml Gemüsebrühe
1 Nelke
1 Lorbeerblatt
½ TL Liebstöckel
60 g Butter
2 Eier
1 Prise Salz
1 Prise geriebene Muskatnuß
120 g Maisgrieß (Polenta)
2–4 TL Weizenmehl (Type: 1050)
1 Handvoll Spinat, mundgerechte Stücke
1 Frühlingszwiebel, feine Ringe

Gemüsebrühe mit Nelke, Lorbeerblatt und Liebstöckel zugedeckt zum Kochen bringen, dann leicht köcheln lassen. In dieser Zeit Butter mit dem Handrührgerät schaumig rühren. Eier, Salz, Muskat und Maisgrieß unterrühren und je nach Bedarf das Mehl zufügen. Es soll eine feste Masse entstehen (wenn die Eier sehr groß sind, brauchen Sie mehr Mehl). Mit Teelöffeln kleine Klößchen abstechen und in die leicht kochende Brühe geben. Zugedeckt 15 Minuten ziehen lassen. Den Spinat vorsichtig in die Suppe rühren und 1 Minute miterhitzen. Die Suppe mit Frühlingszwiebeln garniert servieren.

SUPPE MIT GRÜNKERNKLÖSSCHEN

Für 4 Personen

Herzhafte Getreideklößchen mit Käsegeschmack, eine reizvolle Mischung von einheimischem Getreide, Kräutern und exotischen Gewürzen.

1250 ml Gemüsebrühe
50 g grober Grünkernschrot
1½ EL Parmesan, gerieben
1 Prise Muskatnuß
1 Prise Piment
1 Prise Curcuma
1 Prise getrocknetes Liebstöckel
1 EL Petersilie, fein gehackt
1 verquirltes Ei
Salz
Pfeffer
1 EL Karotten, hauchdünne Scheiben
2 EL frischer Kerbel, fein gehackt
2 EL Schnittlauch, fein geschnitten

125 ml Gemüsebrühe zum Kochen bringen, Grünkernschrot einrühren, zu einem dicken Brei kochen. Vom Feuer nehmen, leicht abkühlen lassen, mit Parmesan, Gewürzen, Kräutern und dem Ei vermischen, mit Salz und Pfeffer abschmecken. Die restliche Gemüsebrühe zum Kochen bringen, mit 2 Teelöffeln kleine Klößchen formen, in die Brühe geben und 10 Minuten in der leicht kochenden Brühe ziehen lassen. Die letzten 2 Minuten Karotten, Kerbel und Schnittlauch zugeben.

WEIZEN-MANDELKLÖSSCHEN IN GEMÜSEBRÜHE

Für 4 Personen

1000 ml Gemüsebrühe
1 Lorbeerblatt
1 Nelke
1 Stück Muskatblüte
½ Zwiebel, fleischwolfgerechte Stücke
2 Knoblauchzehen
1 Bund Petersilie
60 g Mandeln
300 g gekochte Weizenkörner
1 Ei
2–3 EL Weizenmehl (Type: 1050)
½ TL Basilikum
¼ TL Liebstöckel
geriebene Muskatnuß
schwarzer Pfeffer, frisch gemahlen

Garnitur:
1 EL Schnittlauch, fein gehackt

Gemüsebrühe mit Lorbeerblatt, Nelke und Muskatblüte zugedeckt zum Kochen bringen. In dieser Zeit Zwiebel, Knoblauch, Petersilie, Mandeln und gekochte Weizenkörner in dieser Reihenfolge durch den Fleischwolf drehen. Die Masse mit den restlichen Zutaten vermischen. Klößchen von ca. 4 cm Durchmesser formen, in die leicht kochende Brühe geben und 15 Minuten im offenen Topf ziehen lassen. Die Suppe mit Schnittlauch garniert sofort servieren.

SZETSCHUAN-SUPPE MIT SPROSSEN, PILZEN UND LAUCH

Für 4 Personen

1000 ml schwach gesalzene Gemüsebrühe
100 ml trockener Weißwein
3 EL Sojasauce
1 Lorbeerblatt
1 TL frischer Ingwer, gerieben
1 Prise Muskatblüte
1 Prise Chilipulver
3 EL Öl
4 Knoblauchzehen, fein gehackt
150 g Lauch, dünne Ringe
150 g Champignons, dünne Scheiben
100 g Mungosprossen
3–5 EL trockener Sherry

Gemüsebrühe mit Weißwein, Sojasauce, Lorbeerblatt, Ingwer, Muskatblüte und Chilipulver 10 Minuten zugedeckt leicht kochen. Suppe vom Feuer nehmen.
1 EL Öl im Wok erhitzen. Knoblauch kurz anbraten, Lauch hinzufügen, unter Rühren 3 Minuten braten. Lauch und Knoblauch in die Suppe geben. 1 EL Öl erhitzen, Champignons unter Rühren 3 Minuten braten, in die Suppe geben. Restliches Öl erhitzen, Sprossen unter Rühren 1 Minute braten, in die Suppe geben. Die Suppe nochmals kurz erhitzen, mit dem Sherry abschmecken. Sofort servieren.

SUPPE »DIE DEN DRACHEN FREUNDLICH STIMMT«

(Foto rechts)
Für 4 Personen

1000 ml schwach gesalzene Gemüsebrühe
2–3 EL Sojasauce
2 EL trockener Weißwein
1 TL frischer Ingwer, gerieben
1 TL Honig
1 Prise Chili
1 Prise abgeriebene Schale von 1 ungespritzten Zitrone
2 Knoblauchzehen, fein gehackt
1 Karotte, kleine Stifte
200 g Champignons, dünne Scheiben
1 Handvoll Brunnenkresse
2 EL Öl
4 Scheiben Zitrone

Gemüsebrühe mit Sojasauce, Weißwein, Ingwer, Honig, Chili und abgeriebener Zitronenschale zugedeckt zum Kochen bringen. In dieser Zeit Knoblauch und Gemüse kleinschneiden. Brunnenkresse in mundgerechte Stücke zupfen. Öl in einer Pfanne oder einem Wok erhitzen, Knoblauch darin kurz anbraten, Karotten hinzufügen und 1 Minute unter Rühren braten. Pilze zugeben, leicht salzen, die Gemüse unter Rühren 2–3 Minuten braten, sie sollen noch Biß haben. Die Gemüse in die kochende Suppe geben und 1 Minute leicht kochen. Die Suppe vom Herd nehmen, Brunnenkresse hinzufügen. Die Suppe nicht mehr erhitzen und mit Zitronenscheiben garniert servieren.

Suppe »Die den Drachen freundlich stimmt«

GEMÜSESUPPE »DREI KÖSTLICHKEITEN«

Für 4 Personen

Spinat, Austernpilze und Sprossen – drei edle Gemüse in einem Topf.

1000 ml schwach gesalzene Gemüsebrühe
2–3 EL Sojasauce
2 EL Weißwein oder trockener Sherry
1 TL frischer Ingwer, gerieben
1 Lorbeerblatt
2 EL Öl
2 Knoblauchzehen, fein gehackt
100 g Austernpilze, mundgerechte Stücke
Salz
50 g Mungosprossen (Sojasprossen)
100 g Spinat
1 Frühlingszwiebel, feine Ringe

Gemüsebrühe mit Sojasauce, Weißwein, Ingwer und Lorbeerblatt zugedeckt zum Kochen bringen. In dieser Zeit die restlichen Zutaten kleinschneiden. Das Öl in einer Pfanne oder einem Wok erhitzen, Knoblauch darin kurz anbraten, Austernpilze zufügen, unter Rühren 2 Minuten braten und leicht salzen. Sprossen zugeben und unter Rühren kurz anbraten. Den Spinat zufügen, unter Rühren kurz braten, bis er zusammenfällt. Die Gemüse in die Suppe geben und 1 Minute köcheln. Die Suppe vom Herd nehmen und mit Frühlingszwiebeln garniert servieren oder Gomasio (Seite 73) dazu reichen.

Chinesische Minutensuppen – schnell und einfach gekocht.
1. Schwach gesalzene Gemüsebrühe mit Soja-Sauce und Gewürzen harmonisch abschmecken.
2. Schön geschnittene Gemüsestückchen kurz unter Rühren braten.
3. Gemüse in die Suppe geben, Suppe 1 Minute erhitzen.
4. Suppe abwechslungsreich garniert sofort servieren.

INDISCHE FESTTAGSSUPPE

Für 4 Personen

Lassen Sie sich von der langen Zutatenliste nicht schrecken, sie besteht zur Hauptsache aus Gewürzen, die sie fix und fertig aus dem Schrank nehmen. Die Zubereitung ist kinderleicht.

2 EL Öl
1 Zwiebel, fein gehackt
4 Knoblauchzehen, fein gehackt
1 TL Cumin
3/4 TL Koriander
1 TL Curcuma
1/4 TL Zimt
1 Prise Chili
1 Prise Kardamom
1000 ml Gemüsebrühe
1 Nelke
1 Stück Muskatblüte
abgeriebene Schale von 1/4 ungespritzten Zitrone
1 Blumenkohl, kleine Röschen
1 Prise Salz
1 EL Zitronensaft
2 EL Petersilie, fein gehackt
200 g Joghurt

In einem Topf Öl erhitzen, Zwiebel und Knoblauch darin kurz anbraten. Cumin, Koriander, Curcuma, Zimt, Chili und Kardamom zufügen, unter Rühren kurz anbraten und mit der Gemüsebrühe aufgießen. Nelke und Muskatblüte dazugeben, und die Gemüsebrühe zugedeckt zum Kochen bringen. Zitronenschale und Blumenkohl zufügen, die Suppe zugedeckt zum Kochen bringen und 8–10 Minuten leicht kochen. Die Blumenkohlröschen sollen weich sein, dürfen aber nicht zerfallen. Mit Salz abschmecken und die Suppe vom Herd nehmen. Zitronensaft unterrühren. Ddie Suppe mit Petersilie garniert servieren. Joghurt getrennt zur Suppe reichen.

Wenn Sie die Suppe im voraus zubereiten (dafür eignet sie sich gut), dürfen Sie den Blumenkohl nur 5 Minuten kochen, er wird sonst durch das Wiedererwärmen zu weich.

CREMESUPPEN

ROGGENSUPPE MIT STEINPILZEN

(Foto rechts)
Für 4 Personen

Eine wunderbar deftige, aromareiche Suppe – sehr einfach gekocht.

30 g getrocknete Steinpilze
60 g feiner Roggenschrot
1 EL Butter
1/2 Zwiebel, fein gehackt
2 Knoblauchzehen, fein gehackt
1/2 TL Koriander
900 ml Gemüsebrühe
1 Prise Piment
1/4 TL Liebstöckel
schwarzer Pfeffer, frisch gemahlen
Salz
2 EL Sahne
1 EL Petersilie, fein gehackt

Steinpilze in 200 ml kaltem Wasser einweichen. Roggenschrot in einem trockenen Topf kurz unter Rühren anrösten, bis er sich leicht verfärbt und angenehm duftet. Butter, Zwiebel, Knoblauch und Koriander zufügen und unter Rühren kurz anbraten. Mit der Gemüsebrühe aufgießen, gut verrühren und mit Piment und Liebstöckel würzen. Die Suppe offen zum Kochen bringen. Die Steinpilze abgießen (Einweichwasser auffangen), in Stücke schneiden und in die Suppe geben. Das Einweichwasser der Steinpilze durch einen Papierfilter gießen und zur Suppe geben. Die Suppe 20 Minuten leicht köcheln lassen (nicht zudecken, die Suppe kocht leicht über). Ab und zu umrühren.

Die fertige Suppe mit Pfeffer und Salz abschmecken, Sahne unterrühren und mit gehackter Petersilie garniert servieren.

KAROTTEN-ORANGENCREME-SUPPE

Für 3 Personen ⚡

2 EL Öl
1 Zwiebel, fein gehackt
500 ml Gemüsebrühe
1 Prise geriebene Muskatnuß
1 Prise Piment
1 Prise Chili
1 Prise Zimt
1 Prise Kardamom
abgeriebene Schale von
¼ ungespritzten Orange
350 g Karotten, 1 cm dicke Stücke
60 ml Sahne
1 EL Crème fraîche
Saft von ½ Orange
1 EL Petersilie, fein gehackt

Öl im Schnellkochtopf erhitzen, Zwiebel darin kurz andünsten. Mit der Gemüsebrühe aufgießen, mit Muskat, Piment, Chili, Zimt, Kardamom und abgeriebener Orangenschale würzen. Die Gemüsebrühe zum Kochen bringen. Karotten zufügen, den Schnellkochtopf verschließen und die Suppe unter Druck 5 Minuten kochen (ohne Druck 15 Minuten). Die Suppe mit Sahne und Crème fraîche im Mixer pürieren. Nochmals kurz zum Kochen bringen, Orangensaft unterrühren, und die Suppe sofort vom Herd nehmen. Mit Petersilie garniert servieren.

GEBRANNTE GRIESSUPPE

Für 3 Personen ⚡

Ein altes schwäbisches Rezept – von meiner Mutter! Kinder und Enkelkinder essen diese angenehme Suppe besonders gern.

20 g Butter
2 gehäufte EL Vollkorngrieß
1 EL Petersilie, fein gehackt
750 ml Gemüsebrühe
1 gute Prise Liebstöckel
1 Prise geriebene Muskatnuß
1 Eigelb
1 EL Crème fraîche
Salz
schwarzer Pfeffer, frisch gemahlen

Butter in einem Topf schmelzen, Grieß hinzufügen und unter Rühren kurz anrösten. Die Petersilie zugeben, unter Rühren kurz andünsten, mit der Gemüsebrühe aufgießen und mit Liebstöckel und Muskatnuß würzen. Die Suppe aufkochen und ohne Deckel 10 Minuten leicht kochen (zugedeckt kocht die Suppe über!). Das Eigelb mit der Crème fraîche verrühren, die fertige Suppe mit Salz und Pfeffer abschmecken, vom Herd nehmen und die Eimischung mit dem Schneebesen einrühren.

PILZ-LAUCH-CREMESUPPE

Für 3 Personen ⚡

750 ml Gemüsebrühe
1 Lorbeerblatt
1 Prise geriebene Muskatnuß
¼ TL Liebstöckel
schwarzer Pfeffer, frisch gemahlen
150 g Lauch, feine Ringe
200 g Champignons, dünne Scheiben
30 g Butter
Salz
½ Bund Petersilie
1 gestrichener TL Speisestärke
2 EL Weißwein
50 ml Sahne

Gemüsebrühe mit dem Lorbeerblatt, Muskatnuß, Liebstöckel und Pfeffer zugedeckt zum Kochen bringen. In der Zwischenzeit Lauch und Champignons schneiden. Die Butter in einem Topf erhitzen. Lauch und Champignons darin unter Rühren bei guter Hitze 3 Minuten anbraten, leicht salzen, dann mit der kochenden Brühe aufgießen. Die Suppe zugedeckt 5 Minuten köcheln. In dieser Zeit die Petersilie hacken und die Speisestärke mit Weißwein und etwas Wasser glattrühren. Sahne und Weißweinmischung in die Suppe rühren. Das Lorbeerblatt entfernen, die Suppe nochmals kurz aufkochen und mit Petersilie garniert servieren.

TOMATENSUPPE MIT MANDELCREME

Für 4 Personen

Ein rot-weißes, duftendes Verschmelzen von Tomaten, kaltgepreßtem Olivenöl, frischen südlichen Kräutern, mit der elfenbeinfarbenen Creme aus Mandeln und süßer Sahne.

Mandelcreme:
50 g Mandeln
4 Knoblauchzehen
125 ml Sahne
Salz
Pfeffer

Suppe:
1 Zwiebel, gewürfelt
4 Knoblauchzehen, ganz
3 EL Olivenöl
1 EL Butter
30 g Mehl (Type 1050)
1 kg Tomaten, enthäutet, große Stücke
250 ml Gemüsebrühe
Salz
Pfeffer
4 Stiele frischer Thymian
2 Stiele frisches Oregano
1 Lorbeerblatt
2 EL frisches Basilikum, fein gehackt
einige ganze Basilikumblätter zum Garnieren

Mandelcreme: Die Mandeln mit kochendem Wasser überbrühen, schälen, mit den Knoblauchzehen und der Sahne im Mixer fein pürieren, dann mit wenig Salz und Pfeffer abschmecken.

Suppe: Zwiebel und Knoblauchzehen in Olivenöl und Butter glasig dünsten, mit Mehl bestreuen, 3 Minuten anschwitzen. Tomaten und Brühe, Salz, Pfeffer, Thymian, Oregano und Lorbeerblatt beigeben, gut umrühren, zum Kochen bringen, unter häufigem Rühren 30–40 Minuten zugedeckt leicht kochen. Durch ein Sieb streichen, Suppe nochmals kurz erhitzen. Vom Feuer nehmen, das gehackte Basilikum unterrühren. Die Suppe in Teller füllen. In jeden Teller 2 EL Mandelcreme geben. Mit Basilikumblättchen garnieren.

KERBEL-CHAMPIGNON-SUPPE

Für 4 Personen

60 g Mehl (Type 1050) 60 g Butter
1 kleine Zwiebel, fein gehackt
500 g Champignons, 3 mm dünne Scheiben
1000 ml Gemüsebrühe
100 g Kerbel, fein gehackt
100 ml Sahne
4 EL Weißwein
Salz
Pfeffer

Aus Mehl und Butter eine helle Mehlschwitze zubereiten. Die Zwiebel dazugeben, 5 Minuten unter Rühren andünsten, die Pilze dazugeben, 3 Minuten dünsten, mit der kochenden Brühe aufgießen, kräftig umrühren und 20 Minuten leicht kochen. Kerbel und Sahne dazugeben, beides 2 Minuten mitkochen. Die Suppe vom Feuer nehmen, mit Weißwein, Salz und Pfeffer abschmecken.

BUTTERMILCH-KARTOFFEL-SUPPE MIT KRÄUTERN

Für 2 Personen

1 EL Butter
1/4 Zwiebel, fein gehackt
1 Knoblauchzehe, fein gehackt
1 große Kartoffel, dünne Scheiben
300 ml Gemüsebrühe
1 Prise geriebene Muskatnuß
1 Prise Liebstöckel
100 ml Buttermilch
1/2 EL Schnittlauch, Röllchen
1/2 EL Petersilie, fein gehackt

Butter in einem kleinen Topf erhitzen, Zwiebel und Knoblauch darin 3 Minuten andünsten. Kartoffel zufügen, unter Rühren kurz andünsten, mit der Brühe aufgießen und mit Muskat und Liebstöckel würzen. Die Suppe zugedeckt 12–15 Minuten leicht kochen. Wenn die Kartoffeln weich sind, die Buttermilch unterrühren und die Suppe nochmals kurz aufkochen. Mit Schnittlauchröllchen und gehackter Petersilie garnieren und sofort servieren.

GERSTENSUPPE MIT GEMÜSE

Für 4 Personen

Eine sättigende Suppe für kalte Wintertage.

100 g Gerstengraupen, über Nacht eingeweicht
1 l Gemüsebrühe
1 EL Butter
200 g Zwiebeln, gehackt
3 Knoblauchzehen, fein gehackt
1 EL Mehl (Type 1050)
½ TL Rosenpaprika, edelsüß
50 g Karotten, dünne Scheiben
50 g Lauch, dünne Scheiben
50 g Sellerie, kleine Würfel
150 g Champignons, dünne Scheiben
1 Lorbeerblatt
½ TL getrocknetes Liebstöckel
Pfeffer
Salz
1 Eigelb
125 ml saure Sahne
3 EL Dill oder Petersilie, fein gehackt

Die Graupen in Gemüsebrühe in ca. 30 Minuten weich kochen.

In einem Topf Butter erhitzen, Zwiebeln und Knoblauch in 10 Minuten glasig dünsten, mit Mehl bestreuen. Das Mehl 3 Minuten anschwitzen, das Paprikapulver dazugeben, kurz miterhitzen. Karotten, Lauch, Sellerie und Champignons in den Topf geben und 3 Minuten andünsten, mit der Brühe und den Graupen aufgießen, gut umrühren. Lorbeerblatt, Liebstöckel hinzufügen, mit Pfeffer und Salz abschmecken und die Suppe zugedeckt 15 Minuten leicht kochen.

In einer großen Schüssel das Eigelb mit saurer Sahne vermischen. Die heiße Suppe vorsichtig zuerst tropfenweise, dann eßlöffelweise mit dem Schneebesen unterrühren. Wenn die saure Sahne und das Ei mit der gleichen Menge Suppe vermischt sind, die restliche Suppe unter heftigem Rühren in die Schüssel geben. Die Suppe nochmals erhitzen, jedoch nicht mehr zum Kochen bringen. Mit Kräutern garnieren.

PROVENÇALISCHE KNOBLAUCHSUPPE

Für 2 Personen ⚡

Nein, wenn Sie jetzt weiterlesen, die Knoblauchmenge ist kein Druckfehler! Für diese Suppe müssen Sie pro Teller 15 Knoblauchzehen schälen. Halten Sie entsetzte Ausschreie zurück! Ein köstliches Süppchen, die Knoblauchzehen werden im ganzen gekocht, dadurch bekommen sie ein mildes, fast süßliches Aroma, ohne die Kraft des Knoblauchs zu verlieren. Ich esse diese Suppe, wenn ich eine Erkältung im Anzug spüre. Sie stärkt die Widerstandskräfte merklich. Sehr zu empfehlen ist die Suppe auch, wenn man sich schlapp und ausgelaugt fühlt, zum Beispiel am Ende des Winters. Die Natur schickt sich an, in voller Blüte zu stehen, und man selbst will am liebsten alle Blätter fallen lassen. Die Knoblauchsuppe, fünf Tage hintereinander genossen, bringt die richtigen Frühlingsgefühle.

500 ml Gemüsebrühe
30 Knoblauchzehen, geschält
1 Lorbeerblatt
1 Prise Thymian
1 Prise Oregano
1 Prise Basilikum
1 Nelke
schwarzer Pfeffer, frisch gemahlen
1 Eigelb
1 TL Zitronensaft
2 EL Olivenöl
1 EL Petersilie, fein gehackt

Gemüsebrühe mit allen Gewürzen zum Kochen bringen. Zugedeckt 20 Minuten köcheln, bis die Knoblauchzehen weich sind. In dieser Zeit Eigelb und Zitronensaft verrühren. Dann, wie bei einer Mayonnaise, das Olivenöl tropfenweise unterrühren. Die Suppe durch ein Sieb gießen, die Knoblauchzehen durchpassieren. Das Knoblauchpüree in die Suppe geben. Einen Eßlöffel heiße Suppe mit der Ölmischung verrühren, dann die restliche Suppe unterrühren. Die Suppe mit Petersilie garniert servieren.

KÜRBIS-JOGHURT-SUPPE

(Foto rechts)
Für 4 Personen

1 EL Butter
1 kleine Zwiebel, fein gehackt
2 Knoblauchzehen
1 Prise gemahlene Nelken
Pfeffer
1 Prise gemahlene Muskatblüte
½ TL Koriander
¼ TL Zimt
1 kg Kürbis, große Würfel
500 ml Gemüsebrühe
1 kleine Dose Safran (0,15 g)
200 g Joghurt
Salz
2 EL geröstete Mandelblättchen

Die Butter in einem Topf erhitzen, Zwiebel und Knoblauch 10 Minuten glasig dünsten, Nelkenpulver, Pfeffer, Muskatblüte, Koriander und Zimt kurz miterhitzen, Kürbiswürfel hinzufügen und 3 Minuten andünsten. Mit der Gemüsebrühe aufgießen, Safran dazugeben und die Kürbiswürfel zugedeckt in 20 bis 30 Minuten weich kochen. Die Suppe durch ein Sieb passieren oder im Mixer pürieren. 150 g Joghurt in die Suppe rühren, Suppe unter ständigem Rühren mit dem Schneebesen nochmals erhitzen, nicht zum Kochen bringen, da sonst der Joghurt gerinnt. Mit Salz abschmecken, die Suppe mit dem restlichen Joghurt und Mandelblättchen garnieren.

KARTOFFEL-KÄSE-CREMESUPPE

Für 4 Personen ⚡

Schnell gekocht, sahnig, mit herzhaftem Käsegeschmack.

500 g Kartoffeln, große Stücke
200 g Zwiebeln, große Stücke
3 Knoblauchzehen
1 Prise Muskatnuß
1 Lorbeerblatt
1000 ml Gemüsebrühe
100 ml Sahne
50 g Gruyère oder Emmentaler, gerieben
150 g junger Gouda, gerieben
Pfeffer
Salz
2 EL Schnittlauch, fein geschnitten

Kartoffeln, Zwiebeln und Knoblauch in der mit Muskatnuß und Lorbeer gewürzten Brühe 30 Minuten weich kochen.
Die Suppe im Mixer pürieren, Sahne dazugeben. Suppe nochmals kurz erhitzen, Käse unterrühren, sofort vom Feuer nehmen, die Suppe brennt leicht an. Weiterrühren, bis sich der Käse aufgelöst hat. Die Suppe mit Salz und Pfeffer abschmecken, mit Schnittlauch garniert servieren.

ZITRONENSUPPE MIT MINZE

Für 4 Personen

Ein frisch duftendes, gelb schäumendes Suppenvergnügen.

3 EL Olivenöl
6 Knoblauchzehen, fein gehackt
50 g Vollkornreis
1250 ml Gemüsebrühe
1 Nelke
Pfeffer
abgeriebene Schale von
1 ungespritzten Zitrone
20 Minzeblättchen, fein gehackt
4 Eigelb
1 EL Zitronensaft
Salz

Garnitur:
4 Zitronenscheiben
12 Minzeblättchen

In einem Topf das Olivenöl erhitzen, Knoblauch kurz anbraten, Reis dazugeben, unter Rühren braten, bis alle Körner mit Öl überzogen sind und glasig glänzen. Mit der Gemüsebrühe aufgießen, Nelke und Pfeffer dazugeben. Die Suppe zugedeckt eine Stunde leicht kochen. Die Zitronenschale und die gehackte Minze die letzten 3 Minuten mitkochen. In einer Suppenschüssel Eigelb mit dem Schneebesen schaumig rühren, Zitronensaft unterrühren und die heiße Suppe, zuerst tropfenweise, dann langsam und vorsichtig, damit das Eigelb nicht gerinnt, mit dem Schneebesen unterschlagen. Suppe mit Salz abschmecken. Mit Zitronenscheiben und Minzeblättchen garnieren. Sofort servieren.

CHINESISCHE CONGEE

Reissuppe

Für 6–8 Personen 🥕

Das ist die chinesische Frühstückssuppe, sie wird aber auch zu allen anderen Tageszeiten gegessen. Das Rezept hört sich eintönig an, lassen Sie sich von seiner Einfachheit nicht abschrecken. Congee ist in jeder Hinsicht ein beruhigendes Süppchen, für den Magen und für den Geldbeutel.

200 g Vollkornreis
1000 ml Wasser
1000 ml Gemüsebrühe
1 Prise Muskatblüte
1 Prise Piment, gemahlen
Salz
Sojasauce nach Bedarf
2 Frühlingszwiebeln, dünne Ringe

Reis mit Wasser und Gemüsebrühe zum Kochen bringen. Mit Muskatbrühe und Piment würzen. Zugedeckt 2½ Stunden leicht kochen, ab und zu umrühren. Es entsteht eine dicke, cremige Suppe. Nach Bedarf mit Salz oder Sojasauce nachwürzen, mit Frühlingszwiebeln bestreuen.

FRANZÖSISCHE GEMÜSECREMESUPPE

Für 4 Personen

Diese gut gewürzte Cremesuppe mit knackigen Gemüsestückchen ist ein üppiger Auftakt für ein festliches Essen.

50 g Butter
60 g Mehl (Type 1050)
2 EL Tomatenmark
500 ml heiße Milch
1 Prise Muskat
1/2 TL Thymian
1 TL Basilikum
1 TL Liebstöckel
1 Lorbeerblatt
500 ml Gemüsebrühe
50 g Karotten, dünne Scheiben
50 g Lauch, 1 cm dicke Scheiben
50 g Champignons, dünne Scheiben
50 g Broccoliröschen
50 g Zucchini, dünne Scheiben
100 ml Sahne
50 ml trockener Weißwein
Salz und Pfeffer

Aus Butter und Mehl eine Mehlschwitze zubereiten. Das Tomatenmark in die Mehlschwitze geben und alles einige Minuten unter Rühren durchkochen. Die Einbrenne mit der heißen Milch ablöschen, mit dem Schneebesen glattrühren, Muskat, Thymian, Basilikum, Liebstöckel und Lorbeerblatt hinzufügen. Die Sauce unter häufigem Rühren zum Kochen bringen, 250 ml Gemüsebrühe dazugeben. Die Cremesuppe glattrühren und 30 Minuten leicht kochen, dabei häufig umrühren.

Die restliche Gemüsebrühe zum Kochen bringen, die Karotten hineingeben und 1 Minute kochen. Lauch, Pilze, Broccoli und Zucchini hinzufügen und zugedeckt 3–5 Minuten kochen. Die Gemüse sollen noch einen kräftigen Biß haben. Die Gemüse mit der Brühe in die Cremesuppe rühren, Sahne und Wein hinzufügen, vom Feuer nehmen, mit Salz und Pfeffer abschmecken.

GOMASIO

(Sesamsalz)

Für 4 Personen

Gomasio ist ein schnell zubereitetes Allzweckgewürz für Suppen, Salate, Gemüsegerichte und Brotaufstriche. Stellen Sie Gomasio statt Salz zum Nachwürzen der Speisen auf den Tisch. Der Vorteil: Ein feines Aroma von gerösteten Nüssen und ein geringer Salzgehalt.

200 g ungeschälte Sesamkörner
50 g Meersalz

Sesam und Salz werden getrennt angeröstet: Sesam in einer trockenen Pfanne unter Rühren anrösten, bis die Sesamkörner anfangen hochzuspringen. Vom Feuer nehmen und in eine Schüssel geben. (Achtung: Brennt leicht an!) Salz unter Rühren in einer Pfanne kurz anrösten. Sesamkörner und Salz im Mixer kurz grob mahlen, bis etwa zwei Drittel der Sesamkörner zerkleinert sind. Das Gomasio in einem geschlossenen Behälter aufbewahren.

Gomasio können Sie auch fertig zubereitet in Naturkostläden oder Reformhäusern kaufen.

PIKANTE KÄSECREMESUPPE

Für 4–6 Personen ⚡

60 g Butter
60 g Mehl (Type 1050)
1000 ml heiße Milch
1/2 TL Cumin
1/2 TL Oregano
1 Prise Muskatblüte
100 g Tomaten, winzige Stücke
1–2 EL grüne Chilischoten, fein gehackt
1 EL Zwiebel, fein gehackt
1 Knoblauchzehe, fein gehackt
150 g junger Gouda, gerieben
Salz

Aus Butter und Mehl eine Mehlschwitze zubereiten. Wenn sie angenehm duftet, mit der heißen Milch aufgießen, die Suppe glatt rühren. Cumin, Oregano, Muskatblüte dazugeben, die Suppe unter häufigem Rühren 20 Minuten leicht kochen. Tomaten, Chili, Zwiebeln und Knoblauch dazugeben und 1 Minute miterhitzen, den Käse unterrühren. Die Suppe vom Feuer nehmen und gut umrühren, bis sich der Käse auflöst. Suppe mit Salz abschmecken.

KOKOS-ZITRONEN-SUPPE MIT PILZEN

Für 4 Personen

Eine außergewöhnliche Suppe für ein Festmahl oder eine Einladung.

500 ml dicke Kokosmilch, mit Wasser zubereitet (Seite 121)
500 ml Gemüsebrühe
1 EL Thailändische Gewürzmischung (S. 198)
1/2 TL Curcuma
abgeriebene Schale von 1 ungespritzten Zitrone
6 dünne Ingwerscheiben (5 g)
Salz
400 g mittelgroße Champignons
1 EL Zitronensaft

Kokosmilch mit der Brühe unter Rühren zum Kochen bringen, 3 Minuten leicht kochen, an der Oberfläche setzt sich eine dünne Ölschicht ab. Curcuma, Gewürzmischung, Zitronenschale und Ingwer hinzufügen, mit Salz abschmecken. Suppe kurz aufkochen lassen, die ganzen Champignons zugeben. Die Suppe zugedeckt 30 Minuten leicht kochen. Vor dem Servieren 1 EL Zitronensaft in die Suppe rühren.

JAMAIKANISCHE SUPPE

Für 4 Personen

1 EL Öl
3 Knoblauchzehe, fein gehackt
1 Zwiebel, fein gehackt
1 TL Ingwer, fein gehackt
300 g Kartoffeln, kleine Würfel
1 TL Curcuma
1 TL Cumin
1 Prise Zimt
1 Prise geriebene Muskatnuß
500 ml Kokosmilch, mit Wasser zubereitet (Seite 121)
500 ml Wasser
abgeriebene Schale von 1/2 ungespritzten Zitrone
2–3 TL Instant-Gemüsebrühe
200 g Spinat
Salz
1/2 EL Zitronensaft
1 Frühlingszwiebel, feine Ringe

In einem Topf Öl erhitzen, Knoblauch, Zwiebeln und Ingwer darin einige Minuten andünsten. In dieser Zeit Kartoffeln kleinschneiden. Curcuma, Cumin, Zimt, Muskatnuß zu den Zwiebeln geben und unter Rühren kurz anbraten. Mit Kokosmilch und Wasser aufgießen und mit abgeriebener Zitronenschale und Gemüsebrühe würzen. Kartoffeln dazugeben. Suppe zugedeckt 15 Minuten köcheln, bis die Kartoffeln weich sind.
In dieser Zeit den tropfnassen Spinat in einem geschlossenen Topf zusammnfallen lassen, abgießen und abtropfen lassen. Spinat und Zitronensaft in die Suppe geben, kurz erhitzen, mit Frühlingszwiebeln garniert servieren.

HAFERSUPPE

Für 4 Personen

1 EL Butter
4 EL Haferflocken
500 ml Gemüsebrühe
1/4 TL Liebstöckel
3 EL Sahne
2 EL Schnittlauch, fein geschnitten

Butter schmelzen, Haferflocken kurz anrösten, mit Gemüsebrühe und Sahne aufgießen, mit Liebstöckel würzen. Suppe zugedeckt 5 Minuten köcheln. Mit Schnittlauch garnieren.

Pikante Suppen mit Kokosaroma. Aus der harten Kokosnuß läßt sich ohne viel Aufwand wunderbar cremige Kokosmilch machen (Seite 121). Kokosmilch schmeckt nicht nur in Süßspeisen, sondern bereichert im Verbund mit Curry-Gewürzen und frischem Zitronenaroma auch Suppen und Gemüsegerichte.

EINTÖPFE

KICHERERBSEN-EINTOPF »GRANADA«

(Foto rechts)
Für 4 Personen

200 g Kichererbsen, über Nacht eingeweicht
1500 ml Wasser
1 Zwiebel, gewürfelt
25 g Knoblauch, dünne Scheiben
6 EL Olivenöl
2–3 TL Instant-Gemüsebrühe
Pfeffer
1 Kartoffel, große Würfel
150 g Karotten, dicke Scheiben
150 g Kürbis, Würfel
1 Lorbeerblatt
100 g Sellerie, Würfel
150 g Lauch, Scheiben
3 Stiele frische Minze
einige Minzeblättchen

Die Kichererbsen mit Zwiebeln, Knoblauch und Olivenöl weich kochen, im Schnellkochtopf 1 Stunde, sonst 2 Stunden. (Werden die Kichererbsen im normalen Kochtopf gekocht, Zwiebeln, Knoblauch und Olivenöl erst die letzte Stunde mitkochen lassen). Wenn die Kichererbsen weich sind, die Suppe durch ein Sieb gießen, die Flüssigkeitsmenge abmessen, wenn zuviel Flüssigkeit verdampft ist, mit Wasser auf 1500 ml auffüllen. Die Kichererbsen, Zwiebeln und den Knoblauch wieder in die Flüssigkeit geben.

Mit Salz oder Instant-Gemüsebrühe und Pfeffer abschmecken. Kartoffeln, Karotten, Kürbis und das Lorbeerblatt hinzugeben und 3 Minuten kochen, dann die restlichen Gemüse in die Suppe geben und 10–15 Minuten kochen. Die letzten 5 Minuten die Minze mitkochen. Die Suppe mit frischen Minzeblättchen garnieren und sofort servieren.

GEMÜSESUPPE MIT PETERSILIENPESTO

Für 4 Personen

Gemüsesuppe:
2 EL Olivenöl
1 EL Butter
2 Zwiebeln, dünne Ringe
500 g Karotten, 1/2 cm dicke Scheiben
300 g Kartoffeln, kleine Würfel
100 g Petersilienwurzeln, feine Streifen
1000 ml Gemüsebrühe
1 Nelke
1 Lorbeerblatt
1 TL Liebstöckel
100 g Spinat

Petersilienpesto:
2 Bund Petersilie
1 Bund Dill
1/2 Bund Schnittlauch
3 Knoblauchzehen
3–4 EL geriebener Parmesan
6 EL Olivenöl
2 EL zerkrümeltes Weizenvollkornbrot
Salz
Pfeffer

Gemüsesuppe: Öl und Butter erhitzen, Zwiebeln dazugeben, goldbraun anbraten, Karotten, Kartoffeln und Petersilienwurzel andünsten, Brühe dazugießen. Alle Gewürze beifügen und die Gemüse etwa 15 Minuten zugedeckt al dente kochen. Die letzten Minuten den Spinat mitgaren.

Pesto: Kräuter und Knoblauchzehen durch die feinste Scheibe des Fleischwolfes drehen oder sehr fein hacken, mit den restlichen Zutaten vermischen und mit Salz und Pfeffer abschmecken. Pro Teller Suppe einen Eßlöffel Pesto servieren.

WIENER RAHMLINSEN

Für 4 Personen

200 g Linsen
2 Zwiebeln, fein gehackt
3 Knoblauchzehen, fein gehackt
1 Lorbeerblatt
1 Nelke
1 Prise geriebene Muskatnuß
1/2 TL Liebstöckel
2 EL Öl
2–3 TL Instant-Gemüsebrühe
schwarzer Pfeffer, frisch gemahlen
100 g Crème fraîche
3 EL Rotwein
2 EL Petersilie, fein gehackt

Linsen mit 600 ml kaltem Wasser im offenen Schnellkochtopf zum Kochen bringen, eventuell auftretenden Schaum abschöpfen. In dieser Zeit Zwiebeln und Knoblauch kleinschneiden und mit Lorbeerblatt, Nelke, Muskatnuß und Öl zu den Linsen geben. Den Topf verschließen und die Linsen 15 Minuten unter Druck kochen. Die fertigen Linsen mit Gemüsebrühe und Pfeffer würzen, noch 2 Minuten leicht kochen. Crème fraîche und Rotwein unterrühren, noch 1 Minute leicht kochen. Die Linsen mit Petersilie garniert servieren.

Dazu passen gekochte Kartoffeln oder Vollkornbrot.

SPINAT-KICHERERBSEN-EINTOPF »LA JEREZANA«

Für 4 Personen

300 g Kichererbsen, über Nacht eingeweicht
1200 ml Wasser
30 g Knoblauch, fein gehackt
5 EL Olivenöl
2 TL Rosenpaprika
1 Scheibe Weizenvollkornbrot, fein zerkrümelt
2–3 TL Instant-Gemüsebrühe
500 g Wurzelspinat, gewaschen gewogen, in großen Stücken

Die Kichererbsen im Wasser weich kochen (im Schnellkochtopf 1 Stunde, sonst 2–3 Stunden). Knoblauch im Olivenöl hellgelb anbraten, das Paprikapulver hinzufügen und unter Rühren kurz mitrösten. Das Weißbrot dazugeben und einige Minuten mitrösten. Die Kichererbsen mit 700 ml Kochflüssigkeit zu der Einbrenne geben, gut umrühren, die Suppe mit Instant-Gemüsebrühe würzen und 5 Minuten leicht kochen. Den Spinat zugeben und bei geschlossenem Topf 7 Minuten kochen. Eventuell mit Salz abschmecken.

MINESTRONE

Für 4 Personen

Eine bunte Suppe quer durch den Garten, mit Salat und Brot eine Hauptmahlzeit.

50 g weiße Bohnen, über Nacht eingeweicht
200 g Zwiebeln, fein gehackt
5 Knoblauchzehen, fein gehackt
5 EL Olivenöl
100 g Karotten, kleine Würfel
100 g Lauch, breite Streifen
100 g Sellerie, kleine Würfel
100 g Weißkraut, Streifen
100 g Kartoffeln, kleine Würfel
Salz
1000 ml Gemüsebrühe
1 TL Basilikum
½ TL Thymian
½ TL Oregano
1 Lorbeerblatt
100 g Blumenkohlröschen
100 g Zucchini, dicke Scheiben
200 g Tomaten, abgezogen, Würfel
100 g Champignons, dicke Scheiben
Pfeffer
2 EL Petersilie, fein gehackt
100 g frischgeriebener Parmesan

Die weißen Bohnen in 500 ml Wasser ca. 1 Stunde bzw. so lange kochen, bis sie weich sind. Vom Kochwasser 250 ml aufbewahren. Zwiebeln und Knoblauch im Olivenöl glasig dünsten. Karotten, Lauch, Sellerie, Kraut, Kartoffeln und weiße Bohnen dazugeben, leicht salzen und unter Rühren 5 Minuten andünsten. Mit der kochenden Brühe und dem Kochwasser der Bohnen aufgießen. Die Gewürze dazugeben und 5 Minuten leicht kochen. Blumenkohl, Zucchini, Tomaten und Champignons in die Suppe geben und weitere 10–15 Minuten zugedeckt leicht kochen. Die Gemüse sollten weich sein, aber trotzdem noch einen kleinen Biß haben. Mit Salz und Pfeffer abschmecken, mit Petersilie garnieren und mit Parmesan servieren.

Suppen und Eintöpfe aus dem Schnellkochtopf. Zarte Gemüse mit kurzen Garzeiten wie Blumenkohl, Bohnen, Pilze und Spinat eignen sich nicht zum Kochen im Schnellkochtopf. Sie werden zu schnell weich und verlieren an Geschmack. Will man aber in der minutenschnellen Küche auf deftige Suppen und Eintöpfe mit Wurzelgemüse und Hülsenfrüchte nicht verzichten, ist der Schnellkochtopf ein unentbehrlicher Helfer. Karotten, Rote Bete, Sellerie, Kartoffeln, Bohnen und Linsen vertragen es bestens, daß ihnen Dampf gemacht wird, und verwandeln sich unter kurzem Druck in herzhafte Eintöpfe.

SIEBEN-KRÄUTER- UND-SIEBEN-GEMÜSE-SUPPE

Für 4 Personen

1 Zwiebel, fein gewürfelt
3 Knoblauchzehen, fein gehackt
50 g Butter
100 g Karotten, dünne Scheiben
150 g Lauch, 1 cm breite Ringe
100 g grüne Bohnen, Stücke
100 g Sellerie, kleine Würfel
50 g Petersilienwurzel, dünne Streifen
150 g Blumenkohl, Röschen
100 g frische Erbsen
Salz
1250 ml Gemüsebrühe
1 EL Petersilie, fein gehackt
1 EL Dill, fein gehackt
1 EL Liebstöckel, fein gehackt
1 EL frische Minze, fein gehackt
1 TL frischer Majoran, fein gehackt
1 TL frischer Thymian, fein gehackt
4 EL frischer Kerbel, fein gehackt
Pfeffer

Zwiebel und Knoblauch in Butter anbraten, alle Gemüse bis auf den Blumenkohl und Erbsen dazugeben.
Die Gemüse unter viel Rühren 5 Minuten in der Butter mitbraten, leicht salzen, mit der kochenden Brühe aufgießen, zum Kochen bringen. 3 Minuten kochen, Blumenkohl und Erbsen hinzugeben und noch 10 Minuten zugedeckt leicht kochen, die gehackten Kräuter in die Suppe rühren, sofort vom Feuer nehmen, mit Salz und Pfeffer abschmecken.

LINSENGERICHT MIT SPINAT UND KOKOSMILCH

Für 4 Personen

200 g kleine, orangerote Linsen
500 ml Wasser
750 ml Kokosmilch, mit Wasser hergestellt (siehe Seite 121)
2 EL Öl
1 TL schwarze Senfkörner
1 TL Curcuma
1 TL Cumin
1/2 TL Koriander
Samen von 2 Kardamomkapseln, im Mörser zerstoßen
1/4 TL Muskatblüte
1/4 TL Zimt
1 getrocknete Chilischote
200 g Zwiebeln, fein gehackt
5 Knoblauchzehe, fein gehackt
abgeriebene Schale von 1/2 ungespritzten Zitrone
Salz
200 g Spinat
Saft von 1/2 Zitrone

Linsen mit dem Wasser zum Kochen bringen. 15 Minuten kochen, Kokosmilch hinzufügen. Die Suppe 15 Minuten zugedeckt kochen.
Das Öl in einer Pfanne erhitzen. Senfkörner anbraten, bis sie anfangen hochzuspringen. Curcuma, Cumin, Kardamom, Muskatblüte, Zimt, Chilischote, Zwiebeln und Knoblauch hinzufügen, unter Rühren 3 Minuten anbraten. Die Gewürz-Zwiebel-Mischung in die Suppe rühren, abgeriebene Zitronenschale und Salz hinzufügen. Suppe 10 Minuten zugedeckt leicht kochen. Die Linsen müssen sehr weich sein.
Den tropfnassen Spinat mit etwas Salz in einem Topf zugedeckt bei mittlerer Hitze 3 Minuten zusammenfallen lassen. Spinat in einem Sieb abtropfen lassen und in große Stücke schneiden. Spinat zu den Linsen geben, 1 Minute miterhitzen. Die Suppe mit Zitronensaft abschmecken.

GEMÜSESUPPE MIT PISTOU

(Foto Seite 58)
Für 4 Personen

Der Sommer im Teller: Duftend verbindet sich der Pistou aus Tomaten, Olivenöl, frischen Kräutern, Knoblauch und Parmesan mit den Gemüsen. Jeder Löffel eine Erinnerung an den Süden.

Pistou:
3 EL Zwiebeln, fein gehackt
100 ml Olivenöl
1 EL Mehl (Type 1050)
500 g Tomaten, abgezogen, kleine Stücke
2 Zweigchen frischer Thymian
4 Knoblauchzehen
30 g Parmesan, frisch gerieben
3 EL frisches Basilikum
Salz und Pfeffer

Gemüsesuppe:
1000 ml Gemüsebrühe
150 g grüne Bohnen, Stücke
150 g Kartoffeln, kleine Würfel
150 g Lauch, 1 cm breite Streifen
100 g Karotten, 1/2 cm dicke Scheiben
100 g Weizenvollkornbrot, zerkrümelt
1 Lorbeerblatt
100 g Erbsen
Salz
einige frische Basilikumblättchen

Pistou: Die Zwiebeln in 2 EL Olivenöl anbraten, mit Mehl bestäuben, 2 Minuten unter Rühren weiterbraten, Tomaten und Thymian dazugeben, salzen und in 20–30 Minuten unter häufigem Rühren eine dicke Tomatensauce kochen. Die Tomaten durch ein Sieb streichen, den Knoblauch pressen oder im Mörser zerstampfen, mit Parmesan und Basilikum unter die Tomaten mischen, das restliche Olivenöl zuerst tropfen-, dann teelöffelweise unterrühren. Mit Salz und Pfeffer abschmecken.

Gemüsesuppe: Die Brühe zum Kochen bringen. Grüne Bohnen, Kartoffeln, Lauch, Karotten, Brot und Lorbeerblatt in den Topf geben und zugedeckt 10 Minuten leicht kochen. Mit Salz abschmecken.
Pistou in die Suppenschüssel geben, die kochend heiße Suppe zuerst tropfenweise, dann eßlöffel- und schöpflöffelweise unterrühren. Mit den Basilikumblättchen garnieren, sofort servieren.
Die passende Beilage: Knoblauchbaguette (Seite 27) und zum Trinken ein roter Landwein.

BORSCHTSCH MIT DILL-SAHNE

(Foto rechts)
Für 6 Personen

2 EL Öl
2 Zwiebeln, fein gehackt
4 Knoblauchzehen, fein gehackt
1000 ml Gemüsebrühe
1 Lorbeerblatt
1 Stück Muskatblüte
1 Nelke
½ TL Liebstöckel
¼ TL Oregano
1 TL Rosenpaprika, edelsüß
1 Prise Paprika, scharf
je 200 g Rote Bete, Kartoffeln,
Sellerie und Karotten, alles 1 cm
dicke Scheiben
100 g Petersilienwurzeln,
½ cm dicke Stifte
100 g Weißkraut, dünne Streifen
250 ml saure Sahne
1 Bund Dill, fein gehackt
½ EL Zitronensaft
Salz

Öl im Schnellkochtopf erhitzen, Zwiebeln und Knoblauch darin 10 Minuten andünsten. Die Gemüsebrühe mit allen Gewürzen in den Topf geben und zum Kochen bringen. Die Gemüse dazugeben, den Schnellkochtopf verschließen und die Suppe 3 Minuten unter Dampf kochen. Den Schnellkochtopf öffnen und die Suppe noch 1 Minute köcheln lassen. Saure Sahne mit Dill vermischen. Die fertige Suppe mit Zitronensaft und Salz abschmecken. Die Dill-Sahne zur Suppe reichen.

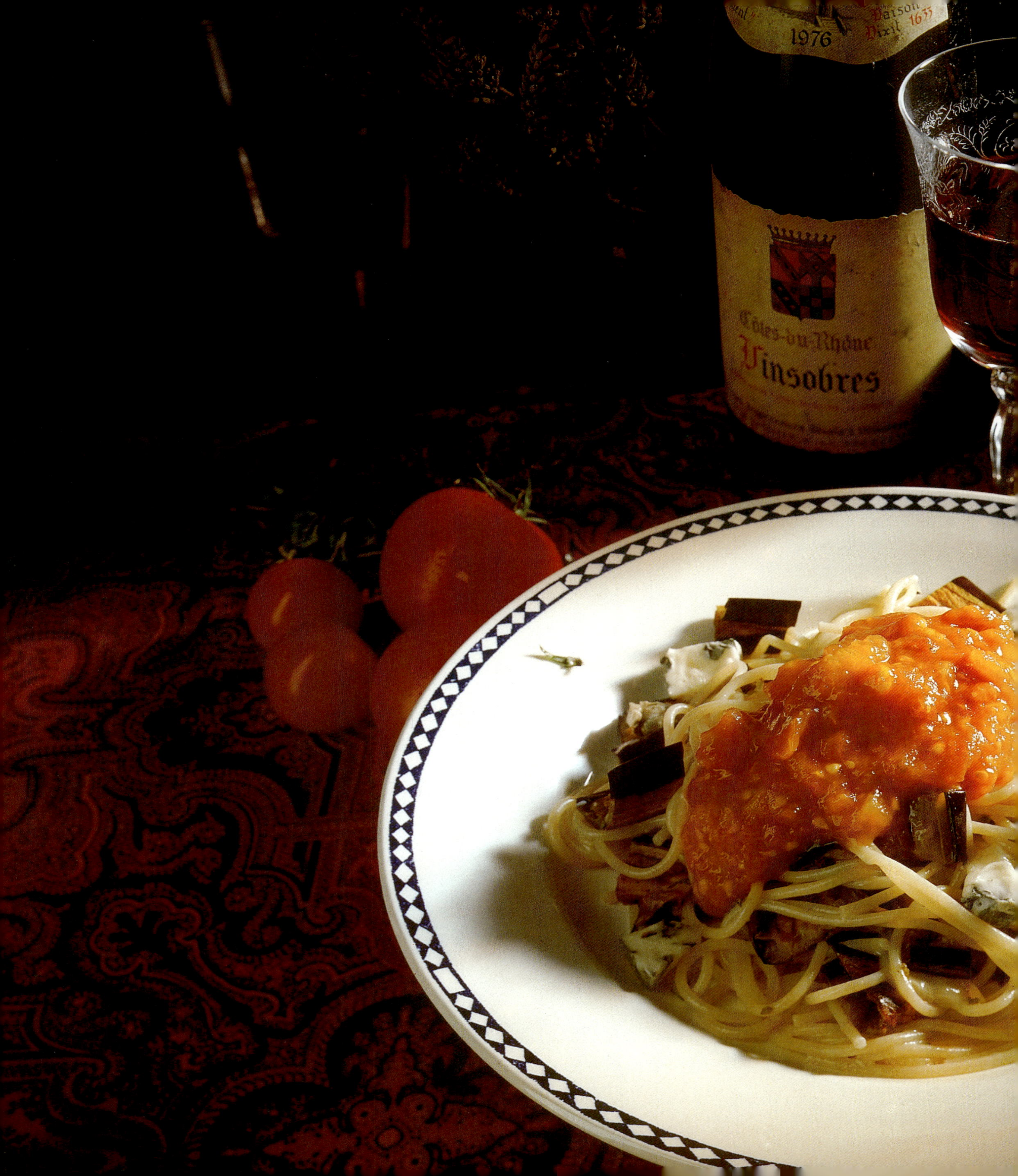
1976
Côtes-du-Rhône
Vinsobres

NUDEL-GERICHTE

Pasta, damit basta!

Fast möchte man meinen, Nudeln seien extra für die schnelle Küche erfunden worden – vor Jahrtausenden in weiser Voraussicht und voll Verständnis für unser modernes Leben. Spaghetti sind die eßbaren Strohhalme, zu denen immer wieder dankbar gegriffen wird, drängt die Zeit und werden die Einfälle knapp. Und zugegeben, auch mit der einfachsten Tomatensauce und frischgeriebenem Parmesankäse schmecken die schlanken Retter vieler Mahlzeiten immer wieder; besonders Kindern, die sich oft ausschließlich davon ernähren könnten. Aber die bewährte Tomatensauce ist nur der Anfang der schnellen Pastaküche. Denn es gibt sie wirklich, die Rezepte, nach denen die Kochzeit der Nudeln gleich der Zubereitungszeit der Sauce ist. Die italienische Küche ist die Lehrmeisterin für diese geniale Art des Kochens, mit minimalem Aufwand maximale Zufriedenheit der Esser zu erreichen.

Sahnig umschmeichelt eine Creme aus Roquefort und Mascarpone die Spaghetti. Der Duft frischer Kräuter vermischt sich mit dem sanften Aroma kalt gepreßten Olivenöls

Spaghetti mit Sauce aus Auberginen, Tomaten und Gorgonzola (Rezept Seite 90)

81

und der fruchtigen Süße der Tomaten. Feurig-scharf würzt eine kleine Peperoni die rasch gekochte Paprika-Tomaten-Sauce. Einen Tip sollten Sie zum guten Gelingen der Gerichte beachten: Nudeln, gekochte Zutaten und rohe Zutaten werden vor dem Servieren in einer heiß ausgespülten Schüssel vermischt. Dazu Salat, in seiner Einfachheit der Pasta angemessen: Knackige Blätter mit knoblauchwürziger Vinaigrette, reife Tomaten, nur mit Olivenöl, frischem Basilikum und wenig Salz gewürzt, oder, ganz klassisch italienisch, der Insalata mista, bunt gemischt in der Schüssel – jeder richtet ihn sich nach Belieben mit Essig und Öl an.

Ein Nudelgericht in 15 Minuten.
1. Salzwasser aufsetzen.
2. Bis das Wasser zu kochen anfängt, die Saucen-Zutaten kleinschneiden.
3. Nudeln ins kochende Wasser geben.
4. In der Kochzeit der Nudeln die Sauce zubereiten.
5. Nudeln in einem Sieb kurz abtropfen lassen, nicht kalt abschrecken!
6. In einer heiß ausgespülten, abgetrockneten Schüssel Nudeln, Sauce, Käse und sonstige Zutaten vermischen.

RIGATONI MIT KRÄUTERN UND TOMATEN

Für 3 Personen ⚡

Basilikum, Kerbel, Petersilie und Schnittlauch – eine reizvolle Kräutermischung.

150 g Vollkorn-Rigatoni oder breite Nudeln
500 g Tomaten, abgezogen und geviertelt oder Tomaten aus der Dose
Salz
3 EL Olivenöl
4 Knoblauchzehen
3 EL Basilikum, fein gehackt
30 g Kerbel, fein gehackt
1 EL Petersilie, fein gehackt
1 EL Schnittlauch, fein gehackt
40 g Parmesan, frisch gerieben
schwarzer Pfeffer, frisch gemahlen

Bringen Sie gleichzeitig das Wasser für die Nudeln und das Abbrühwasser für die Tomaten zum Kochen. Die Tomaten kurz anbrühen, abgießen, Haut abziehen und vierteln. Die Spaghetti im Salzwasser in 8 bis 10 Minuten al dente kochen. In dieser Zeit das Olivenöl in einer großen Pfanne erhitzen, Knoblauch darin goldgelb anbraten, die Tomatenviertel hinzufügen, salzen, unter Rühren kurz anbraten und bei geschlossener Pfanne 8 Minuten dünsten. Die Tomatenviertel dürfen nicht zerfallen. In der Zwischenzeit die Kräuter hacken. In einer vorgewärmten Schüssel die abgetropften, heißen Nudeln, Tomaten, die Kräuter und den Parmesan gut vermischen. Mit Salz und Pfeffer abschmecken und sofort servieren.

BROCCOLI MIT GORGONZOLASAUCE

Für 4 Personen ⚡

Ausgezeichnet zu Spaghetti oder Polenta, kann aber auch für sich allein, als Gemüsegang serviert werden.

800 g Broccoli, große Röschen
Salz
¼ l Sahne
300 g Gorgonzola, kleine Stücke
Pfeffer

Broccoli 8 Minuten zugedeckt in einem Metallsieb über kochendem Wasserdampf garen.
Währenddessen die Sahne in einem kleinen Töpfchen erhitzen und auf die Hälfte einkochen lassen. Gorgonzola dazugeben, mit Pfeffer würzen und die Sauce einige Minuten unter Rühren weiter einkochen. Es soll eine dicke cremige Sauce entstehen. Den Broccoli mit der Sauce vermischen und gleich servieren.

SPAGHETTI »JARDIN«

(Foto rechts)
Für 3 Personen

200 g Spaghetti
Salz
300 g Zucchini, 3 mm dünne Scheiben
3 Tomaten, geviertelt
3 EL Olivenöl
3 Knoblauchzehen, fein gehackt
1 Prise Thymian
1 Prise Oregano
20 g Pinienkerne
60 g Parmesan
3 EL Basilikum, fein gehackt
schwarzer Pfeffer, frisch gemahlen

Für die Spaghetti reichlich Salzwasser zum Kochen bringen. In der Zwischenzeit Zucchini und Tomaten kleinschneiden. Spaghetti in 7 bis 10 Minuten al dente kochen. In dieser Zeit das Olivenöl in einer großen Pfanne erhitzen, Knoblauch darin kurz anbraten, Zucchini zufügen, leicht salzen und unter Rühren 3 Minuten braten. Tomaten untermischen, mit Thymian und Oregano würzen, und die Gemüse zugedeckt 3 Minuten dünsten. Die Tomatenviertel dürfen nicht zerfallen. In einer vorgewärmten Schüssel die abgetropften, heißen Spaghetti mit dem Gemüse, Pinienkernen, Parmesan und Basilikum vermischen. Salzen, pfeffern und sofort servieren.

SPAGHETTI »PICANTE«

Für 2 bis 3 Personen ⚡

150 g Spaghetti
Salz
4 EL Olivenöl
4 Knoblauchzehen, fein gehackt
2 rote Paprikaschoten, 3 mm dünne Ringe
2 gelbe Paprikaschoten, 3 mm dünne Ringe
1 Peperoni, fein gehackt
3 EL Petersilie, fein gehackt
100 ml passierte Tomaten (aus dem Tetra-Pack)
1/2 EL Kapern
50 g Parmesan, frisch gerieben

Spaghetti in Salzwasser al dente kochen. In dieser Zeit in einer großen Pfanne das Olivenöl erhitzen und den Knoblauch darin goldgelb braten. Paprikaringe und Peperoni zufügen, leicht salzen und bei starker Hitze unter Rühren 3 Minuten braten. Die Pfanne zudecken und das Gemüse bei mittlerer Hitze 4 Minuten schmoren. Petersilie hacken. Die passierten Tomaten zu den Paprikaringen geben, vermischen und kurz erhitzen. In einer vorgewärmten Schüssel die heißen, abgetropften Spaghetti mit dem Gemüse, Kapern, Petersilie und Parmesan vermischen. Mit Salz abschmecken. Das Nudelgericht gleich servieren.

SPAGHETTI »COMO CARBONARA«

Für 4 Personen ⚡

250 g Vollkorn-Spaghetti
Salz
100 ml Sahne
200 g Räucherkäse, gewürfelt
4 Eier
3 EL Petersilie, fein gehackt
2 Frühlingszwiebeln, feine Ringe
schwarzer Pfeffer, frisch gemahlen
70 g Parmesan, frisch gerieben

Spaghetti in kochendem Salzwasser al dente kochen. In dieser Zeit Sahne und Räucherkäse bei geringer Hitze kurz erwärmen, bis der Käse schmilzt. In einer Schüssel die Eier verquirlen. Die Spaghetti abgießen, kurz abtropfen lassen und ganz heiß mit den Eiern, der Käse-Sahne-Sauce, Petersilie und Frühlingszwiebeln vermischen. Mit Salz und Pfeffer abschmecken und mit Parmesan servieren.

TOMATENSAUCE »VERANO«

(Foto rechts)
Für 4 Personen 🥕⚡

Die Sauce schmeckt nur, wenn die Tomaten ganz reif sind. Genau die richtige Sauce zu Spaghetti, wenn Sie an einem Sommertag keine Lust zum Kochen haben. Paßt auch zu Polenta oder Ravioli.

750 g reife Tomaten, abgezogen, kleine Würfel
1 Knoblauchzehe, fein gehackt
Salz, Pfeffer
20 Basilikumblätter, fein geschnitten
80 ml Olivenöl

Tomatenwürfel, Knoblauch, Salz, Pfeffer und Basilikum vermischen, langsam das Olivenöl unterrühren. So lange rühren, bis sich Tomatensaft und Olivenöl gut verbunden haben. Kalt stellen.

DREIKÄSEHOCH-MAKKARONI

Für 4 Personen ⚡

250 g Makkaroni
Salz
100 ml Sahne
1 Prise Chili
50 g Gorgonzola, Stücke
100 g Parmesan oder Pecorino, frisch gerieben
100 g Emmentaler, gerieben

Makkaroni in reichlich Salzwasser al dente kochen. In der Zwischenzeit die Sahne in einem kleinen Topf erhitzen. Chili und Gorgonzola hinzufügen. Gorgonzola schmelzen lassen, den restlichen Käse zugeben und unter Rühren kurz erhitzen. Die abgetropften, heißen Makkaroni in einer vorgewärmten Schüssel mit der Käsesauce vermischen, eventuell mit etwas Chili und Salz nachwürzen und sofort servieren.

SPAGHETTI »KRETA«

Für 2 bis 3 Personen

Ein üppiges Gericht mit Spinat und Schafskäse.

150 g Vollkorn-Spaghetti
Salz
500 g Spinat
3 EL Olivenöl
3 Knoblauchzehen, fein gehackt
2 Tomaten, kleine Würfel
150 g Schafskäse (Feta), kleine Würfel
8 schwarze Oliven
schwarzer Pfeffer, frisch gemahlen
2 Frühlingszwiebeln, feine Ringe

Spaghetti in Salzwasser al dente kochen. In dieser Zeit den Spinat mit etwas Salz in einem geschlossenen Topf in 5 Minuten zusammenfallen und in einem Sieb abtropfen lassen. Öl in einer großen Pfanne erhitzen, Knoblauch darin kurz anbraten. Den abgetropften Spinat hinzugeben und unter Rühren kurz anbraten. In einer vorgewärmten Schüssel die abgetropften, heißen Spaghetti, Tomatenwürfel, Schafskäse und Oliven vermischen, pfeffern und mit Frühlingszwiebeln garnieren.

Tomatensauce »Verano« mit Pasta

PASTA MIT PILZEN, WALNÜSSEN UND MINZE

Für 2 bis 3 Personen ⚡

150 g Spaghetti
Salz
3 EL Olivenöl
2 Knoblauchzehen, fein gehackt
300 g Champignons, dünne Scheiben
1 TL Zitronensaft
1 Prise abgeriebene Schale von 1 ungespritzten Zitrone
50 g Walnüsse, grob gehackt
1 Tomate, kleine Würfel
50 g Parmesan, frisch gerieben
12 Blättchen frische Minze, gehackt
schwarzer Pfeffer, frisch gemahlen

Spaghetti in reichlich Salzwasser al dente kochen. In dieser Zeit das Öl in einer Pfanne erhitzen, Knoblauch darin kurz anbraten. Champignons hinzufügen, unter Rühren 3 Minuten braten, salzen, mit Zitronensaft und Zitronenschale abschmecken. In einer vorgewärmten Schüssel die abgetropften, heißen Spaghetti mit Champignons, Walnüssen, Tomatenwürfeln, Parmesan und Minze vermischen, mit Salz und Pfeffer abschmecken.

SPAGHETTI ALL'ARRABIATA

Für 4 Personen ⚡

Die wütenden Nudeln: mit Tomaten, Peperoni und Räucherkäse

250 g Vollkorn-Spaghetti
Salz
700 g Tomaten oder geschälte Tomaten aus der Dose
3 EL Olivenöl
2 Zwiebeln, fein gehackt
3 Knoblauchzehen, fein gehackt
1–2 Peperoni, fein gehackt
½ TL Oregano
150 g Natur-Räucherkäse (z. B. Bruder Basil oder Ostjepke), sehr kleine Stücke
1 Bund Petersilie, fein gehackt
1 Frühlingszwiebel, feine Ringe
80 g Parmesan, frisch gerieben

Für die Spaghetti reichlich Salzwasser zum Kochen bringen. Wenn Sie frische Tomaten verwenden, 1 l Wasser zum Kochen bringen. Öl in einem großen flachen Topf erhitzen. Zwiebeln, Knoblauch und Peperoni darin in 8 Minuten goldgelb braten. Ab und zu umrühren. Währenddessen die Tomaten kurz in das kochende Wasser legen, abgießen, abtropfen lassen, häuten und in Stücke schneiden. Spaghetti im kochenden Salzwasser in 8–10 Minuten al dente kochen. In dieser Zeit die Sauce fertig kochen: Tomaten zu den Zwiebeln geben, mit Oregano und Salz würzen. Die Tomaten in 10 Minuten unter gelegentlichem Rühren im offenen Topf zu einer dicken Sauce einkochen. In der Zwischenzeit die restlichen Zutaten kleinschneiden. Die abgetropften, heißen Spaghetti in eine große Schüssel geben, mit Räucherkäse, Petersilie und Frühlingszwiebeln vermischen und sofort servieren.
Parmesan separat reichen.

PASTA MIT AUSTERNPILZEN UND SAHNE

Für 2 bis 3 Personen ⚡

150 g Spaghetti
Salz
3 EL Olivenöl
2 Knoblauchzehen, fein gehackt
300 g Austernpilze, mundgerechte Stücke
70 ml Sahne
1 EL Weißwein
50 g Parmesan, frisch gerieben
1 EL Petersilie, fein gehackt
schwarzer Pfeffer, frisch gemahlen

Spaghetti in reichlich Salzwasser al dente kochen. In dieser Zeit das Öl in einer großen Pfanne erhitzen, Knoblauch darin kurz anbraten. Austernpilze zufügen, salzen und 5 Minuten unter Rühren anbraten. Mit Sahne und Weißwein aufgießen, die Sauce 1–2 Minuten einkochen lassen. In einer vorgewärmten Schüssel die abgetropften, heißen Spaghetti, Pilze, Parmesan und Petersilie vermischen. Mit Salz und Pfeffer abschmecken.

SPAGHETTI MIT ZUCCHINI UND SENFCREME

Für 4 Personen

250 g Vollkorn-Spaghetti
Salz
3 EL Olivenöl
4 Knoblauchzehen, fein gehackt
600 g Zucchini, 3 mm dünne Scheiben
1 Prise Basilikum
1 Prise Thymian
1 Prise abgeriebene Schale einer ungespritzten Zitrone
150 g Crème fraîche
2 TL Dijon-Senf
1 Ei
2 EL Petersilie, fein gehackt
60 g Parmesan, frisch gerieben

Die Spaghetti in reichlich Salzwasser in 8 bis 10 Minuten al dente garen. Olivenöl in einer großen Pfanne oder einem flachen Topf erhitzen. Knoblauch darin kurz anbraten. Zucchini zugeben, mit Basilikum, Thymian und abgeriebener Zitronenschale würzen und 8 Minuten unter Rühren braten, salzen. Crème fraîche, Senf und Ei mit 4 Eßlöffeln Nudelkochwasser verrühren. Die abgetropften, heißen Spaghetti in einer vorgewärmten Schüssel mit der Senfcreme vermischen. Zucchini, Petersilie und die Hälfte des Parmesans dazugeben und alles gut vermischen. Den restlichen Parmesan dazu reichen.

SPAGHETTI MIT TOMATENSAUCE, MOZZARELLA UND OLIVEN

Für 4 Personen

250 g Vollkorn-Spaghetti
Salz
600 g Tomaten oder geschälte Tomaten aus der Dose
3 EL Olivenöl
3 Knoblauchzehen, fein gehackt
1 Zwiebel, fein gehackt
1/2 TL Basilikum
1/4 TL Oregano
1/4 TL Thymian
150 g Mozzarella, sehr kleine Stücke
10 Oliven, Stücke
1–2 TL Kapern
1 Frühlingszwiebel, feine Ringe
2 EL Petersilie, fein gehackt
50 g Parmesan, gerieben
schwarzer Pfeffer, frisch gemahlen

Für die Spaghetti reichlich Salzwasser zum Kochen bringen. Wenn Sie frische Tomaten verwenden, reichlich Wasser zum Kochen bringen. In einem großen, flachen Topf das Olivenöl erhitzen, Knoblauch und Zwiebel darin 8 Minuten anbraten, ab und zu umrühren. In dieser Zeit die Tomaten kurz ins kochende Wasser legen, abgießen, abtropfen lassen, häuten und in Stücke schneiden. Spaghetti im kochenden Salzwasser in 8 bis 10 Minuten al dente kochen. In dieser Zeit die Sauce zubereiten: Tomatenstücke, Basilikum, Oregano und Thymian zu der Zwiebel geben, mit Salz abschmecken und die Sauce im offenen Topf 10 Minuten einkochen lassen, ab und zu umrühren. Die restlichen Zutaten kleinschneiden. In einer vorgewärmten Schüssel die abgetropften heißen Spaghetti mit Tomatensauce, Mozzarella, Oliven, Kapern, Frühlingszwiebeln, Petersilie, Parmesan und schwarzem Pfeffer vermischen und sofort servieren.

Geschälte Tomaten aus der Dose, Tomatenpüree aus dem Tetra-Pack und Tomatenmark sind die einzigen Konserven, die ich zum Kochen verwende. Die Zeit, in der es aromatische Tomaten zu kaufen gibt, mit denen die Saucen nach Tomate schmecken, ist einfach zu kurz, sogar im sonnigen Italien. Dort machen die Frauen zum Teil ihren eigenen »Pelati«-Vorrat fürs ganze Jahr in großen Gläsern ein.

SPAGHETTI MIT CHAMPIGNONS UND TOMATEN

Für 3 Personen

Kochen Sie dieses Gericht mit reifen, aromatischen Eiertomaten. Diesmal werden die Nudeln nicht mit dem Gemüse vermischt. Den Anblick der mit Basilikum bestreuten, gebratenen Pilze auf einem Bett von Tomaten sollten Sie pur genießen.

500 g Eiertomaten
200 g Spaghetti
Salz
30 g Butter
1 kleines Bund Basilikum, fein geschnitten
2 EL Olivenöl
3 Knoblauchzehen, fein gehackt
300 g Champignons, feinblättrig geschnitten
Pfeffer
einige Basilikumblättchen zum Garnieren
60 g Parmesan, frisch gerieben

Tomaten kurz in kochendes Wasser geben, abgießen, häuten und vierteln. Nudeln in reichlich Salzwasser in 8–10 Minuten al dente kochen. In dieser Zeit das Gemüse zubereiten: Butter erhitzen, Tomatenviertel darin bei mäßiger Hitze 7 Minuten andünsten (sie dürfen nicht zerfallen), salzen, Basilikum unterrühren. Währenddessen das Olivenöl in einer Pfanne erhitzen, Knoblauch darin kurz anbraten. Champignons zufügen, salzen und unter Rühren bei großer Hitze 2–3 Minuten braten. Die Tomaten in einer Schüssel anrichten, Champignons obenauf geben, frischgemahlenen Pfeffer und Basilikumblättchen darüberstreuen und alles mit geriebenem Parmesan zu den Nudeln reichen.

SPAGHETTI MIT SAHNESAUCE, BROCCOLI, PILZEN UND LAUCH

Für 4 Personen

250 g Spaghetti
Salz
2 EL Olivenöl
2 Knoblauchzehen, fein gehackt
200 g Broccoli, kleine Röschen
200 g Champignons, 0,5 cm dünne Scheiben
200 g Lauch, längs halbiert, 1,5 cm breite Streifen
100 ml Gemüsebrühe
1/4 TL Thymian
2 EL Weißwein
125 g Crème fraîche
3 EL Petersilie, fein gehackt
schwarzer Pfeffer
80 g Parmesan, frisch gerieben

Für die Spaghetti reichlich Salzwasser zum Kochen bringen. Olivenöl in einem großen, flachen Topf erhitzen, Knoblauch darin kurz anbraten. Broccoli, Champignons und Lauch zufügen, leicht salzen und unter Rühren kurz anbraten. Mit der Gemüsebrühe aufgießen, mit Thymian würzen und bei geschlossenem Deckel 8 Minuten köcheln. Spaghetti im kochenden Salzwasser in 8–10 Minuten al dente kochen. Weißwein und die Hälfte der Crème fraîche vermischen und unter das Gemüse rühren. Das Gemüse im offenen Topf noch 3–4 Minuten köcheln und die Sauce etwas reduzieren lassen. Die Gemüse sollen noch Biß haben. Die abgetropften, heißen Spaghetti in eine große, vorgewärmte Schüssel geben und mit dem Rest der Crème fraîche vermischen. Gemüse, Petersilie, frischgemahlenen Pfeffer und die Hälfte des Parmesans dazugeben. Alles gut vermischen und sofort servieren. Reichen Sie den restlichen Parmesan separat zu den Spaghetti.

Spaghetti anrichten. Die heißen, abgetropften Spaghetti werden kurz vor dem Servieren mit der Sauce, Gemüse und Käse in einer großen Servierschüssel vermischt. Damit Ihr herrliches Nudelgericht nicht zu schnell kalt wird: Füllen Sie die Schüssel einige Minuten vor dem Servieren mit heißem Wasser. Das Wasser erst kurz vor dem endgültigen Vermischen von Pasta und Sauce ausleeren, und die Schüssel abtrocknen.

NUDELGERICHTE

SPAGHETTI MIT PAPRIKA, TOMATEN UND GORGONZOLA

(Foto unten)
Für 4 Personen

250 g Spaghetti
Salz
500 g frische Tomaten
2 EL Olivenöl
4 Knoblauchzehen, fein gehackt
3 gelbe Paprikaschoten, Streifen
1 Prise Oregano
1 Prise Chili
150 g Gorgonzola, kleine Stücke
1 Frühlingszwiebel, feine Ringe
80 g Parmesan, frisch gerieben

Für die Spaghetti reichlich Salzwasser zum Kochen bringen. Wasser zum Kochen bringen, die Tomaten kurz hineingeben, abgießen, abziehen und in Stücke schneiden. Olivenöl in einer großen Pfanne erhitzen, Knoblauch darin kurz anbraten, Paprikastreifen zufügen, unter Rühren 5 Minuten anbraten und salzen. Spaghetti in kochendem Salzwasser in 8–10 Minuten al dente kochen. Tomatenstücke zu den Paprika geben, mit Oregano und Chili würzen. Die Sauce 8–10 Minuten einkochen, ab und zu umrühren und mit Salz würzen. In einer vorgewärmten Schüssel die abgetropften, heißen Spaghetti mit dem Gorgonzola vermischen. Die Paprika-Tomaten-Sauce dazugeben, alles gut vermischen und mit Frühlingszwiebeln garnieren. Reichen Sie den Parmesan separat zu den Spaghetti.

SPAGHETTI MIT SAFRANCREME, FENCHEL UND PINIENKERNEN

Für 2 bis 3 Personen

150 g Vollkorn-Spaghetti
Salz
2 EL Olivenöl
1 Zwiebel, fein gehackt
400 g Fenchel, 3 mm breite Streifen
100 ml Gemüsebrühe
1 Prise Safranfäden
3 EL Pinienkerne
50 ml Sahne
2 EL Petersilie, fein gehackt
30 g Parmesan
schwarzer Pfeffer, frisch gemahlen

Für die Spaghetti reichlich Salzwasser zum Kochen bringen. In einer großen Pfanne Öl erhitzen, Zwiebel darin in 5 Minuten goldgelb anbraten, ab und zu umrühren. Spaghetti im kochenden Salzwasser in 8–10 Minuten al dente kochen. In dieser Zeit die Sauce fertig kochen: Fenchel zu der Zwiebel geben, leicht salzen, 3 Minuten unter Rühren anbraten. Mit der Brühe aufgießen, Safranfäden und Pinienkerne untermischen und das Gemüse zugedeckt 5 Minuten dünsten. Sahne unterrühren und die Sauce 3 Minuten einkochen lassen. In einer vorgewärmten Schüssel die abgetropften, heißen Spaghetti mit Fenchelgemüse, Petersilie, Parmesan und Pfeffer vermischen.

PASTA MIT ZUCCHINI, WALNÜSSEN UND KRÄUTERN

Für 4 Personen ⚡

250 bis 300 g Vollkornnudeln oder -spaghetti
Salz
3 EL Olivenöl
4 Knoblauchzehen, fein gehackt
600 g Zucchini, ganz dünne Scheiben
Pfeffer
1 TL Zitronensaft
120 g Pecorino, frisch gerieben
20 Blatt frisches Basilikum, fein geschnitten
12 Blatt frische Minze, fein geschnitten
50 g Walnüsse, im Ofen kurz geröstet, fein gehackt

Nudeln in reichlich sprudelndem Salzwasser al dente kochen. In den letzten Minuten Kochzeit der Nudeln das Olivenöl in einer großen Pfanne erhitzen, Knoblauch kurz anbraten, die Zucchini dazugeben, mit Salz und Pfeffer würzen und unter ständigem Rühren bei starker Flamme anbraten, bis die Zucchini glasig werden, aber noch einen deutlichen Biß haben. Mit Zitronensaft vermischen. Die Nudeln abgießen, abtropfen lassen, in der Pfanne mit den Zucchini, Käse, Basilikum, Minze und Walnüssen vermischen. Sofort servieren.

SPAGHETTI MIT SAUCE AUS AUBERGINEN, TOMATEN UND GORGONZOLA

(Foto Seite 80)
Für 4 bis 6 Personen

6–8 EL Olivenöl
600 g Auberginen, 1 cm dicke Scheiben
Salz
250 g Vollkorn-Spaghetti
5 Knoblauchzehen
600 g Tomaten, abgezogen, kleine Stücke
½ Zweig Thymian
½ TL Oregano
schwarzer Pfeffer, frisch gemahlen
200 g Gorgonzola, kleine Stücke

Backblech mit 2 EL Öl bestreichen, die Auberginenscheiben nebeneinander darauflegen, mit etwas Öl beträufeln, leicht salzen und im vorgeheizten Ofen insgesamt 20 Minuten backen. Die Auberginen nach 10 Minuten wenden, falls nötig, noch ein wenig Öl zugießen.
Reichlich Salzwasser zum Kochen bringen und die Spaghetti darin bißfest kochen.
In dieser Zeit für die Tomatensauce 2 EL Olivenöl erhitzen, Knoblauch dazugeben, kurz anbraten, Tomaten dazugeben, salzen, mit Thymian würzen und in 10 Minuten zu einer sämigen Sauce einkochen. Ab und zu umrühren. Zuletzt Oregano dazugeben.
Die gebackenen Auberginenscheiben in 2 cm breite Streifen schneiden. In einer vorgewärmten Schüssel die heißen, abgetropften Spaghetti zuerst mit dem Käse vermischen, dann Tomatensauce und Auberginenstreifen unterheben, mit Pfeffer abschmecken.

TOMATENSAUCE

Für 4 Personen

Mit Vollkornspaghetti das Lieblingsgericht (fast) aller Kinder.

1 kg Tomaten, geschält, kleine Würfel
30 Basilikumblätter
2 Knoblauchzehen, fein gehackt
Salz
Pfeffer
125 ml Olivenöl

In einem großen, flachen Topf Tomaten, 20 Basilikumblätter, Knoblauch, Salz, Pfeffer und Olivenöl vermischen. Zum Kochen bringen, in 15–20 Minuten zu einer dicken Sauce einkochen, ab und zu umrühren. Die fertige Sauce im Mixer pürieren oder durch ein Sieb streichen. Restliche Basilikumblätter fein schneiden und mit der Sauce vermischen.

NUDELN MIT GEMÜSE UND SCHAFSKÄSE

Für 4 Personen

250 g Vollkornnudeln
Salz
500 g frische Tomaten oder geschälte Tomaten aus der Dose
3 EL Olivenöl
4 Knoblauchzehen, fein gehackt
300 g Broccoli, feine Röschen
200 g Lauch, längs halbiert, 1 cm breite Streifen
1 Prise Thymian
1 Prise Basilikum
200 g Schafskäse (Feta), kleine Stücke
2 EL Petersilie, fein gehackt
10 schwarze Oliven, kleine Stücke
schwarzer Pfeffer, frisch gemahlen

Für die Nudeln reichlich Salzwasser zum Kochen bringen. Wenn Sie frische Tomaten verwenden, 1 l Wasser zum Kochen bringen. Die Tomaten kurz hineingeben, abgießen und in Stücke schneiden. Olivenöl in einem großen, flachen Topf erhitzen, Knoblauch darin kurz anbraten, Broccoliröschen und Lauch zufügen, kurz anbraten, salzen und zugedeckt 10 Minuten dünsten lassen. Spaghetti im kochenden Salzwasser in 8–10 Minuten al dente kochen. In dieser Zeit die Sauce fertig kochen: Tomatenstücke zu den Gemüsen geben, mit Thymian und Basilikum würzen, die Gemüse zugedeckt 6 Minuten köcheln und mit Salz abschmecken. In einer vorgewärmten Schüssel die abgetropften, heißen Spaghetti mit dem Schafskäse gut vermischen. Gemüsesauce, Petersilie und Oliven dazugeben, alles vermischen, mit schwarzem Pfeffer abschmecken und sofort servieren.

RAVIOLI MIT RICOTTA-KRÄUTER-FÜLLUNG

Für 4 Personen

Teig:
300 g Weizenvollkornmehl (auf feinster Stufe gemahlen)
3 Eier
1 TL Salz
2 EL Wasser
Füllung:
400 g weicher Ricotta
1 Ei und 1 Eigelb
je 75 g Parmesan und Pecorino, frisch gerieben (oder insgesamt 150 g Parmesan)
60 Blatt frisches Basilikum, fein geschnitten
1½ TL frischer Thymian, fein gehackt
1½ TL frisches Oregano, fein gehackt
2½ EL Petersilie, fein gehackt
1 Prise geriebene Muskatnuß
Salz und Pfeffer
Zum Anrichten:
3 bis 4 EL Butter
100 g geriebener Pecorino oder Parmesan

Teig: In einer Schüssel Mehl, Eier, Salz und Wasser zu einem festen, geschmeidigen Teig verarbeiten. Den Teig in einer gut schließenden Schüssel mindestens 1 Stunde durchziehen lassen.

Füllung: Ricotta mit Ei und Eigelb vermischen und mit den restlichen Zutaten verrühren.

Fertigstellung der Ravioli: Den Teig teilen. Eine Teighälfte in der Schüssel zugedeckt lassen, die andere Hälfte ganz dünn ausrollen. Die Teigblätter in 8–10 cm große Quadrate schneiden. Je 1 TL Füllung in die Mitte der Teigquadrate geben, den Teig zusammenklappen und die Teigränder aufeinander drücken oder mit einem Teigrädchen die Teigtäschchen halbkreisförmig zusammenradeln und die Ränder leicht andrücken.

Die fertigen Ravioli auf ein bemehltes Brett legen. Mit der zweiten Teighälfte genauso verfahren.

In einem Topf reichlich Salzwasser zum Kochen bringen. Die Ravioli in 13–15 Minuten gar ziehen lassen. 3–4 EL Butter in einem Topf schmelzen, die abgetropften Ravioli darin schwenken, mit 60 g geriebenem Käse vermischen, den restlichen Käse separat dazu servieren.

Sie können die Ravioli auch mit einer kalten oder heißen Tomatensauce (Seite 84 und 90) servieren. In diesem Fall sollten Sie die Butter zum Anrichten weglassen und den geriebenen Käse getrennt dazu servieren.

SCHWÄBISCHE MAULTASCHEN

Für 4 Personen

Traditionell waren die Maultaschen die überaus beliebte und sehr geschätzte Karfreitagsmahlzeit, verbargen Sie doch unter ihrem schlichten Teigmäntelchen die üppigsten Füllungen. Jede Familie hatte ihr ganz spezielles Rezept und jedes war das beste.

Ich habe das Rezept meiner Familie weiterentwickelt zu dem, was es nach strengen kirchlich-moralischen Regeln schon immer hätte sein sollen (selbstverständlich niemals und nirgends war): ein rein vegetarisches Gericht.

Teig:
500 g Weizenvollkornmehl
(auf feinster Stufe gemahlen)
5 Eier
4 EL Wasser
Füllung:
500 g Tofu
1 Zwiebel, fein gehackt
3 Knoblauchzehen, fein gehackt
3 EL Öl
250 g Lauch, feine Streifen
1/2 Bund Petersilie, fein gehackt
100 g Spinat, geputzt gewogen
250 g Vollkorntoast, kleine Würfel
4 EL Selleriewurzel, fein gerieben
6 Eier, verquirlt
3 EL Mehl
1/2 EL frisches Liebstöckel, fein gehackt
1 Prise geriebene Muskatnuß
1 Prise gemahlene Muskatblüte
1 TL Sojasauce
Pfeffer
Salz
Fertigstellung:
3 l Gemüsebrühe

Mehl, Eier und Wasser in die Teigmaschine geben und kneten lassen, bis sich 2–3 große Teigklumpen bilden; oder das Mehl auf ein Brett schütten, eine kleine Kuhle in die Mitte machen, die Eier in die Vertiefung schlagen und, zuerst mit der Gabel, dann mit den Händen, Eier, Mehl und Wasser vermischen und kneten, bis ein glatter Teig entsteht, der sich vom Brett löst. Den Teig, gut abgeschlossen, 1 Stunde ruhen lassen.

Füllung: Den Tofu in ein Küchenhandtuch wickeln, mit einem schweren Gegenstand belasten und 20 Minuten pressen. Tofu durch den Fleischwolf drehen oder möglichst fein hacken.

Zwiebel und Knoblauch in Öl andünsten, Lauch dazugeben, weich dünsten, zum Schluß die Petersilie noch 1 Minute mitdünsten.

Den tropfnassen Spinat im geschlossenen Topf bei mittlerer Hitze mit einer Prise Salz in 3 Minuten zusammenfallen und in einem Sieb abtropfen lassen. Spinat leicht ausdrücken und fein hacken.

Alle Füllungszutaten in einer großen Schüssel gut vermischen. Die Füllung soll einen kräftigen, würzigen Geschmack haben.

Fertigstellung: Den Teig halbieren, die Füllung halbieren.

Die erste Teighälfte dünn ausrollen und die Teigstreifen auf einem Tisch auslegen, in gleichgroße Stücke schneiden (10 x 18 cm). Die gesamte halbe Füllung eßlöffelweise verteilen, dann erst die Masse zart verstreichen, an den Teigrändern ca. 1/2 cm frei lassen.

Die Maultaschen von der schmalen Seite her aufrollen und am Ende leicht andrücken. mit der zweiten Hälfte des Teiges und der Füllung genauso verfahren.

Die Gemüsebrühe in einem großen Topf zum Kochen bringen, die Hälfte der Maultaschen bei geschlossenem Deckel 30 Minuten leicht kochen. Einige Male mit dem Stielende des Kochlöffels unter die Maultaschen fahren, damit sie nicht am Topfboden ankleben. Die fertigen Maultaschen in der Brühe servieren.

SPINATSAUCE ZU SPAGHETTI

Für 4 Personen
(Foto rechts)

500 g Spinat
Salz
2 EL Butter
1 kleine Zwiebel, fein gehackt
2 Knoblauchzehen, fein gehackt
200 ml Sahne
1 EL Crème fraîche
½ TL Thymian
½ TL Basilikum
1 Prise Muskat
Pfeffer
100 g Parmesan, frisch gerieben
2 EL Pinienkerne

Den tropfnassen Spinat mit etwas Salz in einem geschlossenen Topf in 3 Minuten zusammenfallen und in einem Sieb abtropfen lassen. Spinat fein hacken.

Butter in einer Pfanne erhitzen, Zwiebel und Knoblauch dazugeben, glasig dünsten. Spinat, Sahne und Gewürze dazugeben. Die Sahne etwas einkochen lassen, Käse unterrühren, die Sauce nochmals kurz erhitzen.

Spaghetti mit der Sauce portionsweise anrichten, mit Pinienkernen garnieren.

BASILIKUMGNOCCHI

Für 4 Personen

400 g frischer Ricotta
1 Bund Basilikum, fein geschnitten
2 Eier
100 g Weizenvollkornmehl,
auf feinster Stufe gemahlen
200 g Parmesan oder Pecorino,
frisch gerieben
½ TL Salz
Pfeffer
1 Prise gemahlene Muskatnuß

Ricotta 2 Stunden in einem Sieb abtropfen lassen. Ricotta, Basilikum, Eier, Mehl, die Hälfte des Parmesan, Salz, Pfeffer, Muskat vermischen und 30 Minuten kaltstellen. Salzwasser zum Kochen bringen.
Ein Probegnocchi abstechen (1 cm dick, 2,5 cm Durchmesser). 3 Minuten ziehen lassen, wenn das Gnocchi an die Wasseroberfläche steigt, ist es fertig. Ist der Teig zu weich, noch etwas Mehl einkneten.
Auf einer bemehlten Fläche aus dem Gnocchiteig Rollen von 2,5 cm Durchmesser formen, diese in 1 cm dicke Scheiben schneiden. Mit dem Daumen leicht eindrücken, die Gnocchi auf ein bemehltes Brett legen. Die Gnocchi vorsichtig in reichlich kochendes Salzwasser legen, ziehen lassen, nach ca. 3 Minuten steigen sie auf. Sofort mit dem Schaumlöffel aus dem Wasser nehmen, kurz abtropfen lassen. Auf Teller verteilen, einige Löffel Tomatensauce (Rezept Seite 90) darüber gießen, mit dem restlichen Käse bestreuen.

SPAGHETTI MIT LAUCH UND ROQUEFORT

Für 4 Personen ⚡

Die Sauce ist in der Kochzeit der Spaghetti fertig!

150 g Vollkorn-Spaghetti
Salz
½ EL Butter
250 g Lauch, längs halbiert,
5 mm feine Streifen
2 Tomaten, abgezogen, kleine Schnitze oder geschälte Tomaten aus der Dose
½ TL Basilikum
2 EL Sahne
60 g Roquefort, kleine Stücke
1 EL Petersilie, fein gehackt
schwarzer Pfeffer

Spaghetti in reichlich Salzwasser bißfest kochen.
In der Kochzeit der Spaghetti in einer schweren Pfanne die Butter schmelzen, Lauch dazugeben, leicht salzen und unter Rühren 3 Minuten braten. Tomaten unterrühren, mit Basilikum würzen, die Gemüse zugedeckt 3 Minuten dünsten, die Tomatenschnitze sollen nicht zerfallen. Sahne und 2 EL Spaghettikochwasser in das Gemüse rühren, das Gemüse noch 1 Minute dünsten. In einer vorgewärmten Schüssel die abgegossenen und gut abgetropften heißen Spaghetti, Roquefort, Petersilie und Gemüse vermischen, mit Salz und Pfeffer abschmecken, sofort servieren.

TAGLIATELLE MIT RÄUCHERKÄSE UND GRÜNEM PFEFFER

Für 4 Personen ⚡

250 g Sojanudeln
Salz 1 EL Olivenöl
2 Knoblauchzehen, fein gehackt
200 ml passierte Tomaten
2 EL Sauerrahm
60 g naturgeräucherter Käse, fein gerieben
1 TL grüner Pfeffer, grob gehackt
1 EL Petersilie, fein gehackt
3 Frühlingszwiebeln, feine Ringe

Nudeln in reichlich Salzwasser al dente kochen.
In der Zwischenzeit in einer kleinen Pfanne das Öl erhitzen. Knoblauch unter Rühren kurz anbraten, mit den passierten Tomaten aufgießen, die Sauce kurz erhitzen, mit Salz würzen. Sauerrahm mit 2 EL Nudelkochwasser verrühren. Die Nudeln abgießen, abtropfen lassen, in einer vorgewärmten Schüssel mit Sauerrahm, Käse, Tomatensauce, grünem Pfeffer, Petersilie und Frühlingszwiebeln vermischen. Sofort servieren.

SPAGHETTI MIT PAPRIKA, OLIVEN UND KAPERN

Für 4 Personen
(Foto rechts)

Ein pikantes Blitzgericht

200 g Spaghetti
Salz
2 EL Olivenöl
4 Knoblauchzehen, fein gehackt
1/2 TL Pfefferoni, fein gehackt
500 g Tomaten, gehäutet, Stücke
2 TL Kapern, fein gehackt
2 EL frische Kräuter (Oregano, Thymian, Basilikum), fein gehackt
10 schwarze Oliven, kleine Stücke

Spaghetti in reichlich kochendem Salzwasser al dente kochen, abgießen, abtropfen lassen. Nicht kalt abschrecken!

Während die Spaghetti kochen, in einer Pfanne mit schwerem Boden Olivenöl erhitzen, die Hälfte des Knoblauchs und die Pfefferoni kurz anbraten. Tomaten hinzufügen, salzen, unter Rühren in 7 Minuten zu einer dicken Sauce einkochen.

Die gut abgetropften Spaghetti, Kapern, Kräuter, Oliven und den Rest Knoblauch in der Pfanne mit den Tomaten vermischen.

Das Nudelgericht mit Salz abschmecken und gleich servieren.

Dazu paßt fein geriebener, leicht pikanter Pecorino.

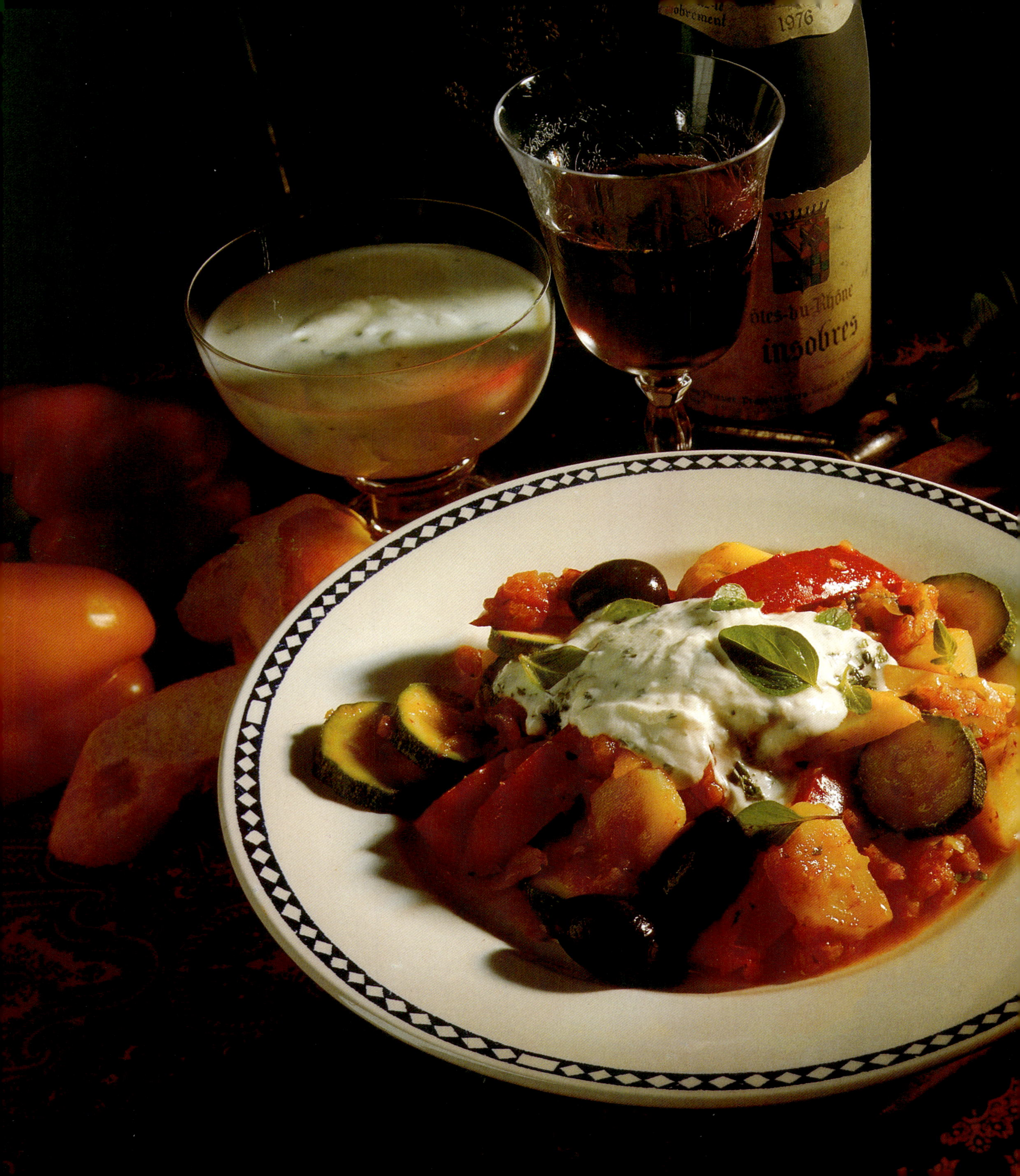
1976

Gemüse

Gut geschnitten ist halb gekocht.

Die Kunst des Gemüsekochens fängt beim richtig geschnittenen Gemüse an. Damit ein Gericht perfekt gelingt, müssen die Gemüse ihrer Garzeit entsprechend gleichmäßig kleingeschnitten werden. Stellen Sie sich dicke und dünne Karottenstücke gemeinsam in einem Topf vor, die einen bleiben hart, die anderen sind schon matschig und das ganze Gericht ist ruiniert.

Damit Ihre Gemüsegerichte ein Erfolg werden, sind in den Rezepten die Größe der Gemüsestücke sehr genau angegeben.

Mit Leichtigkeit schnell und genau schneiden können Sie aber nur mit einem großen, scharfen Messer. Mit einem stumpfen Messer schneiden Sie eher in den Finger als die Sellerieknolle. Ich will jetzt nicht den belehrenden Kochlöffel schwingen, aber ohne ein gutes Messer macht das Kochen nur halb so viel Spaß.

Gemüse enthält von allen Lebensmitteln den höchsten Anteil der lebensnotwendigen Vitamine und Mineralstoffe. Rabiate Kochmethoden zerstören Vitamine und Mineralstoffe. Die ungesundeste Art, Gemüse zu kochen: Gemüse wird in viel Salzwasser gut weichge-

Arabischer Gemüsetopf mit Joghurt-Minz-Sauce (Rezept Seite 103)

kocht, das Kochwasser weggeschüttet und das Gemüse nochmals in einer Mehlschwitze erhitzt. Durch diesen barbarischen Akt laugt das Gemüse aus, verschwinden Vitamine und Mineralstoffe mit dem Kochwasser im Abguß, und sollten doch noch einige Vitamine übrig sein, so zerstört diese das neuerliche Erhitzen in der Mehlschwitze. Genauso negativ ist das lange Warmhalten von Gemüsegerichten.

Um Gemüse mit vielen Vitaminen und Mineralstoffen auf den Tisch zu bringen, gilt grundsätzlich: möglichst kurze Garzeiten und Flüssigkeit nur dazugießen, wenn sie mitverspeist wird, wie bei Suppen oder Saucen.

Köstlicher Nebeneffekt des schonenden Gemüsekochens: Schnell gekochtes Gemüse sieht schöner aus, behält sein Aroma und schmeckt besser. Womit aus der Sorge um die Gesundheit eine Feinschmeckertugend wird.

Garen über Wasserdampf ist die schonendste und unproblematischste Art, Gemüse zu kochen.

Das geschieht ganz ohne Druck und Schnellkochtopf: zartes Gemüse hat eine so kurze Garzeit, daß es im Schnellkochtopf zu weich würde.

Ideal für das Garen über Wasserdampf ist ein Dämpfeinsatz aus Metall, der sich fächerförmig jeder Topfgröße anpaßt, ein Metallsieb genügt aber auch.

Zu beachten bei dieser Methode, die fettfreies Gemüsekochen ermöglicht: die Gemüsestückchen dürfen nicht mit dem Wasser in Kontakt kommen und der Topf muß mit einem gut schließenden Deckel bedeckt werden. Saucen werden extra zubereitet, mit dem fertigen Gemüse vermischt oder separat dazu gereicht.

Ein gelungenes, vielseitiges Schnellgericht aus dem Dampf ist Broccoli mit Kräuter-Senf-Butter (Rezept Seite 99), aber auch mit Orangensauce (Seite 108) kann sich der Grasgrüne sehen und schmecken lassen.

Für die schonende Garmethode Nr. 2, das Dünsten im eigenen Saft oder mit wenig Flüssigkeit bei geringer Hitze, bedarf es eines Kochtopfs mit dickem Boden, der die Wärme gleichmäßig leitet und speichert. Durch die geringe Hitzezufuhr werden die Vitamine geschont, und sollten Vitamine und Mineralstoffe doch in die Sauce entwischen, werden sie mitgegessen. Auch bei dieser Garmethode wichtig: ein gut schließender Deckel.

Paradebeispiel für das Dünsten von Gemüse ist Lauch mit Gorgonzola (Rezept Seite 106). Einfacher und besser kann man Gemüse kaum kochen.

Eine elegante Art, Gemüse zu garen, ist die in China zur Perfektion entwickelte Methode »Unter Rühren Braten im Wok«. Gemüsegerichte aus dem Wok sind farbenfroh, knackig frisch und überzeugen mit immer neuen Variationen. Unübertroffen ist die Geschwindigkeit, mit der im Wok gekocht wird. Knapp 10 Minuten braucht ein Gemüsegericht für 4 Personen, fix und fertig mit Sauce (Ausführliches zum Kochen im Wok Seite 110).

Zum Schluß wiederhole ich mich. Aber lieber eine Wiederholung meinerseits, als ein mißlungenes Gemüsegericht Ihrerseits: Gerichte mit diesen nährstoff- und aromaschonenden Methoden gelingen nur, wenn alle Gemüse der kurzen Garzeit entsprechend gleichmäßig kleingeschnitten sind.

Von A bis Z

BROCCOLI MIT KRÄUTER-SENF-BUTTER

(Foto rechts)
Für 4 Personen

800 g Broccoli, in Röschen
Salz
Kräuter-Senf-Butter:
80 g weiche Butter
1 EL Olivenöl
3 TL Dijon-Senf
3 Knoblauchzehen, gepreßt
1 EL Petersilie, fein gehackt
1 Bund Schnittlauch, fein gehackt
1 Prise Piment
1 Prise Basilikum
1 Prise Thymian
schwarzer Pfeffer, frisch gemahlen
Salz

Broccoli in einem Sieb über Wasserdampf zugedeckt in 7 Minuten bißfest garen. In dieser Zeit die Zutaten für die Kräuter-Senf-Butter gut verrühren. Die heißen Broccoliröschen auf einer Platte anrichten, und die Kräuter-Senfbutter darüber verteilen. Schmeckt zu Hirse, Kartoffeln oder Nudeln.

AUSTERNPILZE MIT KRÄUTERPÜREE

Für 4 Personen ⚡

Ein schnell und einfach gekochter Hauptgang für ein festliches Essen. Mit grünem Spargel servieren (nächstes Rezept).

Austernpilze:
1 kleine Zwiebel, fein gehackt
50 g Butter
1 kg Austernpilze, kleine Stücke
Salz
3 EL Weißwein
125 ml Sahne
Pfeffer

Kräuterpüree:
1 kg mehlige Kartoffeln
125 ml Milch
50 g Butter
2 EL Petersilie, fein gehackt
2 EL Kerbel, fein gehackt
1 TL frisches Estragon, fein gehackt
1 Prise geriebene Muskatnuß
Salz

Austernpilze: In einem großen, flachen Topf die Zwiebel in der Butter in 8 Minuten glasig dünsten und kurz etwas Farbe annehmen lassen. Austernpilze dazugeben, salzen, vorsichtig unter Rühren kurz anbraten. Die Austernpilze zugedeckt in 15 Minuten weich dünsten, ab und zu vorsichtig umrühren. Austernpilze in ein Sieb abgießen, Pilzbrühe auffangen, Pilze warm stellen. Die Brühe zurück in den Topf geben, mit Weißwein und Sahne vermischen, die Sauce in einigen Minuten unter gelegentlichem Rühren auf die Hälfte einkochen, mit Salz und Pfeffer abschmecken. Die Austernpilze in einer vorgewärmten Schüssel anrichten, mit der Sauce übergießen.

Püree: Kartoffeln in der Schale weich kochen, schälen, durch die Kartoffelpresse drücken. Die Milch mit Butter zum Kochen bringen und mit den Kräutern unter das Püree mischen (geht am einfachsten mit dem Handrührgerät). Das Kartoffelpüree mit Muskat und Salz abschmecken.

KÜRBISGEMÜSE »SANTO DOMINGO«

Für 4 Personen 🥕

2 EL Öl
100 g Zwiebeln, fein gehackt
3 Knoblauchzehen, fein gehackt
1 grüne Paprikaschote, 1 cm breite Streifen
500 g Kürbis, 2 cm große Würfel
300 g Tomaten, abgezogen, Würfel
200 ml Gemüsebrühe
1 TL Paprika, edelsüß
¼ TL Thymian
1 Prise Muskatblüte
Salz
Saft von ½ Zitrone oder Limette

Öl erhitzen, Zwiebeln und Knoblauch in 5 Minuten unter Rühren braun braten, Paprikaschote dazugeben und 3 Minuten mitbraten. Kürbis dazugeben, 5 Minuten unter Rühren andünsten, Tomaten, Brühe, Paprikapulver, Thymian und Muskatblüte dazugeben, alles gut vermischen, mit Salz abschmecken. Das Gemüse zugedeckt in 20–25 Minuten garen, ab und zu umrühren; die Kürbiswürfel sollen ihre Form bewahren und nicht zu Mus gekocht werden. Vom Feuer nehmen, Zitronensaft unterrühren.

Wenn Sie, was ich Ihnen empfehle, zu dem milden Kürbisgemüse die folgende Chili-Zitronen-Sauce servieren, sollten Sie in das Gemüse keinen Zitronensaft geben.

CHILI-ZITRONEN-SAUCE

Für 4 Personen 🥕⚡

4 EL Öl
100 g Zwiebeln, fein gehackt
4 Knoblauchzehen, fein gehackt
4 frische Chilischoten, fein gehackt
75 ml Zitronensaft
abgeriebene Schale von
½ ungespritzten Zitrone
Salz

Öl in einer kleinen Pfanne erhitzen. Zwiebeln, Knoblauch und Chilis 10 Minuten anbraten. Vom Feuer nehmen, mit Zitronensaft und Zitronenschale vermischen, mit Salz abschmecken.

Paßt zu Gerichten aus der Karibik oder fernöstlichen Speisen.

GRÜNE BOHNEN MIT TOMATENSAUCE

(Foto rechts)
Für 4 Personen

Eine wunderschöne Farbzusammenstellung, grün, rot und gelb, wenn Sie Safranreis dazu servieren.

**3–4 EL Olivenöl
250 g Zwiebeln, fein gehackt
6 Knoblauchzehen, fein gehackt
750 g Tomaten, enthäutet, kleine Würfel
1 Lorbeerblatt
je 1/4 TL Thymian und Oregano
Salz und Pfeffer
500 g grüne Bohnen, die Enden abgeschnitten**

Olivenöl in einer großen Pfanne erhitzen. Zwiebel und Knoblauch 10 Minuten andünsten, die Tomaten und Gewürze dazugeben. Auf kleiner Flamme 25 Minuten einkochen lassen, ab und zu umrühren; es soll eine dicke Sauce entstehen.
Die Bohnen in einem Sieb über Wasserdampf zugedeckt 7–10 Minuten garen, dickere Bohnen etwas länger. Die Bohnen mit der Sauce vermischen. Das Gemüse 2–4 Minuten zugedeckt köcheln. Mit Salz und Pfeffer abschmecken.

BLATTSPINAT

Für 3 Personen

750 g Spinat
Salz

Den gewaschenen, tropfnassen Spinat mit etwas Salz in einem geschlossenen Topf bei mäßiger Hitze in 2–3 Minuten zusammenfallen und in einem Sieb abtropfen lassen.

SPINAT MIT GORGONZOLA

Für 3 Personen

3 EL Olivenöl
3 Knoblauchzehen, dünne Scheiben
1 Rezept Blattspinat (siehe oben)
150 g Gorgonzola, kleine Stücke
schwarzer Pfeffer, frisch gemahlen

Olivenöl in einer großen Pfanne erhitzen, Knoblauch darin goldgelb anbraten, den abgetropften Spinat hinzufügen, unter Rühren kurz mitbraten und leicht salzen. Gorgonzola auf dem Spinat verteilen, den Käse bei geschlossenem Deckel in 2 Minuten schmelzen lassen. Mit Pfeffer abschmecken.

Dazu schmecken Hirse, Kartoffelbrei, Polenta oder Nudeln.

CHAMPIGNONS À LA CREME

Für 2–3 Personen

Für dieses Gericht brauchen Sie einen Topf mit gut schließendem Deckel.

3 EL Olivenöl
400 g mittelgroße Champignons
Salz
1 Prise Basilikum
1 Prise Thymian
1 Prise Oregano
2 EL Weißwein
2 EL Crème fraîche
schwarzer Pfeffer, frisch gemahlen
1 EL Petersilie, fein gehackt

Olivenöl in einem flachen Topf oder einer Pfanne (von ca. 23 cm Durchmesser) erhitzen, Pilze zufügen (sie sollen in einer Schicht den Topfboden bedecken), leicht salzen und bei mäßiger Hitze 3 Minuten anbraten. Basilikum, Thymian und Oregano zugeben. Die Pilze 6 Minuten bei geschlossenem Deckel und mäßiger Hitze schmoren. Weißwein und Crème fraîche verrühren und zu den Pilzen geben. Die Pilze in der Sauce 2–3 Minuten köcheln, und die Sauce etwas einkochen lassen. Mit Salz und Pfeffer abschmecken und mit Petersilie garniert servieren.

Reichen Sie zu den Champignons gewürzte Hirse oder Polenta.

PISTO

Für 4 Personen

Mit Salat und lockerem Weizenvollkornbrot ein unaufwendiges Sommeressen.

4–6 EL Olivenöl
400 g Zwiebeln, fein gehackt
2 grüne Paprikaschoten,
1/2 cm große Stücke
500 g Auberginen, 1/2 cm große Würfel
500 g Tomaten, enthäutet und gewürfelt
Salz
Pfeffer
1 verquirltes Ei

In einer großen Pfanne das Olivenöl erhitzen. Die Zwiebeln 10 Minuten andünsten, die restlichen Gemüse dazugeben, mit Salz und Pfeffer würzen und alles bei geschlossenem Deckel ca. 40–50 Minuten auf kleiner Flamme dünsten. Ab und zu umrühren. Die Tomatenflüssigkeit soll ganz verkocht sein.

Wenn alle Gemüse sehr weich sind, das verquirlte Ei darunterrühren, einen Moment miterhitzen und den Pisto vom Feuer nehmen.

ARABISCHER GEMÜSETOPF MIT JOGHURT-MINZ-SAUCE

(Foto Seite 96)
Für 4 Personen

4 EL Olivenöl
4 Knoblauchzehen, fein gehackt
1 Zwiebel, fein gehackt
400 g Kartoffeln, 1 cm dicke Scheiben
Salz
½ TL Cumin
1 TL Paprika, edelsüß
½ TL Koriander
½ TL Oregano
100 ml Gemüsebrühe
300 g rote Paprika, 1 cm breite Streifen
300 g Zucchini, ½ cm breite Streifen
500 g Tomaten, abgezogen, Stücke
12 schwarze Oliven
Joghurt-Minz-Sauce:
200 g Joghurt
½ EL Minze, fein gehackt
2 Knoblauchzehen, fein gehackt
Pfeffer
Salz

Gemüsetopf: Olivenöl in einem großen, flachen Topf erhitzen, Knoblauch und Zwiebeln in ca. 10 Minuten goldgelb anbraten. Cumin, Paprika, Koriander und Oregano unterrühren, kurz erhitzen. Kartoffeln dazugeben, leicht salzen, unter Rühren 5 Minuten anbraten. Paprika dazugeben, kurz anbraten. Gemüsebrühe dazugeben. Gemüse im geschlossenen Topf 15 Minuten köcheln, bis die Kartoffeln gar sind. Paprika, Tomaten und Zucchini dazugeben, den Gemüsetopf noch ca. 15 Minuten leicht köcheln, bis die Tomaten zu einer sämigen Sauce eingekocht sind.
Oliven untermischen, mit Salz und Pfeffer abschmecken.
Sauce: Alle Zutaten für die Sauce vermischen. Die Joghurtsauce getrennt zum Gemüsetopf reichen.

KAROTTEN À LA CREME

Für 2 Personen

Ein Schlemmergericht für Kinder, die oft nicht wirkliche Gemüsefans sind, und alles schön übersichtlich haben wollen.

½ EL Butter
400 g Karotten, 3 mm dünne Scheiben
Salz
50 ml Gemüsebrühe
4 EL Sahne oder Crème fraîche
1 EL Petersilie, fein gehackt

Butter in einem kleinen Topf schmelzen, Karotten dazugeben, leicht salzen, unter Rühren kurz anbraten und mit der Gemüsebrühe aufgießen. Die Karotten im geschlossenen Topf 12 Minuten dünsten. Sahne unterrühren, im offenen Topf köcheln, bis die Sahne zu einer dicken Sauce eingekocht ist. Mit Petersilie garniert servieren.

Wenn Sie die Karotten für Kinder kochen, lassen Sie die Petersilie weg, sie mindert die Überschaubarkeit des Gerichts.
Dazu gewürzte Hirse oder Polenta.

JUNGER MAIS

Für 4 Personen

Ein Sommerschnellgericht, das Kinder besonders gern – weil mit den Händen – essen.
Die Maiskolben mit reichlich Salzwasser in ca. 20 Minuten weichkochen. Jeder bestreicht sich seinen Mais mit Butter und streut etwas Salz darüber. Sie können Mais auch über der Glut grillen. Damit's ein vollständiges Essen wird, reichen Sie zum Mais Salat, der ruhig ein wenig üppig sein darf.

SPINAT »TINOS« MIT JOGHURT-KRÄUTER-SAUCE

(Foto rechte Seite)
Für 4 Personen

Joghurt-Kräuter-Sauce:
300 ml Joghurt (3,5% Fett)
2 EL Petersilie, fein gehackt
3 EL Dill, fein gehackt
2 EL Schnittlauch, fein geschnitten
3 bis 4 Knoblauchzehen, fein gehackt
1 EL Olivenöl
Salz und Pfeffer

Spinat:
1 mittlere Zwiebel, fein gehackt
4 Knoblauchzehen, fein gehackt
4 EL Olivenöl
800 g Spinat
Salz
Pfeffer
150 g Schafskäse, Würfel
12 schwarze Oliven
4 Zitronenscheiben

Sauce: Alle Zutaten gut vermischen. Damit die Kräuter ihr ganzes Aroma entfalten können, muß die Sauce 2 Stunden kalt stehen und durchziehen.

Spinat: Zwiebeln und Knoblauch 10 Minuten im Olivenöl andünsten. Den tropfnassen Spinat mit etwas Salz in einem großen Topf zugedeckt bei mäßiger Hitze in 3 Minuten zusammenfallen lassen, in ein Sieb geben und abtropfen lassen. Spinat leicht ausdrücken. Den Spinat zu Zwiebeln und Knoblauch geben, mit Salz und Pfeffer würzen, einige Minuten dünsten, die Käsewürfel und die Oliven kurz miterhitzen. Vorsicht, der Schafskäse darf nicht zu heiß werden, er verflüssigt sich sonst. Mit Zitronenscheiben garnieren und mit der Kräutersauce servieren.

FENCHEL IN SAHNESAUCE MIT MANDELSPLITTERN

Für 3–4 Personen

Noch eines dieser erstaunlich simplen und umwerfend guten Gerichte. Der Fenchel wird in einer Sauce aus Crème fraîche und Gemüsebrühe gedünstet, dadurch zieht die Crème fraîche ganz in den Fenchel ein und macht ihn zu einem üppigen Leckerbissen.

400 ml Gemüsebrühe
125 g Crème fraîche
1/2 TL Basilikum
1 Prise Thymian
1 Lorbeerblatt
1 Prise geriebene Muskatnuß
1 Prise Piment
4 Fenchelknollen (700 g), geviertelt
1/2 EL Butter
1 1/2 EL Mandelsplitter

Mit dem Schneebesen Gemüsebrühe und Crème fraîche verrühren. Die Mischung in einem großen flachen Topf (ca. 23 cm Durchmesser) zum Kochen bringen, mit Basilikum, Thymian, Lorbeer, Muskat und Piment würzen. Fenchel dazugeben (die Fenchelviertel sollen den Topfboden in einer Schicht bedecken) und zugedeckt 15 Minuten kochen. In der Zwischenzeit in einer kleinen Pfanne die Butter schmelzen und die Mandelsplitter darin unter Rühren goldgelb anrösten, dann sofort vom Herd nehmen (die Mandelsplitter brennen sehr leicht an). Den Fenchel in einer Schüssel anrichten und mit Mandelsplittern garniert servieren. Reichen Sie Hirse, Reis oder Polenta dazu.

Crème fraîche. Das cremige, konzentrierte Sauerrahmprodukt eignet sich hervorragend zum Binden von Saucen. Crème fraîche flockt im Gegensatz zu der bei uns üblichen sauren Sahne beim Erhitzen nicht aus. Sämig-samtige Saucen sind kinderleicht und blitzschnell damit zubereitet. Verrühren Sie die Crème fraîche mit einem kleinen Schneebesen mit der Saucenflüssigkeit. Wenn im Kochtopf wegen des Gemüses zu viel Gedränge herrscht, schöpfen Sie eine kleine Menge Flüssigkeit ab und verrühren Sie die Crème fraîche separat damit in einer kleinen Schüssel. Diese Mischung anschließend unter die Gemüse rühren.

UNGARISCHES SAUERKRAUT

Für 4 Personen

Die Vorteile des Sauerkrauts für die schnelle Küche dürfen Sie sich nicht entgehen lassen: Es ist bereits geschnitten, und die Milchsäuregärung hat Ihnen schon einen Teil der Zubereitung abgenommen.

2 EL Butter
1 Zwiebel, fein gehackt
800 g Sauerkraut
200 ml Gemüsebrühe
1 Lorbeerblatt
1 Nelke
½ TL Kümmel
4 schwarze Pfefferkörner
4 Wacholderbeeren
1½ TL Paprika edelsüß
100 g Crème fraîche

Butter schmelzen, Zwiebel darin in 5 Minuten unter Rühren goldbraun braten. Sauerkraut, Gemüsebrühe und Gewürze zufügen und gut vermischen. Das Kraut zugedeckt 20 Minuten leicht kochen, dabei ab und zu umrühren. Crème fraîche untermischen und nochmals kurz aufkochen.
Servieren Sie knusprigen Kartoffelgratin dazu.

Spinat »Tinos« mit Joghurt-Kräuter-Sauce

SUPPENGEMÜSE À LA CREME MIT KERBEL

Für 3–4 Personen ⚡

Hier verbindet eine Sahne-Weißwein-Sauce alle Zutaten, die einer Suppe das Aroma geben, zu einem cremigen, kräuterwürzigen Gemüsehauptgericht.

1½ EL Butter
2 Knoblauchzehen, fein gehackt
1 Zwiebel, fein gehackt
300 g Karotten, 3 mm dünne Scheiben
300 g Lauch, längs halbiert, 3 cm breite Stücke
100 g Selleriewurzel, 3 mm dünne Scheibchen
100 g Petersilienwurzel, 3 mm dünne Scheibchen
Salz
100 ml Gemüsebrühe
1 Prise geriebene Muskatnuß
1 Prise Piment
1 Lorbeerblatt
¼ TL Liebstöckel
50 ml Sahne
2 EL Crème fraîche
2 EL Weißwein
1 EL Petersilie, fein gehackt
30 g Kerbel, fein gehackt
schwarzer Pfeffer, frisch gemahlen

Butter in einem großen flachen Topf (ca. 23 cm Durchmesser) schmelzen, Knoblauch und Zwiebel darin andünsten. Die Gemüse dazugeben, leicht salzen, kurz unter Rühren anbraten, mit der Gemüsebrühe aufgießen und mit Muskat, Piment, Lorbeer und Liebstöckel würzen. Die Gemüse im geschlossenen Topf 15 Minuten köcheln. In dieser Zeit Sahne, Crème fraîche und Weißwein verrühren, die Kräuter kleinschneiden. Die Sahnesauce unter die fertig gegarten Gemüse (sie sollen noch Biß haben) rühren. Die Sauce kurz aufkochen, mit Salz und Pfeffer abschmecken, die frischen Kräuter unterrühren und sofort servieren. Dazu Kartoffeln oder Hirse reichen.

LAUCH MIT GORGONZOLA

Für 4 Personen ⚡

1 EL Butter
700 g Lauch, längs halbiert, 5 cm lange Stücke
Salz
150 ml Sahne
200 g Gorgonzola, kleine Stücke
schwarzer Pfeffer, frisch gemahlen

Die Butter in einem großen flachen Topf (ca. 23 cm Durchmesser) zergehen lassen. Lauch dazugeben, leicht salzen, zugedeckt 7 Minuten dünsten. Sahne zufügen und bei geschlossenem Topf 7 Minuten köcheln. Gorgonzola mit dem Gemüse vermischen, zugedeckt noch 3–5 Minuten dünsten, bis der Käse geschmolzen ist, dabei ab und zu umrühren. Den Lauch in eine Schüssel geben und mit frischem Pfeffer übermahlen.

BLITZ-HOLLANDAISE

Für 4 Personen ⚡

3 Eigelb
1 gute Prise Salz
schwarzer Pfeffer, frisch gemahlen
2 EL Zitronensaft
125 g Butter

Eine kleine hohe Rührschüssel heiß ausspülen und abtrocknen. Die Rührschüssel in eine Schüssel mit heißem Wasser stellen. Eigelb mit dem Handrührgerät verrühren, Salz, Pfeffer und Zitronensaft unterrühren. In einem kleinen Topf die Butter zum Schmelzen bringen und leicht aufschäumen lassen, dann vom Herd nehmen. Den letzten Arbeitsgang, das Vermischen von Eigelb und heißer Butter, erst beginnen, wenn das Gemüse fast fertig ist oder bereits auf der Servierplatte liegt. Den Handmixer auf höchster Stufe laufen lassen und die Eigelbmischung einige Sekunden rühren. Die heiße Butter zuerst tropfenweise und dann in einem dünnen Strahl unterrühren. Die Sauce Hollandaise sofort servieren.

Diese Sauce schmeckt ausgezeichnet zu Spargel, gedämpftem Blumenkohl, Broccoli, aber auch zu Blattspinat oder Lauch.

KAROTTEN MIT BASILIKUMSAUCE

(Foto rechts)
Für 2 Personen

1 EL Butter
750 g junge, kleine Karotten
Salz
200 ml Gemüsebrühe
1 Prise Muskat, frisch gerieben
Pfeffer
1 Rezept Blitz-Hollandaise
(Seite 106)
1 Bund Basilikum, fein gehackt
einige Basilikumblättchen

In einem flachen, großen Topf Butter erhitzen. Karotten darin kurz unter Rühren anbraten, leicht salzen, mit Brühe aufgießen, mit Muskat und Pfeffer würzen. Karotten zugedeckt in 15–20 Minuten bei geringer Hitze garen. Sie sollen noch Biß haben. Die letzten Minuten den Topf öffnen, die Flüssigkeit fast vollständig einkochen lassen.
Karotten auf einer Platte anrichten. Basilikum unter die Hollandaise mischen. Die Sauce über die Karotten gießen. Mit Basilikumblättchen garnieren.

KAROTTENGEMÜSE IN KAPERNSAUCE

Für 4 Personen

Sauce:
90 g Butter
90 g Mehl (Type 1050)
700 ml heiße Gemüsebrühe
1 Lorbeerblatt
1 Prise Piment
1 Prise geriebene Muskatnuß
4 EL süße Sahne
3 EL Kapern, grob gehackt
abgeriebene Schale von
$1/2$ ungespritzten Zitrone
2 EL trockener Weißwein
1 Eigelb

Gemüse:
1 kg Karotten, halbiert, 3 cm Stücke
2 EL Butter
Salz
Pfeffer
1–2 EL Wasser

Für die Sauce die Butter schmelzen, das Mehl langsam unter Rühren einige Minuten anrösten, es darf nicht braun werden. Wenn ein angenehmer Duft aus dem Topf steigt, die Mehlschwitze mit der heißen Gemüsebrühe aufgießen, mit dem Schneebesen glatt rühren. Lorbeerblatt, Piment und Muskatnuß beifügen und die Sauce auf kleinster Flamme unter häufigem Rühren 40–50 Minuten köcheln. Die Sauce nimmt eine glänzende Konsistenz an und der Mehlgeschmack verschwindet. Sahne unterrühren, 3 Minuten köcheln, Kapern, abgeriebene Zitronenschale hinzufügen, kurz weiter kochen, mit Weißwein, Salz und Pfeffer abschmecken. Das verquirlte Eigelb mit 2 EL Sauce anrühren, und untermischen. Sauce vom Feuer nehmen und zu den Karotten reichen.

Die Karotten in Butter andünsten, mit Salz und Pfeffer würzen, zugedeckt 10–15 Minuten auf kleiner Flamme gar dünsten. Bei Bedarf 1–2 EL Wasser hinzufügen.

Perfekt dazu passen Grünkern-Kräuter-Knödel (Seite 162).

GRÜNER SPARGEL

Für 4 Personen ⚡

Grünen Spargel brauchen Sie nicht zu schälen. Die angeführte Menge ist als Beilage berechnet. Wenn Sie Spargel als Hauptgericht servieren wollen, müssen Sie pro Person 350–500 g rechnen.

500 g grüner Spargel
Salz

Die Spargelenden etwas abschneiden. Stangen in reichlich Salzwasser in ca. 15 Minuten garen. Der Spargel soll noch einen leichten Biß haben.

Den abgetropften Spargel auf einer Platte servieren.

BROCCOLI IN ORANGENSAUCE

Für 4 Personen ⚡

Sieht am schönsten mit dem Saft von Blutorangen aus: grasgrün und rosarot.

750 g Broccoli, Röschen
Salz
125 ml Sahne
125 ml Crème fraîche
$1/2$ TL Instant-Gemüsebrühe
weißer Pfeffer, frisch gemahlen
1 Prise abgeriebene Schale von
1 ungespritzten Orange oder Zitrone
Saft von 1 Orange
1 gestrichener TL Speisestärke

Broccoli in einem Sieb über Wasserdampf zugedeckt in 7 Minuten al dente garen. In dieser Zeit Sahne und Crème fraîche in einem kleinen Topf unter Rühren erhitzen, mit Gemüsebrühe, Pfeffer und abgeriebener Orangen- oder Zitronenschale abschmecken und 2 Minuten leicht kochen. Den Orangensaft unterrühren. Die Speisestärke mit 2 Eßlöffeln kaltem Wasser anrühren und in die Sauce einrühren. Die Sauce kurz aufkochen und vom Herd nehmen. Den Broccoli auf einer Platte anrichten, mit der Sauce übergießen und sofort servieren.

Schmeckt zu Kartoffelbrei, Hirse oder Reis.

KOHLRABI IN ZITRONENSAUCE MIT MINZE

(Foto rechts)
Für 2 Personen

Ganz junge, zarte Kohlrabi werden hier zur Delikatesse. Beim Probekochen habe ich fast das ganze Rezept allein aufgegessen. Damit die Kohlrabi eine kurze Garzeit haben, müssen sie sehr dünn und regelmäßig geschnitten werden. Benutzen Sie dafür einen Gurkenhobel.

**30 g Butter
3 junge Kohlrabi, mit einem Gurkenhobel geschnitten
Salz
50 ml Gemüsebrühe
1 Prise abgeriebene Schale einer ungespritzten Zitrone
Saft von 1/2 Zitrone
1 TL frische Minze, fein gehackt
einige ganze Minzeblättchen**

In einer großen Pfanne (von ca. 23 cm Durchmesser) die Butter erhitzen, die Kohlrabi dazugeben, salzen und 5 Minuten bei mittlerer Hitze andünsten, dabei ab und zu umrühren. Brühe und abgeriebene Zitronenschale zufügen und zugedeckt noch 5 Minuten bißfest dünsten. Zitronensaft und Minze unterrühren. Das Gemüse mit Minze garniert servieren.
Hirse oder Polenta dazu reichen.

Aus dem Wok

Gemüsegerichte aus dem Wok sind wie eigens erfunden für die schnelle Küche. In ganz Ost-Asien wird der Wok, eine große hohe Pfanne mit abgerundetem Boden, als vielseitiges und praktisches Kochgerät eingesetzt. Das Kochen im Wok ist so einfach, daß es gerade deshalb einer ausführlichen Erklärung bedarf. Die Vorteile des Wok ergeben sich aus dem abgerundeten Pfannenboden. In ihm sammelt sich das Öl an. Dadurch verringert sich die zum Kochen benötigte Ölmenge und das Öl wird gleichmäßig sehr heiß. Die hohe Öltemperatur ermöglicht einen schnellen Kochvorgang. Durch die kurzen Garzeiten bleibt das Gemüse knackig-frisch und wichtige Nährstoffe bleiben erhalten. Die kurzen Garzeiten, Sie können ein Gericht für 4 Personen in 7–10 Minuten kochen, helfen beim Energiesparen.

Mit dem Wok untrennbar verbunden ist das richtige Gemüseschneiden. Diese Vorbereitungsarbeit ist so wichtig wie das Kochen selbst. Der beste Koch muß scheitern, wenn das Gemüse nicht sorgfältig vorbereitet ist.

Das Grundprinzip ist einfach: Alle Gemüse müssen sehr dünn geschnitten werden, unter Berücksichtigung ihrer individuellen Garzeit. Zum Beispiel muß eine Karotte oder Selleriewurzel in feinere Scheiben geschnitten sein als eine Zucchini.

Ein weiterer wichtiger Punkt: Bevor Sie mit dem Kochen beginnen, müssen alle Vorbereitungsarbeiten abgeschlossen sein. Ist das Öl im Wok erst einmal heiß, haben Sie keine Zeit mehr, irgendetwas nebenher zu tun. Jetzt müssen Sie den Wok im Auge behalten und »unter Rühren braten«.

»Unter Rühren braten« bedeutet, daß Sie bei hoher Temperatur die Zutaten im Wok in ständiger Bewegung halten müssen, damit sie nicht anbrennen.

Es gibt Gerichte, die nur in Öl gebraten werden, anderen wird, nach anfänglichem Braten, zum Schluß der Kochzeit eine Sauce zugegeben oder die Gerichte werden in der Sauce noch einige Minuten gedünstet.

Nach dem Kochgefäß und der Kochmethode will ich Sie noch mit den Zutaten vertraut machen.

Sie können wunderbar chinesisch kochen mit Lebensmitteln, die auch bei uns zum täglichen Speiseplan gehören. Kraut, Lauch, Karotten, Sellerie, Paprika, Zucchini, Frühlingszwiebeln, Blumenkohl, Bohnen, die perfekten chinesischen Gemüse, dazu Naturreis.

Wichtige Bestandteile chinesischer Gerichte sind Tofu und Mungsprossen. Aber auch diese Sojaprodukte werden immer mehr in unsere Ernährung integriert und sind problemlos in Naturkostgeschäften erhältlich (siehe Seite 185).

Alle Zutaten sind bekannt, wo bleibt das typisch fernöstliche? Das machen, neben dem Kochen im Wok, wenige Grundgewürzmittel aus: Sojasauce, Reiswein oder Sherry, Ingwer und Chili. Ergänzen können Sie die Würzpalette mit geröstetem Sesamöl und Fünfgewürzpulver. Beides gibt es in asiatischen Lebensmittelgeschäften und in den Lebensmittelabteilungen großer Kaufhäuser.

Fernöstlich kochen, dazu bedarf es keiner geheimnisvollen Zutaten und Tricks, die sich Eingeweihte hinter vorgehaltener Hand zuflüstern. Es ist das sich Hineindenken in eine andere, für den täglichen Gebrauch einfach auszuführende Art des Kochens, deren entscheidender Vorteil in ihrem unvergleichlich guten Geschmack liegt.

MUNG-FU
Sieben Gemüse, Pilze, Sprossen und Tofu in pikanter Sauce

(Foto rechts)
Für 4 Personen

6 getrocknete Mu-Err Pilze (Wolkenohr- oder Holunderpilze)
2 EL Öl
1/2 Zwiebel, feine Ringe
2 Knoblauchzehen, fein gehackt
1 TL frischer Ingwer, fein gehackt
1/2 –1 Chilischote, fein gehackt
100 g Karotten, 3 mm breite Stifte
1 rote Paprikaschote, 1/2 cm breite Streifen
150 g Lauch, 1/2 cm breite Ringe
100 g Selleriewurzel, 3 mm breite Streifen
200 g Broccoli, kleine Röschen
100 g Mungsprossen
100 g Zucchini, dünne Scheiben
100 g Tofu, kleine Würfel
150 ml Wasser
50 ml trockener Sherry
1 1/2 gestrichene EL Speisestärke
4 EL Sojasauce

Pilze 1 Stunde im warmen Wasser aufquellen lassen, abgießen, die knorpligen Stielansätze entfernen, die Pilze in mundgerechte Stücke schneiden, abwaschen.
Im Wok oder einer großen Pfanne 2 EL Öl erhitzen.
Zwiebeln, Knoblauch, Ingwer und Chilischote kurz anbraten, Karotten und Pilze dazugeben, unter Rühren 1 Minute braten. Paprika dazugeben, unter Rühren kurz braten. Lauch, Selleriewurzel, Broccoli, Mungsprossen, Zucchini und Tofu in den Wok geben, leicht salzen, unter Rühren 1 Minute braten. Wasser dazugießen, umrühren, zugedeckt 5–6 Minuten dünsten. In dieser Zeit zweimal umrühren. Speisestärke mit Sojasauce, Sherry und 2 EL Wasser verrühren. Mischung unter die Gemüse rühren, kurz aufkochen lassen. Mung-Fu auf einer Platte anrichten, sofort servieren.

Variation: Die Mu-Err Pilze können Sie durch 100 g frische, in Scheiben geschnittene Champignons ersetzen.

GEBRATENES SUPPENGEMÜSE AUF CHINESISCHE ART

Für 4 Personen

4 EL Sojasauce
50 ml trockener Weißwein
1 Prise Chili
1 gestrichener EL Speisestärke
2 EL Öl
3 Knoblauchzehen, fein gehackt
1 TL Ingwer, fein geschnitten
400 g Karotten, 3 mm dünne Scheiben
100 g Selleriewurzel, 3 mm dünne Stückchen
100 g Petersilienwurzel, 2 mm dünne Scheibchen
Salz
400 g Lauch, längs halbiert, 1 cm breite Streifen
1 EL Petersilie, fein gehackt

Sojasauce, Weißwein, Chili und Speisestärke verrühren. In einer großen Pfanne oder einem Wok das Öl erhitzen. Knoblauch und Ingwer darin unter Rühren kurz anbraten. Karotten, Selleriewurzel und Petersilienwurzel zufügen, unter Rühren 4 Minuten anbraten, leicht salzen. Lauch zugeben und unter Rühren 2 Minuten anbraten. Mit 50 ml Wasser aufgießen, zugedeckt 3 Minuten leicht kochen. Die Saucenmischung unterrühren, kurz aufkochen lassen, die Gemüse auf einer Platte anrichten und mit Petersilie garnieren.

PAPRIKA, SELLERIE, KAROTTEN UND ANANAS SÜß-SAUER

Für 4 Personen

3½ EL Sojasauce
1 TL Honig
1 TL frischer Ingwer, gerieben
1 gestrichener EL Speisestärke
3 EL Öl
4 Knoblauchzehen, fein gehackt
2 rote Paprikaschoten (300 g), 3 mm dünne Streifen
200 g Karotten, 3 mm dünne Scheiben
Salz
3 Stiele Stangensellerie, 3 mm dünne Scheiben
1 kleine Ananas (350 g), kleine Stücke
1 Prise Piment
1 Prise Chili
1 Prise geriebene Muskatnuß
1 Prise Zimt
1 Frühlingszwiebel, feine Ringe oder 1 EL frischer Koriander, fein gehackt

Sojasauce, Honig, Ingwer, Speisestärke und 2 Eßlöffel kaltes Wasser glattrühren. Öl in einer Pfanne oder einem Wok erhitzen. Knoblauch darin kurz anbraten. Paprikastreifen und Karotten zufügen, unter Rühren 4 Minuten braten, leicht salzen. Stangensellerie, Ananasstückchen, Piment, Chili, Muskat und Zimt zugeben und unter Rühren 2 Minuten braten. 50 ml Wasser zufügen und die Gemüse zugedeckt 3 bis 4 Minuten köcheln lassen. Die Sojamischung unterrühren, kurz aufkochen, die Gemüse auf einer Platte anrichten und mit Frühlingszwiebeln oder Koriander garniert servieren. Dazu Naturreis reichen.

Wenns besonders üppig werden soll, streuen Sie noch Sesam-Kokosflocken (Seite 116) darüber.

Ingwer ist ein Grundgewürz der asiatischen Küche. Ob in Indien, Thailand, China, Japan, die Wurzel mit dem intensiven, frisch-pikanten Geschmack ist immer dabei. Ingwerknollen erhalten Sie frisch in der Gemüseabteilung der Supermärkte, in gut sortierten Gemüsegeschäften und in asiatischen Lebensmittelgeschäften. Kaufen Sie stets nur eine kleine Menge ein, denn Ingwer wird sehr sparsam verwendet. Im Gemüsefach des Kühlschranks hält sich frischer Ingwer gut, wenn Sie ihn in einer perforierten Plastiktüte aufbewahren. Sie können auch getrocknetes Ingwerpulver verwenden, jedoch stets nur eine Prise.

KÜRBIS, STANGEN-SELLERIE, ZUCCHINI UND TOMATEN SÜSS-SAUER

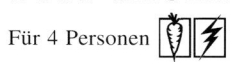

Für 4 Personen

1½ EL Honig
3 EL Reisessig oder
2–3 EL Weinessig
2 EL Sojasauce
3 EL Gemüsebrühe
1 gestrichener EL Stärke
2 EL Öl
½ Zwiebel, fein gehackt
1 TL frischer Ingwer, feine Streifchen
300 g Kürbis, 3 mm dünne Streifen
100 g Stangensellerie,
3 mm dünne Ringe
300 g Zucchini, 3 mm dünne Scheiben
200 g Tomaten, enthäutet, entkernt, kleine Würfel
50 g Walnüsse, gehackt

Honig, Reisessig, Sojasauce und Gemüsebrühe zu einer Sauce vermischen. Das Stärkepulver mit 2 EL Wasser anrühren. Öl im Wok oder einer großen Pfanne erhitzen. Zwiebeln und Ingwer unter Rühren kurz anbraten, Kürbisstreifen dazugeben, unter Rühren 1 Minute braten. Stangensellerie, Zucchini und Tomaten dazugeben, leicht salzen, unter Rühren 2 Minuten braten.
Die Saucenmischung unterrühren, Gemüse zugedeckt 2–3 Minuten dünsten. Stärkemischung unter die Gemüse rühren, kurz aufkochen lassen, vom Feuer nehmen.

Das Gemüse auf einer Platte anrichten, mit den Walnüssen bestreuen und sofort servieren.

MANDELPANIERTER SEITANG AUF CHINAKOHL IN ORANGENSAUCE

Für 4 Personen

Seitang, innen saftig, außen knusprig braun, mit gerösteten Mandeln überzogen, auf einem Bett von Chinakohl, mit einem Hauch Orangenaroma.

Seitang:
300 g Seitang, 1 cm dicke, mundgerechte Stücke
3 EL Sojasauce
1 Ei, verquirlt
200 g Mandelsplitter
6 EL Öl
Chinakohl:
2 EL Sojasauce
2 EL Reiswein oder trockener Sherry
50 ml frischer Orangensaft
1 Prise getrocknete Orangenschale oder abgeriebene Schale von
1 ungespritzten Orange
1 TL Honig
1 gestrichener EL Speisestärke
2 EL Öl
1 Zwiebel, hauchdünne Ringe
½ Chilischote, fein gehackt
500 g Chinakohl, ½ cm breite Streifen
Salz

Seitang: Beim Panieren nicht die gesamten Mandelsplitter auf einmal verwenden, die Mandelsplitter saugen zuviel Flüssigkeit von Sojasauce und Ei auf und können dann nicht mehr richtig verarbeitet werden.
Die Seitangstücke zuerst in der Sojasauce wenden, abtropfen lassen, im Ei und zuletzt in den Mandelsplittern wenden. In einer großen Pfanne das Öl erhitzen und den Seitang auf beiden Seiten in 4 – 6 Minuten knusprig braun braten. Seitang und die abgebröselten Mandelsplitter aus der Pfanne nehmen, im Backofen warm halten.
Chinakohl: Sojasauce, Reiswein, Orangensaft, Orangenschale und Honig vermischen. Speisestärke mit 3 EL Wasser anrühren. In einem Wok oder einer großen Pfanne 2 EL Öl erhitzen, Zwiebelringe und Chilischote kurz anbraten, den Chinakohl dazugeben, wenig salzen und 1 Minute unter Rühren braten. Die Orangensauce dazugeben, umrühren. Gemüse zugedeckt 2 Minuten dünsten. Angerührte Speisestärke unterrühren, kurz aufkochen lassen, Gemüse vom Feuer nehmen.
Gemüse auf eine Platte geben, die Seitangstücke und die Mandelsplitter darauf anrichten, sofort servieren.

PAPRIKA, TOMATEN, ZUCCHINI UND PILZE »SIRIKIT«

Für 4 Personen

3 EL Sojasauce
1 gestrichener EL Speisestärke
2 EL Öl
4 Knoblauchzehen, fein gehackt
2 gelbe Paprikaschoten, 3 mm dünne Streifen
100 g Karotten, 3 mm Scheiben
Salz
100 g Lauch, längs halbiert, 1 cm breite Streifen
200 g Zucchini, 5 mm dünne Scheiben
200 g Champignons, 3 mm dünne Scheiben
200 g Tomaten, geviertelt oder geschälte Tomaten aus der Dose
1 EL Petersilie, fein gehackt
2 EL geröstete Erdnüsse

Sojasauce und Speisestärke verrühren. In einem Wok oder einer großen Pfanne das Öl erhitzen, Knoblauch darin anbraten. Paprikastreifen und Karotten zufügen, unter Rühren 2 Minuten braten, leicht salzen. Lauch, Zucchini, Pilze und Tomaten zugeben, unter Rühren kurz braten und zugedeckt 6 Minuten dünsten. Die Sojamischung unter die Gemüse rühren und kurz aufkochen. Alles auf einer Platte anrichten und mit Petersilie und Erdnüssen garnieren.

AUBERGINEN, PILZE UND SPROSSEN MIT GERÖSTETEM SESAM

Für 3 Personen

1/2 EL ungeschälte Sesamkörner
3 EL Weißwein oder Sherry
2 EL Sojasauce
1 gestrichener EL Speisestärke
3 EL Öl
3 Knoblauchzehen, fein gehackt
1/2 Zwiebel, fein gehackt
300 g Auberginen, geschält, längs geviertelt, 3 mm dünne Scheiben
Salz
300 g Champignons, 5 mm dünne Scheiben
100 g Mungosprossen (Sojasprossen)
1 Frühlingszwiebel, feine Ringe

Sesamkörner in einer trockenen Pfanne unter Rühren kurz anrösten, bis sie anfangen hochzuspringen. Sofort vom Herd nehmen und in ein Schälchen geben. Weißwein, Sojasauce, Speisestärke und 1 Eßlöffel Wasser verrühren. Öl in einer Pfanne oder einem Wok erhitzen. Knoblauch und Zwiebel darin unter Rühren 1 Minute braten. Auberginenscheiben zufügen, leicht salzen, unter ständigem Rühren (sie kleben sonst an) 4 Minuten braten. Champignons zugeben und unter Rühren 5 Minuten braten. Sprossen untermischen und unter Rühren 2 Minuten braten. Die Sojamischung unter die Gemüse rühren und alles nochmals ganz kurz aufkochen. Das Gemüse auf einer Platte anrichten, mit geröstetem Sesam und Frühlingszwiebeln garnieren und sofort servieren.
Dazu Naturreis reichen.

AUSTERNPILZE UND ZUCKERERBSEN

Für 4 Personen

2 EL Öl
1/2 Zwiebel, fein gehackt
2 Knoblauchzehen, fein gehackt
400 g Austernpilze, mundgerechte Stücke
300 g Zuckererbsenschoten
Salz
1/2 gestrichener EL Speisestärke
2 EL Sojasauce
2 EL Sherry

Öl im Wok erhitzen. Zwiebeln und Knoblauch kurz anbraten. Austernpilze und Zuckererbsen dazugeben und unter Rühren 1–2 Minuten anbraten, leicht salzen. Gemüse zugedeckt 4 – 5 Minuten dünsten, einmal umrühren. Speisestärke mit Sojasauce und Sherry vermischen, unter das Gemüse rühren. Nochmal kurz aufkochen, dann sofort servieren.

SPINAT, LAUCH UND MUNGOSPROSSEN

(Foto rechts)
Für 2 bis 3 Personen

1½ EL Sojasauce
2 EL Weißwein
½ gestrichener EL Speisestärke
2 EL Öl
2 Knoblauchzehen, fein gehackt
1 TL frischer Ingwer, fein gehackt
250 g Lauch, 2 cm breite Streifen
Salz
100 g Mungosprossen
(Sojasprossen)
250 g Spinat
1 Frühlingszwiebel, feine Ringe

Sojasauce, Weißwein und Speisestärke verrühren. Öl in einer großen Pfanne oder einem Wok erhitzen, Knoblauch und Ingwer darin kurz anbraten. Lauch zufügen, leicht salzen und unter Rühren 4 Minuten braten. Sprossen untermischen und unter Rühren 1 Minute braten. Spinat dazugeben, Wok zudecken und den Spinat in 2–3 Minuten bei mittlerer Hitze zusammenfallen lassen. Die Sojasaucenmischung unter die Gemüse rühren und kurz aufkochen. Die Gemüse auf einer Platte anrichten und mit Frühlingszwiebeln garniert servieren. Dazu Naturreis reichen.

GEMÜSE »SHANGHAI«
Für 4 Personen

1 EL ungeschälter Sesam
3 EL Reiswein oder trockener Sherry
2 EL Sojasauce
1 gestrichener EL Speisestärke
2 EL Öl
1 TL frischer Ingwer, fein gehackt
500 g Lauch, längs halbiert,
½ cm breite Streifen
300 g Champignons, dünne Scheiben
150 g Mungosprossen

Sesamkörner in einer trockenen Pfanne anrösten, bis sie anfangen hochzuspringen. Vom Feuer nehmen. Reiswein und Sojasauce vermischen. Das Stärkepulver mit 2 EL kaltem Wasser anrühren.
Öl im Wok oder in einer großen Pfanne erhitzen. Ingwer kurz anbraten, Lauch dazugeben, unter Rühren 2 Minuten braten, die Pilze dazugeben, unter Rühren 2 Minuten braten. Die Sprossen dazugeben, unter Rühren 1 Minute braten. Reisweinmischung an die Gemüse gießen, 1 Minute dünsten. Stärkemischung unterrühren, kurz aufkochen. Wok vom Feuer nehmen.
Auf einer Platte anrichten und mit Sesam bestreut sofort servieren.
Eine besondere Note erhält dieses Gericht, wenn Sie Sesam-Kokos-Flocken darüberstreuen (siehe rechts).

GEMÜSE »OSHAWA«
Für 4 Personen

1 EL Öl
1 kleine Zwiebel, feine Ringe
200 g Blumenkohl, Röschen
200 g Lauch, 1½ cm Scheiben
200 g Weißkraut, 1½ cm Streifen
200 g Karotten, ½ cm dicke Stifte
200 g Rettich, ½ cm dicke Scheiben
2 EL Sojasauce
2 EL geröstete Sonnenblumenkerne

Das Öl im Wok oder einer großen Pfanne erhitzen. Die Zwiebel 2 Minuten unter Rühren anbraten, restliche Gemüse dazugeben. Unter Rühren 1 Minute braten, mit 300 ml Wasser und Sojasauce aufgießen. Zugedeckt 15 Minuten kochen lassen, einige Male umrühren. Mit Sonnenblumenkernen überstreut anrichten.

SESAM-KOKOS-FLOCKEN
Für 4 Personen

Diese schnell zubereitete Nuß-Gewürz-Mischung wird über fertig gebratene Wokgemüse gestreut.

½ EL Sesam
1 EL Kokosflocken, ungesüßt
½ TL Cumin
1 Prise Chili
abgeriebene Schale von
½ ungespritzten Zitrone
1 gute Prise Salz

Sesamkörner, Kokosflocken, Cumin und Chili im trockenen Wok kurz unter Rühren anrösten, bis die Sesamkörner anfangen zu springen. Zitronenschale und Salz unterrühren und vom Herd nehmen.

GRÜNE BOHNEN MIT CASHEWNÜSSEN
Für 4 Personen

500 g grüne Bohnen
Salz
2 EL Öl
2 Knoblauchzehen, fein gehackt
½ TL frischer Ingwer, gerieben
50 g Cashewnüsse, geviertelt
3 EL Sherry
2 EL Sojasauce
½ gestrichener EL Speisestärke

Die Bohnen in einem Sieb über Wasserdampf zugedeckt 7–10 Minuten garen, dickere Bohnen etwas länger. Bohnen in 3 cm lange Stücke schneiden.
Öl im Wok oder einer Pfanne erhitzen, Knoblauch und Ingwer kurz anbraten. Bohnen und Cashewnüsse hinzufügen, unter Rühren 2 Minuten braten. Einige Eßlöffel Wasser dazugeben und die Bohnen zugedeckt 2–3 Minuten dünsten. Sherry, Sojasauce und Stärke vermischen, zu den Bohnen gießen. Kurz aufkochen, dann sofort servieren.

Geröstetes Sesamöl. Asiatisches Gewürzöl, das aus gerösteten Sesamkörnern gepreßt wird. Wegen seines starken Aromas darf es nur tropfenweise verwendet werden. Geröstetes Sesamöl können Sie in asiatischen Lebensmittelgeschäften und in den Lebensmittelabteilungen großer Kaufhäuser kaufen. Die deutsche Übersetzung auf dem Etikett ist oft nur mit »reinem Sesamöl« angegeben. Trotzdem können Sie geröstetes Sesamöl nicht mit dem normalen zum Kochen verwendeten Sesamöl verwechseln. Geröstetes Sesamöl ist teurer, wird meist nur in kleinen Flaschen verkauft und hat eine unverwechselbare dunkelbraune Farbe. Chinesische Gemüsegerichte werden kurz vor dem Servieren mit einigen Tropfen geröstetem Sesamöl aromatisiert.

TEMPURA
Fritierte Gemüse auf japanische Art

Für 4 Personen

Die mit einem dünnen Teig überzogenen, fritierten Gemüsestückchen werden mit einer klaren Sauce gereicht. Tempura ist ein sehr beliebtes Gericht in Japan. Dort gibt es viele Restaurants, die sich auf die Zubereitung von Tempura spezialisiert haben. Ungewohnt für uns: Der Tempurateig ist sehr dünnflüssig. Er wird nur ganz kurz vermischt und nicht glatt gerührt.

Tempura-Sauce:
300 ml Gemüsebrühe
1 kleines Stück Kombualge
1 EL Sojasauce
1/2 EL Reiswein oder Sherry
Teig:
300 ml Eiswasser
130 g Mehl (Type 1050)
1/2 TL Speisestärke
1/2 Ei verquirlt
Zum Ausbacken:
750 ml Sonnenblumenöl
2 TL geröstetes Sesamöl,
(siehe Kasten)
Gemüse:
250 g Auberginen, 1 cm dicke Halbkreise
250 g Paprika, Streifen
250 g kleine Champignons
250 g Austernpilze, 5 cm große Stücke
100 g Zwiebeln, 1 cm dicke Scheiben

Sauce: Gemüsebrühe mit Kombu 5 Minuten leicht kochen. Sauce mit Sojasauce und Reiswein oder Sherry würzen.
Teig: Eiswasser und Mehl schnell verrühren; es sollen noch kleine Mehlklümpchen im Teig schwimmen. Speisestärke und Ei kurz unterrühren.
Sonnenblumenöl und Sesamöl in einem Wok oder einem flachen Topf erhitzen (das Öl soll ca. 8 cm hoch im Topf stehen). Das Öl ist heiß genug, wenn sich um einen hölzernen Kochlöffelstiel, den Sie in das Öl stecken, kleine Blasen bilden. Die Gemüsestückchen in den Teig tauchen, in das Öl gleiten lassen und auf der einen Seite 1–2 Minuten fritieren, wenden und 1–2 Minuten rundum hellbraun ausbacken. Sie können bis zu 6 Gemüsestückchen gleichzeitig fritieren. Achten Sie aber darauf, daß das Öl nicht zu heiß wird. Die fertigen Gemüse auf Küchenpapier abtropfen lassen und sofort auf einer mit Papierservietten belegten Platte servieren.
Jeder Gast bekommt ein Schälchen mit Tempura-Sauce, in die er die knusprigen Stücke eintaucht.
Wenn Sie Tempura als Hauptgericht servieren, dann Reis dazu reichen.
Ein kleiner Nachteil von Tempura: Köchin oder Koch stehen während des ganzen Essens in der Küche.

GEMÜSE

INDISCHE CURRY-GERICHTE

Indisch kochen bedeutet zurückgreifen auf eine jahrtausendealte Tradition der vegetarischen Küche, ein phantasievolles Zusammenspiel von Gemüsen, Hülsenfrüchten, Milchprodukten und Früchten mit einer verschwenderischen Vielfalt an Gewürzen und Kräutern.

Eine indische Tafel ist eine wohlausgewogene Mischung zwischen scharf und süß, mild und sauer, knusprig und weich: Cremig-mild, Broccoli und Karotten in Joghurt-Mandel-Sauce, dazu ein kräftiges, rot-grünes Gemüsecurry, ganz wichtig der Reis, zur Abwechslung einmal ein duftendes Pilaw mit Nüssen und Rosinen.

Aber auch weniger aufwendig gekocht, bringt die vegetarische indische Küche neuen Wind in festgefahrene Eßgewohnheiten. Ein gut gewürztes Gemüse-Curry, dazu Naturreis und Joghurt, ist schnell zubereitet und schmeckt auch Kindern, die sonst gar nichts von Gemüse halten.

Im Uhrzeigersinn von oben: Grünrotes Gemüsecurry (Rezept Seite 119); Trauben-Raita (Rezept Seite 126); Pfirsich-Orangen-Chutney (Rezept Seite 125); Minzchutney (Rezept Seite 124); frische Datteln; Blumenkohl-Auberginen-Kartoffel-Curry (Rezept Seite 124); Masoor Dal (Linsengericht, Rezept Seite 173); Pilaw in der Mitte (Rezept Seite 171)

GRÜN-ROTES GEMÜSECURRY

(Foto linke Seite)
Für 4 Personen

3 EL Öl
1/2 TL Cuminsamen
1 TL Curcuma
1 Prise gemahlene Nelke
1 Prise Zimt
Samen aus 2 Kardamomkapseln, im Mörser zerstoßen, oder
1/4 TL Kardamompulver
1 Prise Muskatblüte
1/2 TL Koriander
1 grüne Chilischote, fein gehackt
1 rote Chilischote, fein gehackt
300 g grüne Bohnen, Stücke
300 g rote Paprikaschoten, 1/2 cm breite Streifen
300 g Lauch, 1 cm breite Ringe
200 g Broccoli, kleine Röschen
300 ml Gemüsebrühe
Saft von 1/2 Limette oder Zitrone
3 EL frischer Koriander oder Petersilie, fein gehackt

Das Öl in einem flachen Topf oder Wok erhitzen, Cuminsamen anrösten. Curcuma, Nelke, Zimt, Kardamom, Muskatblüte, Koriander und Chili kurz mitrösten. Bohnen, Paprikaschoten und Lauch unter Rühren 2 Minuten anbraten, Broccoli hinzufügen, mit der Brühe aufgießen, umrühren. Die Gemüse in 20–30 Minuten zugedeckt garen, sie sollen noch einen leichten Biß haben. Zitronensaft untermischen, mit Salz abschmecken, mit frischem Koriander bestreut servieren.

SPINAT IN KOKOS-CURRY-SAHNE

Für 2 bis 3 Personen

500 g Spinat
Salz
4 Knoblauchzehen
2 EL Öl
1/2 TL Cumin
1 Prise Chili
2 EL Kokosflocken, ungesüßt
abgeriebene Schale von 1/4 ungespritzten Zitrone
125 ml Sahne

Den gewaschenen Spinat in einem großen Topf kurz in reichlich kochendem Salzwasser blanchieren, bis die Blätter zusammenfallen. Den Spinat in ein Sieb abgießen und gut abtropfen lassen. In dieser Zeit Knoblauch hacken. Öl in einer großen Pfanne erhitzen. Knoblauch darin kurz anbraten. Cumin und Chili zufügen und unter Rühren kurz anbraten. Spinat und Kokosflocken zugeben, ebenfalls kurz anbraten. Zitronenschale und Sahne mit dem Gemüse vermischen. Das Spinat-Kokos-Curry noch 2 Minuten kochen. Dabei die Sahnesauce etwas einkochen. Mit Naturreis servieren. Wunderbar schmeckt zum Spinat-Kokos-Curry ein Chutney aus frischen Mangos (Rezept Seite 127).

GEBRATENER SPINAT MIT CUMIN

Für 4 Personen

800 g Spinat
2 EL Öl
2 – 3 Knoblauchzehen, fein gehackt
1/2 TL Cuminsamen, im Mörser zerstoßen
Pfeffer
1 EL Zitronensaft

Den tropfnassen Spinat in einem großen Topf mit etwas Salz zugedeckt bei mittlerer Hitze zusammenfallen und in einem Sieb abtropfen lassen, Spinat leicht ausdrücken. Öl in einem Wok oder einer Pfanne erhitzen, Knoblauch und Cumin anbraten, Spinat dazugeben und 2 Minuten unter Rühren mitbraten, mit Pfeffer und Salz abschmecken. Den Spinat vom Feuer nehmen und mit Zitronensaft vermischen. Gebratener Spinat mit Cumin schmeckt auch kalt.

Chutneys sind stark gewürzte, scharfe, dicke Saucen aus rohen und gekochten Zutaten. Chutneys werden nur in sehr kleinen Mengen gegessen und in separaten Schälchen serviert. Jeder Gast kann sich sein Essen damit nach Belieben würzen.

BROCCOLI UND KAROTTEN IN JOGHURT-MANDEL-SAUCE

Für 4 Personen

Sauce:
2 EL Öl
200 g Zwiebeln, fein gehackt
3 Knoblauchzehen, fein gehackt
1 EL frischer Ingwer, gerieben
1 grüne Chilischote, fein gehackt
100 g Mandeln, abgezogen, gehackt
Samen von 5 Kardamomkapseln, im Mörser zerstoßen
1/2 –1 TL Zimt
1 große Prise geriebene Muskatnuß
1 Prise gemahlene Nelken
200 ml Joghurt (3,5% Fett)
300 ml Gemüsebrühe
50 ml saure Sahne
Salz
Gemüse:
1 EL Öl
300 g Karotten, 1/2 cm dicke Scheiben
400 g Broccoli, Röschen
200 ml Gemüsebrühe

Sauce: Öl erhitzen, Zwiebeln, Knoblauch, Ingwer und Chili in 10 Minuten unter Rühren goldbraun braten. Die Mandeln dazugeben, 2 Minuten mitbraten. Kardamom, Zimt, Muskatnuß und Nelke hinzufügen und kurz unter Rühren anrösten. Die Pfanne vom Feuer nehmen. Joghurt, Brühe und saure Sahne im Mixer oder mit dem Schneebesen vermischen, zu der Zwiebel-Gewürzmischung gießen und verrühren. Sauce zugedeckt 5 Minuten leicht kochen, mit Salz abschmecken, dann im Mixer glatt pürieren.

Gemüse: Öl erhitzen, die Karotten 2 Minuten anbraten. Broccoli dazugeben, kurz mitbraten. Die Joghurt-Mandel-Sauce an die Gemüse gießen, gut umrühren. Alles bei schwacher Hitze zugedeckt in 20–25 Minuten gar kochen, öfters umrühren. Wenn die Sauce zu dick wird, nach und nach die Gemüsebrühe unterrühren. Das fertige Gericht mit Salz abschmecken.

Dazu passen Pfirsich-Orangen-Chutney, Aprikosen-Bananen-Raita oder Trauben-Raita (alle Rezepte in diesem Kapitel).

Frischer Koriander. Ein für uns ziemlich unbekanntes Kräutlein ist frischer Koriander, mit einem unvergleichbaren, durch nichts zu ersetzenden Aroma.

In der indischen, arabischen, thailändischen, mexikanischen und karibischen Küche ist frischer Koriander ein charakteristisches Würzmittel.

Frischer Koriander ist nur auf großen Gemüsemärkten erhältlich, aber er läßt sich sehr leicht in Blumentöpfen ziehen. Sie können zwar auch ohne Koriander sehr gut indisch kochen, aber es gibt Leute, die wollen auf frischen Koriander, wenn sie ihn einmal probiert haben, nicht mehr verzichten (so wie ich).

ANANAS-PAPRIKA-CURRY IN KOKOSMILCH

Für 4 Personen

4 rote Paprikaschoten
300 ml dicke Kokosmilch mit Wasser
Salz
1/2 TL Curcuma
1 Nelke
1/4 TL Cumin
1/4 TL Koriander
1/4 TL Basilikum
1 Prise Chilipulver
1 Knoblauchzehe, fein gehackt
250 g frische Ananas, kleine Stücke
2 EL geröstete Erdnüsse, grob gehackt
1 EL frischer Koriander

Paprikaschoten im Ofen bei guter Hitze 30 Minuten backen, bis die Haut sich dunkelbraun verfärbt und Blasen wirft. Haut abziehen, Kerne entfernen, Paprika in 1 cm dicke Streifen schneiden.

Die Kokosmilch langsam unter Rühren zum Kochen bringen, mit Salz abschmecken. Curcuma, Nelke, Cumin, Koriander, getrocknetes Basilikum, Chili und Knoblauchzehe untermischen, 1 Minute köcheln, bis sich an der Oberfläche eine Ölschicht bildet. Ananasstücke 5 Minuten in der Sauce kochen, Paprikastreifen dazugeben, 3 Minuten mitkochen. Das Curry auf einer Platte anrichten, mit Erdnüssen und frischem Basilikum bestreuen.

KOKOSMILCH

Die Kokosflocken werden im Meßbecher nach der Maßeinheit von Flüssigkeit gemessen.

400 ml Kokosmilch (ca. 170 g)
600 ml Wasser oder Milch

In einem großen Topf Kokosflocken mit der Flüssigkeit zum Kochen bringen, umrühren, sofort vom Feuer nehmen und 15 Minuten ziehen lassen. Ein großes Sieb mit einem Küchenhandtuch auslegen. Das Sieb über eine Schüssel hängen. Das Püree hineingießen, abtropfen lassen. Die Milch aus den Kokosraspeln pressen. Das geht am einfachsten, wenn Sie die Kokosraspeln in eine Schüssel schütten und sie dann in kleineren Portionen wieder ins Küchenhandtuch geben. Das Handtuch zusammenfalten und wie beim Wäscheauswringen die Milch über dem Topf auspressen.
Das Rezept ergibt ca. 550–600 ml Kokosmilch.

DICKE KOKOSMILCH

400 ml Kokosflocken (ca. 170 g)
400 ml Wasser oder Milch

Vorgehensweise wie oben.
Ergibt ca. 400 ml dicke Kokosmilch.

ROTE BETE IN KOKOSMILCH MIT BASILIKUM

Für 4 Personen

Wer hätte das von unseren Roten Beten gedacht: Weltgewandt fühlen sie sich auch in einer exotischen Umgebung wohl. Genau wie das Basilikum.

300 ml dicke Kokosmilch, mit Wasser hergestellt (links)
100 ml Gemüsebrühe
1 Knoblauchzehe, gepreßt
Samen aus 2 Kardamomkapseln, im Mörser zerstoßen
1/4 TL Koriander
1/4 TL Cumin
1 Prise Chilipulver
1 Prise geriebene Muskatnuß
1 TL frischer Ingwer, gerieben
abgeriebene Schale von
1 ungespritzten Zitrone
Salz
500 g Rote Bete, 3 mm dünne Stifte
1 kleiner Bund Basilikum, fein gehackt

Kokosmilch und Gemüsebrühe in einem Wok oder Topf unter Rühren zum Kochen bringen, leicht köcheln, bis sich an der Oberfläche eine Ölschicht bildet. Knoblauch, Kardamom, Koriander, Cumin, Chili, Muskat, Ingwer, Zitronenschale hinzufügen, Sauce mit Salz abschmecken, 2 Minuten leicht kochen. Rote Bete dazugeben, alles gut vermischen. Rote Bete zugedeckt in 15–20 Minuten fertig garen. Ab und zu umrühren, das Gemüse soll noch einen leichten Biß haben. Vom Feuer nehmen. Mit Basilikum garnieren.

Kochen mit Kokosmilch. Mit der Kokosmilch eröffnet sich uns ein neues Feld kulinarischer Entdeckungen: Sämige Suppen, in denen sich der milde Kokosgeschmack mit frischem Zitronenaroma verbindet; Gemüse und Früchte in cremiger Kokosmilch gegart; sahnige Suppen; in Kokosmilch gedämpfter Reis und, nicht zu vergessen, üppige Desserts wie Kokossorbet (Seite 217) und Piña Colada Torte (Seite 228). In Indien, Thailand, der Karibik, in den südlichen Breitengraden, rund um die Welt, ist die Kokosmilch wichtiger Bestandteil der täglichen Ernährung. Überall, an endlosen Stränden, wachsen Kokospalmen, immergrüne Milchkühe des Südens.
Wesentlicher Bestandteil der Kokosmilch-Küche ist ein ausgeprägtes Zitronenaroma. In tropischen Ländern nimmt man dafür Zitronengras, Zitronenblätter und Limetten. Sie finden diese Zutaten auch bei uns in asiatischen Geschäften, aber diese Würzmittel müssen nicht sein; ich habe alle Rezepte mit abgeriebener Zitronenschale und Zitronensaft gekocht und war mit dem Geschmack sehr zufrieden.

BLUMENKOHL-CURRY

Für 3 Personen ⚡

Blumenkohl ist ein ideales Gemüse für Currygerichte. Die Blumenkohlröschen saugen sich voll mit würziger Sauce. Gemüse in Currysaucen gekocht, dürfen weich sein, aber nicht zerfallen; sie sollen ganz von den Aromastoffen durchdrungen sein.

1½ EL Öl
2 Knoblauchzehen, fein gehackt
1 Zwiebel, fein gehackt
250 ml Gemüsebrühe
1 Blumenkohl, mittelgroß, kleine Röschen
1 Prise Zimt
1 Prise Chili
1–2 TL Currypulver
3 EL Crème fraîche
Salz
Saft von ½ Zitrone
1 Tomate, kleine Würfel
1 EL Petersilie, fein gehackt

Öl in einem großen flachen Topf erhitzen, Knoblauch und Zwiebel darin 5 Minuten anbraten, ab und zu umrühren. In dieser Zeit Gemüsebrühe erhitzen und Blumenkohl kleinschneiden. Zimt, Chili und Currypulver zu der Zwiebel geben, kurz anrösten. Blumenkohl hinzufügen, unter Rühren kurz braten, mit der kochenden Brühe aufgießen, alles gut verrühren und das Gemüse zugedeckt 10–12 Minuten köcheln. Während der Kochzeit des Blumenkohls Crème fraîche mit einem kleinen Schöpfer heißer Sauce vermischen, unter die Gemüse rühren und kurz erhitzen. Das Curry mit Salz abschmecken, vom Herd nehmen und mit Zitronensaft würzen. Das Blumenkohlcurry mit Tomatenwürfeln und Petersilie garniert servieren.

Dazu Naturreis und Aprikosen-Chutney (Seite 124) reichen.

PAPRIKA-ZUCCHINI-CURRY

(Foto Seite 184)
Für 4 Personen

2 EL Öl
1 Zwiebel, fein gehackt
3 Knoblauchzehen, fein gehackt
1 TL Curry-Pulver
2 rote Paprika, feine Streifen
1 gelbe Paprika, feine Streifen
300 g Zucchini, Scheiben
Salz
300 g Tomaten, abgezogen, geviertelt
100 ml Gemüsebrühe
½ EL Koriander, fein gehackt

Öl erhitzen, Zwiebeln und Knoblauch unter Rühren kurz anbraten, Curry dazugeben, unter Rühren kurz anbraten. Paprika untermischen, leicht salzen, unter Rühren 5 Minuten braten. Zucchini dazugeben. Das Gemüse unter Rühren noch 3 Minuten braten. Tomaten und Gemüsebrühe dazugeben, das Gemüse zugedeckt 5 Minuten köcheln.
Mit Koriander garniert servieren.

Mörser: In einigen Rezepten taucht immer wieder der Ratschlag, einen Mörser zu benutzen, auf. Dieses Ur-Küchenutensil, man könnte es fast schon als Küchenfossil bezeichnen, hat sich in Jahrtausenden bewährt und ist mit dem Einzug der modernen Küchenmaschine in Vergessenheit geraten.

Leider – ist doch ein Mörser für die Herstellung von Gewürzmischungen und einigen Saucen durch nichts zu ersetzen. Sowohl vom Geschmack der so zubereiteten Gerichte als auch vom Arbeitsaufwand her. 2–3 Eßlöffel Gewürze sind im Mörser schnell zerkleinert, der Mörser wird ausgewischt oder abgewaschen, fertig. Welch ein Aufwand im Mixer, der für solch kleine Mengen höchst unpraktisch ist und dann zur Reinigung auch noch in alle Einzelteile zerlegt werden muß. Mörser gibt es aus Stein (meist Marmor), Holz und Porzellan. Ich empfehle Ihnen einen Mörser aus Stein oder Holz, er ist unverwüstlich.

Indische Curry-Gerichte

JUNGES GEMÜSE IN CURRY-KOKOS-CREME

(Foto unten)
Für 3–4 Personen

50 ml Sahne
2 gestrichene TL Speisestärke
60 g Kokosflocken
1 EL Öl
3 Knoblauchzehen, fein gehackt
1/2 TL Cumin
1/2 TL Koriander
1/2 TL Curcuma
1 Prise Chili
300 g junge Kohlrabi, 3 mm dünne Scheiben
200 g Karotten, 3 mm dünne Scheiben
400 g Zuckererbsen
1 TL Instant-Gemüsebrühe
abgeriebene Schale von 1/4 ungespritzten Zitrone
Salz
1 Handvoll Brunnenkresse, mundgerechte Stücke

Sahne mit Speisestärke und 1 Eßlöffel Wasser glattrühren. Kokosflocken mit 150 ml Wasser zum Kochen bringen, sofort vom Herd nehmen (kocht über!), durch ein Sieb gießen (Kokosmilch dabei auffangen) und mit dem Kochlöffel gut ausdrücken. In einer großen Pfanne oder einem Wok das Öl erhitzen. Knoblauch, Cumin, Koriander, Curcuma und Chili darin unter Rühren kurz anbraten. Kohlrabi und Karotten hinzufügen und unter Rühren 3 Minuten braten. Zuckererbsen dazugeben und unter Rühren kurz braten. Mit der Kokosmilch aufgießen, mit Instant-Gemüsebrühe und abgeriebener Zitronenschale würzen und zugedeckt 7 Minuten leicht kochen. Die Sahnemischung unterrühren, kurz aufkochen lassen, eventuell mit Salz abschmecken und vom Herd nehmen. Die Hälfte der Brunnenkresse unterrühren. Auf einer Platte anrichten und mit der restlichen Brunnenkresse garniert servieren. Dazu Naturreis reichen.

Um einen besonders intensiven Kokosgeschmack zu erhalten, die leicht ausgekühlten Kokosflocken mit der Hand oder in einem Tuch ausdrücken und die zusätzliche Kokosmilch unter die Sauce rühren.
Wenn es ein richtiges Festmahl werden soll, reichen Sie ein Mango- oder Aprikosen-Chutney (Seite 124 und 127) dazu.

BLUMENKOHL-AUBERGINEN-KARTOFFEL-CURRY IN KOKOSMILCH

(Foto Seite 118)
Für 4 Personen

2 EL Öl
100 g Zwiebeln, fein gehackt
4 Knoblauchzehen, fein gehackt
1/4 TL gemahlenes Kardamom
1 Stange Zimt
1/2 TL Cumin
1/2 TL Koriander
1 Prise Muskatblüte
1 Nelke
1 TL Curcuma
1 Chilischote
1 TL frischer Ingwer, gerieben
500 g Blumenkohl, kleine Röschen
300 g Auberginen, 1 cm dicke Stücke
200 g Kartoffeln, Würfel
Salz
400 ml Kokosmilch, mit Wasser zubereitet (siehe Seite 121)
100 ml Gemüsebrühe
Saft von 1/2 Zitrone oder Limette
1 Tomate, kleine Stücke

Öl erhitzen, Zwiebeln und Knoblauch 3 Minuten anbraten. Kardamom, Zimt, Cumin, Koriander, Muskatblüte, Nelke, Curcuma, Chilischote und Ingwer dazugeben, unter Rühren kurz anbraten. Blumenkohl, Auberginen und Kartoffeln dazugeben, mit den Zwiebeln und Gewürzen vermischen, leicht salzen. Die Gemüse 3 Minuten unter Rühren anbraten, mit Kokosmilch und Brühe aufgießen. Das Curry mit Salz abschmecken. Gemüse zugedeckt in 20 – 25 Minuten garkochen, ab und zu umrühren. Das fertige Curry vom Feuer nehmen, Limettensaft untermischen. Curry in einer Schüssel anrichten, mit Tomatenstücken garnieren. Dazu Minzchutney oder Rosinen-Zitronen-Chutney und Trauben-Raita (Seite 126) reichen.

ROSINEN-ZITRONEN-CHUTNEY

Für 4 Personen

250 g Rosinen
100 ml Wasser
1/2 EL frischer Ingwer, gerieben
1/2 TL Chilipulver
1/2 TL Salz
1 EL Zitronensaft
abgeriebene Schale von
1 ungespritzten Zitrone

Die Rosinen durch den Fleischwolf drehen, mit den übrigen Zutaten vermischen. Das Chutney in einem kleinen Topf mit schwerem Boden unter Rühren kurz aufkochen lassen. Hält sich in einem verschlossenen Behälter im Kühlschrank einige Tage.

PFIRSICH-ORANGEN-CHUTNEY

(Foto Seite 118)
Für 4 Personen

1 kg frische Pfirsiche
2 Orangen (1 Orange ungespritzt)
Saft von 2 1/2 Zitronen
2 – 6 rote Chilischoten
2 Stangen Zimt
4 Nelken
4 EL Honig
Salz

Die Pfirsiche kurz in kochendes Wasser legen, abgießen, Haut abziehen, in kleine Stücke schneiden.
Von einer Orange mit einem scharfen Messer die Schale dünn abschälen, die bittere weiße Haut darf nicht mit abgeschnitten werden. Die Orangenschale in sehr dünne Streifen schneiden. Die Pfirsiche, Orangenschale, den Saft von beiden Orangen, Zitronensaft, Chilischoten, Zimt, Nelken, Honig und 1 Prise Salz in einen Topf geben. Chutney zum Kochen bringen und 15–20 Minuten leicht kochen, ab und zu umrühren.
Das Chutney hält sich in einem verschlossenen Behälter im Kühlschrank eine Woche.

APRIKOSEN-CHUTNEY

(Foto rechts)
Für 4 Personen

300 g Aprikosen, kleine Schnitze
1½ EL Succanat oder Honig
1 Chilischote
1 Prise Zimt
1 Prise Kardamom
½ TL Ingwer, fein gehackt
abgeriebene Schale von
¼ ungespritzten Zitrone
50 ml Wasser

Alle Zutaten in einem kleinen Topf verrühren und 7 - 10 Minuten zugedeckt leicht kochen. Die Aprikosen sollen sehr weich sein, aber nicht ganz zerfallen.
Schmeckt heiß und kalt.

MINZCHUTNEY

(Foto Seite 118)
Für 4 Personen

2 Bund frische Minze, fein gehackt
2 Frühlingszwiebeln, dünne Ringe
1–2 grüne Chilischoten, fein gehackt
½ EL frischer Ingwer, gerieben
3 EL Zitronensaft
½ TL Salz

Alle Zutaten im Mixer pürieren, oder Minze, Frühlingszwiebeln und Chilischoten sehr fein hacken und mit den übrigen Zutaten vermischen. Hält sich in einem verschlossenen Behälter einige Tage im Kühlschrank.

INDISCHE CURRY-GERICHTE

KOKOS-KORIANDER-CHUTNEY

Für 4 Personen ⚡

Fruchtfleisch von ½ Kokosnuß, braune Haut entfernt, kleine Stücke
125–150 ml Wasser
Saft von 1 Zitrone oder Limette
1 EL frischer, Ingwer, gerieben
1 TL Salz
1 EL Öl
½ EL schwarze Senfkörner
1 Bund frischer Koriander, fein gehackt
2 grüne Chilischoten, fein gehackt

Kokosnuß, Wasser, Zitronensaft, Ingwer und Salz im Mixer pürieren (oder Kokosnuß fein reiben und mit Wasser, Zitronensaft, Ingwer und Salz vermischen).
Öl erhitzen, die Senfkörner anbraten, bis sie anfangen hochzuspringen. Senfkörner, Koriander und Chilischoten zu der Kokosmischung geben und gut verrühren.
Das Chutney hält sich in einem verschlossenen Behälter im Kühlschrank einige Tage.

> **Raitas – Indische Joghurtsaucen** – sind Joghurtcremes mit Früchten, Nüssen, Gemüsen und Gewürzen. Sie kühlen die Schärfe der Currygerichte. Wenn es schnell gehen soll, servieren Sie statt Raitas Naturjoghurt.

TOMATEN-PAPRIKA-RAITA

Für 4 Personen ⚡

1 EL Öl
1 TL schwarze Senfkörner
250 ml Joghurt (3,5% Fett)
150 g Tomaten, Kerne entfernt, kleine Würfel
½ grüne Paprikaschote, kleine Würfel
1 Frühlingszwiebel, dünne Ringe
Salz

Öl in einer kleinen Pfanne erhitzen. Senfkörner darin anbraten, bis sie anfangen hochzuspringen. Das heiße Öl und die Senfkörner mit dem Joghurt zu einer glatten Creme vermischen, Tomaten, Paprika und Frühlingszwiebeln unterrühren, mit Salz abschmecken. Kalt stellen.

GURKEN-MINZE-RAITA

Für 4 Personen ⚡

2 EL Minze, fein gehackt
½ Gurke, sehr kleine Würfel
250 g Joghurt
Salz

Alle Zutaten gut vermischen. Schmeckt am besten, wenn es einige Zeit im Kühlschrank durchzieht.

TRAUBEN-RAITA

(Foto Seite 118) ⚡
Für 4 Personen

250 ml Joghurt (3,5% Fett)
1 EL Honig
1 Prise geriebene Muskatnuß
200 g Trauben, halbiert, Kerne entfernt
4 EL Cashewnüsse, gehackt

Joghurt mit Honig und Muskatnuß glatt rühren. Trauben und Cashewnüsse untermischen, gekühlt servieren.

APRIKOSEN-BANANEN-RAITA

Für 4 Personen

100 g getrocknete Aprikosen
1 TL frischer Ingwer, gerieben
½ Banane
Samen aus 2 Kardamomkapseln, im Mörser zerstoßen
250 ml Joghurt (3,5% Fett)

Aprikosen waschen und 1 Stunde in 100 ml warmem Wasser einweichen. Die Aprikosen mit dem Einweichwasser und Ingwer zum Kochen bringen. 5 Minuten kochen, das Einweichwasser soll fast eingekocht sein. Die Aprikosen in kleine Stücke schneiden. Banane mit einer Gabel zerdrücken und schaumig rühren. Aprikosen, Banane, Kardamom und Joghurt vermischen, kalt stellen.

INDISCHE CURRY-GERICHTE

MANGO-CHUTNEY

(Foto rechts)
Für 4 Personen

Dieses Chutney wird nicht gekocht. Es ist im Handumdrehen angerührt. Wenn Sie völkerverbindend essen wollen, reichen Sie dieses erfrischende Chutney zum chinesischen Gemüse Mung Fu (Seite 111), es schmeckt hervorragend.

1 reife Mango, 3 mm große Würfel
2 TL frischer Ingwer, gerieben
Saft von 1 Zitrone
¼ TL Chili
¼ TL Zimt
1 Prise Kardamom
1 EL Honig
1 Prise Salz

Alle Zutaten für das Chutney gut vermischen

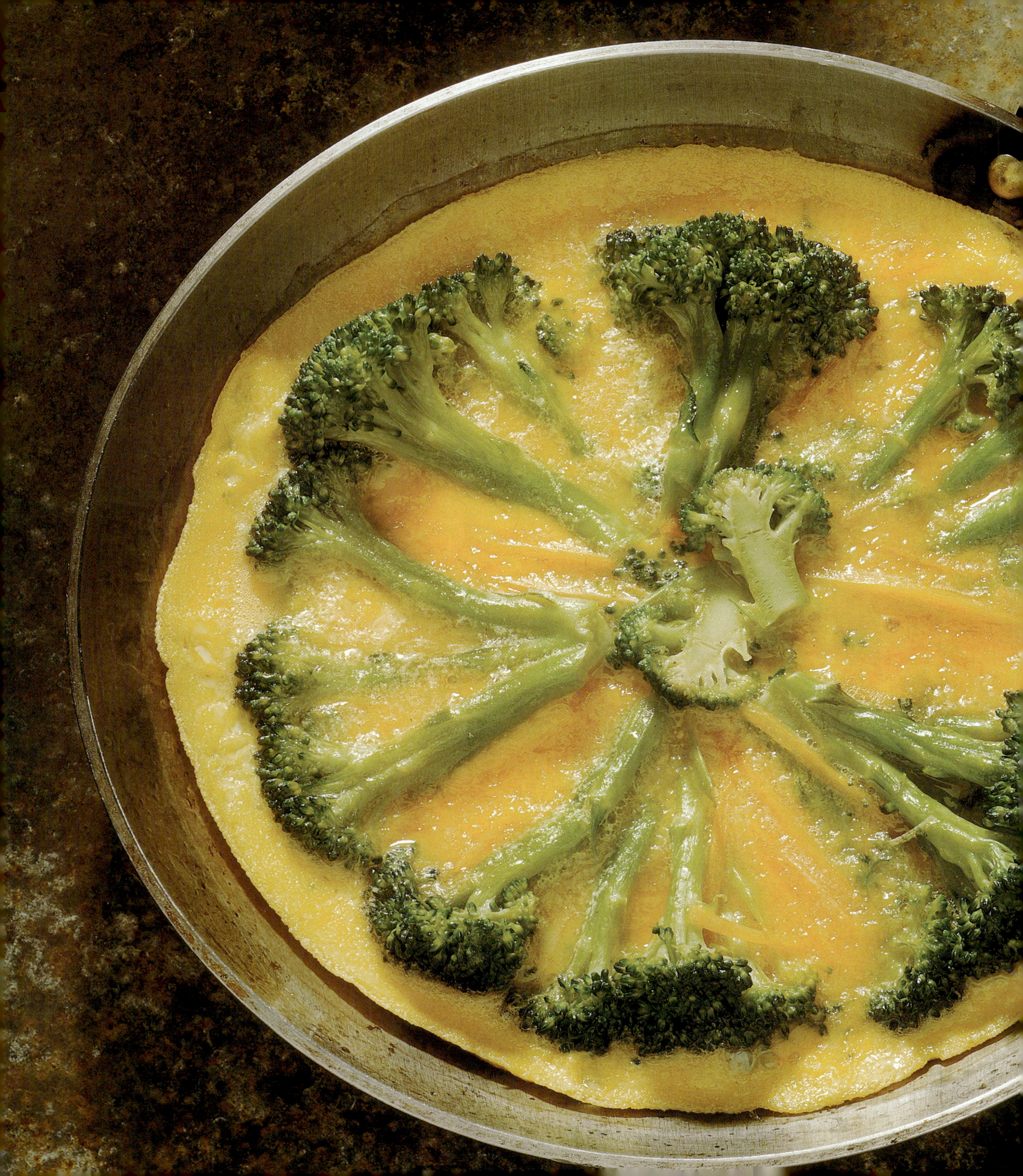

ALLES AUS EINER PFANNE

Resteküche

Reste werden rund um den Globus in der großen Pfanne zu sattmachenden Lieblingsgerichten verbraten und Eier auf allen Kontinenten in die Pfanne gehauen. In Süddeutschland: Spätzle mit Ei. In Thailand: Reis mit Gemüse. In Österreich: Knödel mit Ei. In Indien: Kartoffeln mit Spinat. Essenserfahrungen in nahen und fernsten Ländern verlängern die Liste beliebig.

Wenn Sie erst einmal gekochten Reis, Nudeln und Kartoffeln zur Hand haben, den kohlenhydratreichen Grundstock für die Restepfanne, genügt schon ein Blick ins Gemüsefach und ein Essen, das gar nichts vom negativen Beigeschmack des »übrig gebliebeb Seins« an sich hat, steht fast schon auf dem Tisch.

Gewürze, die aus den Einzelbestandteilen eine wohlschmeckende Komposition machen, sind, da lange haltbar, immer problemlos griffbereit. Inspizieren Sie Ihre Nußvorräte, bevor Sie mit dem Kochen anfangen. Mandelsplitter, Kokosflocken, Erdnüsse oder Sonnenblumenkerne werden zur Abrundung des Gerichtes in der großen Pfanne mitgebraten.

Frittata (Rezept Seite 130)

Eine beschränkte Auswahl an Zutaten muß keine Einschränkung des guten Geschmacks bedeuten. Die Kochkunst fängt nicht erst an, wenn Sie sämtliche luxuriöse Zutaten und verschwenderisch viel Zeit zur Verfügung haben. Jeden Tag findet sie statt, mit dem halbleeren Kühlschrank und 15 Minuten bis zum Essen. Sie haben noch 2 Karotten, 1/2 Stange Lauch, 1 Paprikaschote, 6 Spinatblätter, gekochten Reis, ein Stück Salatgurke und einen Becher Joghurt? Dann sind Sie bestens ausgerüstet für einen curry- und chili-gewürzten indischen Gemüsereis mit Gurken-Joghurt-Sauce. Die Rezeptvorschläge in diesem Kapitel lassen sich variieren und Ihrer ganz persönlichen Restelage anpassen. Das Kochen mit Resten, die dreifache Zeitersparnis: Sie sparen Zeit beim Kochen, weil Sie die Hälfte der Arbeit schon beim letzten Mal ohne mehr Arbeitsaufwand mit erledigt haben. Ob Sie 250 g Nudeln kochen oder 500 g bleibt sich gleich. Sie sparen Zeit beim Abwaschen. Alle Gerichte werden in einer Pfanne zubereitet und auch in dieser serviert. Und Sie sparen Zeit beim Einkaufen. Kochen Sie erst Ihren Kühlschrank leer, bevor Sie wieder einkaufen gehen. Sie werden sich wundern, wie viele Hauptgerichte noch in einem Kühlschrank stecken, angesichts dessen vermeintlicher Öde der Entsetzensschrei ertönt: »Die Läden sind zu und überhaupt nichts zum Essen da!«

»Aus dem Reste nur das Beste«, meinte schon Wilhelmina Husch, begnadete Dichterin und praktische Frau, darum auch begeisterte Resteköchin.

FRITTATA

(Foto Seite 128)
Für 4 Personen

2 EL Butter
2 EL Olivenöl
3 Knoblauchzehen, fein gehackt
2 EL Zwiebeln, fein gehackt
150 g Broccoli, sehr kleine Röschen
50 g Karotten, dünne Stifte
Salz
6 Eier
1 gute Prise Muskat
Pfeffer
2 EL Parmesan, frisch gerieben

1 EL Butter und 1 EL Öl in einer Pfanne erhitzen, Knoblauch und Zwiebeln dazugeben, unter Rühren kurz anbraten, Broccoli und Karotten dazugeben, leicht salzen, unter Rühren 3 Minuten braten.
In einer Schüssel die Eier verquirlen, mit Salz, Pfeffer und Muskat würzen. Die Gemüse unter die Eier mischen. Restliche Butter und Öl in einer großen, schweren Pfanne erhitzen, die Eiermasse eingießen und bei mittlerer Hitze zugedeckt stocken lassen. Sobald die Frittata unten goldgelb gebräunt ist, mit Hilfe eines Deckels oder Tellers wenden und nur noch kurz braten.
Mit geriebenem Käse servieren.

INDONESISCHER GEMÜSEREIS

Für 2–3 Personen

3 EL Öl
2 Knoblauchzehen, fein gehackt
1/2 Zwiebel, fein gehackt
50 g Mandeln
1 1/2 TL Currypulver
1 rote Paprikaschote, Ringe
100 g Broccoli, kleine Röschen
100 g Zucchini, 1 cm dicke Scheiben
100 g Lauch, längs halbiert,
1 cm breite Streifen
Salz
100 ml Gemüsebrühe
300 g gekochter Naturreis
1 1/2 EL Sojasauce
1 Tomate, kleine Würfel
1 EL Petersilie, fein gehackt

Öl in einer großen Pfanne erhitzen. Knoblauch, Zwiebeln und Mandeln darin 2 Minuten bei mittlerer Hitze anbraten. Currypulver zufügen und unter Rühren kurz anbraten. Paprikaschote und Broccoli zugeben und unter Rühren 2 Minuten anbraten. Zucchini und Lauch zufügen, die Gemüse salzen, unter Rühren 2 Minuten anbraten, mit der Gemüsebrühe aufgießen und eventuell mit Currypulver nachwürzen. Die Gemüse zugedeckt 6 Minuten dünsten. Reis und Sojasauce zu den Gemüsen geben, alles gut vermischen und unter Rühren braten, bis der Reis heiß ist. Den Gemüsereis mit Tomatenwürfeln und Petersilie garnieren. Reichen Sie Naturjoghurt dazu.

GEBRATENE AUBERGINENSCHEIBEN

(Foto rechts)
Für 4 Personen

750 g Auberginen, 1 cm dicke Scheiben
3 Eier, verquirlt
3–5 EL Mehl (Type 1050)
200 ml Olivenöl
Salz

Die Auberginenscheiben zuerst im Ei, dann im Mehl wenden. Im heißen Öl auf beiden Seiten goldbraun backen, auf einem Papierküchentuch abtropfen lassen. Auberginen leicht salzen, dann sofort servieren. Nach Belieben Zitronenachteln dazu reichen oder eine selbstgemachte kalte oder warme Tomatensauce (siehe Seite 84 und 90).
Mit einem leichten Landwein und Knoblauchbrot ein Genuß!

GEBRATENE NUDELN MIT ZUCCHINI UND KNOBLAUCH

Für 2 Personen ⚡

20 g Butter
3 Knoblauchzehen, dünne Scheiben
300 g Zucchini, 3 mm dünne Scheiben
Salz
300 g gekochte Vollkornspaghetti
40 g Parmesan, frisch gerieben
schwarzer Pfeffer, frisch gemahlen
1 EL Basilikum oder Petersilie, fein gehackt

Die Butter in einer großen Pfanne schmelzen. Knoblauch darin kurz anbraten. Zucchini hinzufügen, 3 Minuten anbraten (die Zucchini dürfen noch nicht glasig sein) und salzen. Nudeln dazugeben, mit den Zucchini vermischen und alles unter Rühren erhitzen. Den Parmesan unterrühren, salzen und pfeffern. Vom Herd nehmen und Basilikum oder Petersilie untermischen.

Frühlingszwiebeln. In der schnellen Küche bleibt oft keine Zeit, Zwiebeln langsam anzudünsten. Dünne Frühlingszwiebelringe, als knackige Dekoration über die fertigen Speisen gestreut, bereichern Gemüse, Pasta und Suppen. Ihr Aroma ist eine Mischung aus mildem Zwiebelgeschmack und Schnittlauch.

FRANZÖSISCHE LAUCH-KARTOFFEL-PFANNE

Für 2–3 Personen ⚡

Um die Garzeit des Lauchs zu verkürzen, schneiden Sie den Lauch zuerst der Länge nach durch und dann in Querstreifen.

2 EL Olivenöl
300 g Lauch, 1 cm Streifen
500 g gekochte Kartoffeln, dünne Scheiben
Salz
1 Prise geriebene Muskatnuß
1 Prise Piment
50 ml Milch
1 EL Sahne
150 g Brie, dünne Scheiben

Olivenöl in einer großen Pfanne erhitzen, Lauch unter Rühren darin 2 Minuten bei guter Hitze anbraten, dann 3 Minuten bei geringer Hitze dünsten. Die Kartoffeln unter den Lauch mischen. Mit Salz, Muskat und Piment abschmecken und unter Rühren bei guter Hitze kurz anbraten. Milch und Sahne zufügen, und alles zugedeckt 8 Minuten bei geringer Hitze schmoren. Den Käse auf den Gemüsen gleichmäßig verteilen und kurz bei geschlossenem Deckel schmelzen lassen.

GEBRATENE KARTOFFELN MIT SPINAT

Für 2–3 Personen ⚡

Diese beliebte Kombination einmal mit indischen Gewürzen.

500 g Spinat
Salz
3 EL Öl
2 Knoblauchzehen, fein gehackt
1 TL Cumin (Kreuzkümmel)
1 TL Koriander
1 Prise Chili
500 g gekochte Kartoffeln, dünne Scheiben
50 ml Gemüsebrühe
4 EL saure Sahne

Spinat mit etwas Salz in einem geschlossenen Topf bei mittlerer Hitze in 5 Minuten zusammenfallen und in einem Sieb abtropfen lassen. Öl in einer großen Pfanne erhitzen. Knoblauch darin kurz anbraten, die Gewürze hinzufügen, unter Rühren kurz anbraten, die Kartoffelscheiben untermischen, salzen und 5 Minuten braten. Mit der Gemüsebrühe aufgießen und zugedeckt 2 Minuten dünsten. Den abgetropften Spinat unter die Kartoffeln mischen, 1 Minute mitbraten und mit Salz abschmecken. Die Gemüsepfanne vom Herd nehmen, 2 EL saure Sahne unterrühren und mit der restlichen sauren Sahne garnieren.

GEBRATENE NUDELN MIT WILDKRÄUTERN

(Foto rechts)
Für 2–3 Personen

**50 g Butter
1 kleine Zwiebel, fein gehackt
3 Knoblauchzehen, fein gehackt
100 g Wildkräuter, kleine Stücke
(Bärlauch, Löwenzahn, Girsch,
Gänseblümchen)
Salz
300 g gekochte Vollkorn-Spaghetti
schwarzer Pfeffer, frisch gemahlen
50 g Parmesan, frisch gerieben
30 g geröstete Sonnenblumenkerne**

Butter in einer großen Pfanne schmelzen, Zwiebel und Knoblauch unter Rühren goldgelb braten. Wildkräuter dazugeben, leicht salzen, kurz unter Rühren braten. Nudeln unterrühren, kurz erhitzen, mit Salz und Pfeffer würzen. Nudeln vom Feuer nehmen, Käsa und Sonnenblumenkerne untermischen.

Wer keine Zeit zum Sammeln hat, ersetzt die Wildkräuter durch jungen Blattspinat.

BANGKOK REIS

Für 2–3 Personen

3 EL Öl
3 Knoblauchzehen, fein gehackt
½ TL Cumin (Kreuzkümmel)
½ Koriander
½ Curry
100 g Karotten, 3 mm dünne Scheiben
1 Stiel Stangensellerie, 3 mm dünne Scheiben
Salz
100 g Champignons, 5 mm dünne Scheiben
100 g Tofu, kleine Würfel
50 g Mungosprossen (Sojasprossen)
2 EL Kokosflocken, ungesüßt
300 g gekochter Naturreis
2 EL Sojasauce
1 Prise abgeriebene Schale von einer ungespritzten Zitrone
2 Frühlingszwiebeln, feine Ringe
1 EL Petersilie, fein gehackt

Öl in einer Pfanne oder einem Wok erhitzen. Knoblauch darin kurz anbraten. Cumin, Koriander, Curry hinzufügen und unter Rühren kurz anbraten. Karotten und Selleriescheiben zufügen, unter Rühren 3 Minuten braten und leicht salzen. Champignons, Tofu und Mungosprossen hinzufügen und unter Rühren 1 Minute braten. Kokosflocken mit den Gemüsen vermischen und kurz mitbraten. Reis ebenfalls untermischen, mit Sojasauce und abgeriebener Zitronenschale würzen und unter Rühren braten, bis der Reis heiß ist. Auf einer Platte anrichten, mit Frühlingszwiebeln und Petersilie garnieren.
Dazu paßt ein Mango-Chutney (Seite 127).

INDISCHE BRATKARTOFFELN

Für 4 Personen

2 EL Öl
2 TL schwarze Senfkörner
1 Zwiebel, fein gehackt
3 Knoblauchzehen, fein gehackt
1 frische, grüne Chilischote, fein gehackt
½ TL Curcuma
750 g gekochte Kartoffeln, dünne Scheiben
50 ml Gemüsebrühe
Salz

Öl in einer Pfanne erhitzen, Senfkörner anbraten, bis sie anfangen hochzuspringen. Zwiebeln, Knoblauch und Chili dazugeben, goldbraun anbraten, Curcuma unterrühren, kurz anrösten. Kartoffeln dazugeben, alles gut vermischen. Die Kartoffeln anbraten, Brühe dazu gießen. Die Kartoffeln bei geschlossenem Deckel einige Minuten dünsten lassen, mit Salz abschmecken. Zu indischen Bratkartoffeln passen Raitas, Chutneys (siehe Seite 124–127) und gebratener Spinat mit Cumin.

JAPANISCHES OMELETT

Für 4 Personen

Die Omeletts werden mit Sojasauce und Reis gegessen oder einfach als Snack mit Brot.

4–5 EL Öl
1 TL ungeschälte Sesamkörner
1 Karotte, streichholzdünne, 1 cm lange Stifte
½ grüne Paprikaschote, streichholzdünne Stückchen
4 Frühlingszwiebeln, dünne Ringe
1 Knoblauchzehe, sehr fein gehackt
150 g Tofu, sehr kleine Würfel
1 EL Sojasauce
1 TL Honig
5 Eier, verquirlt

1 EL Öl erhitzen, die Sesamkörner kurz anbraten. Karotte, Paprika, Frühlingszwiebeln und Knoblauch dazugeben, unter Rühren 2 Minuten braten. Tofuwürfelchen 1 Minute unter Rühren mitbraten. Sojasauce und Honig unterrühren, kurz weitergaren, bis die Flüssigkeit verdampft ist. Gemüsemischung vom Feuer nehmen, mit den verquirlten Eiern in einer Schüssel vermischen.
Für jedes Omelett etwas Öl in einer Pfanne erhitzen, einen kleinen Schöpfer Teig in der Pfanne verteilen, zudecken, stocken lassen, die Omeletts auf beiden Seiten knusprig braun braten.

ZUCCHINI-SPINAT-OMELETT

(Foto rechts)
Für 4 Personen

300 g Spinat
6 Eier
200 g Zucchini, dünne Scheiben
3 Knoblauchzehen, fein gehackt
1 Bund Petersilie, fein gehackt
1 EL Basilikum, fein gehackt
1 Salbeiblatt, fein gehackt
Salz
Pfeffer
5 EL Olivenöl

Den tropfnassen Spinat in einem Topf zugedeckt 3 Minuten zusammenfallen lassen. In einem Sieb abtropfen lassen und leicht ausdrücken, in Stücke schneiden.

Eier verquirlen, mit Knoblauch, Krräutern, Spinat und Zucchini vermischen, mit Salz und Pfeffer würzen.

In einer großen Pfanne 2 EL Olivenöl erhitzen, Eiermasse eingießen, kurz bei guter Hitze anbraten, dann zugedeckt bei milder Hitze stocken lassen.

Das Omelette mit einem Topfdeckel oder Teller umdrehen, noch etwas Öl in die Pfanne geben, das Omelett wieder in die Pfanne gleiten lassen und noch kurz braten.

Mit Salbeiblättchen garniert servieren.

THAILÄNDISCHER REIS MIT SPIEGELEI

Für 2 Personen ⚡

2 EL Öl
1 Knoblauchzehe, fein gehackt
1 Karotte, 3 mm dünne Scheiben
50 g Sellerie, 3 mm dünne Stifte
80 g Weißkraut,
3 mm dünne Streifen
50 g Mungosprossen (Sojasprossen)
1 Handvoll Spinatblätter
200 g gekochter Naturreis
1 gute Prise Chili
2 EL Sojasauce
½ EL Butter
2 Eier
Salz
1 Frühlingszwiebel, feine Ringe

Öl in einer großen Pfanne oder einem Wok erhitzen, Knoblauch darin kurz anbraten. Karotte, Sellerie und Weißkraut zufügen und unter Rühren 3 Minuten braten. Sprossen zugeben und unter Rühren 1 Minute braten. Spinat zufügen und unter Rühren zusammenfallen lassen. Den Reis mit den Gemüsen vermischen und das Gericht unter Rühren 2 Minuten braten. Chili und Sojasauce zugeben, noch 1 Minute braten, zudecken und bei geringer Hitze warm halten. In einer Pfanne die Butter schmelzen und 2 Spiegeleier braten. Die Eier leicht salzen. Den Gemüsereis mit den Eiern auf einer Platte anrichten und mit Frühlingszwiebeln garniert servieren. Reichen Sie als zusätzliches Würzmittel Gomasio dazu (Seite 73).

TORTILLA ESPAÑOLA
Tortilla mit Kartoffeln

(Foto rechte Seite)
Für 6–8 Personen

1 mittlere Zwiebel, fein gehackt
9 EL Olivenöl
400 g gekochte Kartoffeln,
kleine Stücke
8 Eier
Salz
Pfeffer

Zum Angewöhnen finde ich es einfacher, wenn man die Tortilla auf zwei Mal in einer kleinen Pfanne mit ca. 20 cm Durchmesser bäckt. Zwiebel in 2 EL Olivenöl knusprig braun braten, die Kartoffeln dazugeben, salzen und kurz mitbraten.
4 Eier in einer Schüssel mit dem Schneebesen verrühren, die Hälfte der Kartoffeln und der Zwiebeln dazugeben, mit Salz und Pfeffer abschmecken und gut vermischen.
In der Pfanne 2 EL Olivenöl erhitzen, die Eier-Kartoffel-Mischung in die Pfanne geben und ganz kurz auf hoher Flamme anbraten, dann auf kleine Flamme schalten. Mit dem Rührlöffel die schon fest gewordene Eiermasse vom Pfannenrand lösen und flüssiges Ei nachfließen lassen. Die Tortilla 5 Minuten ohne Deckel braten, dann zugedeckt noch 8–10 Minuten bei schwacher Hitze braten. Die Tortilla soll fast bis zur Oberfläche fest sein. Pfanne mit einem Teller oder Topfdeckel bedecken und die Tortilla darauf stürzen. 2 EL Olivenöl in der Pfanne erhitzen, die Tortilla in die Pfanne gleiten und noch einige Minuten braten lassen, bis auch die zweite Seite schön goldbraun ist.
Mit den restlichen Eiern und Kartoffeln genauso verfahren.

Die folgenden Tortillas werden nach dem Grundprinzip der Tortilla Española hergestellt, es wechseln nur die Gemüseeinlagen.

TORTILLA MIT GRÜNEN BOHNEN

8 Knoblauchzehen, dünne
Scheibchen
400 g gekochte Bohnen,
3 cm lange Stücke

Knoblauch in Olivenöl anbraten, bis er sich leicht gelb färbt, Bohnen 2 Minuten mitbraten.

TORTILLA MIT CHAMPIGNONS

3 Knoblauchzehen, fein gehackt
400 g Champignons, geviertelt

Knoblauch in Olivenöl kurz anbraten, Champignons dazugeben und einige Minuten braten.

KNOBLAUCH-TORTILLA

Für 2 Personen ⚡

Schmeckt heiß und kalt und eignet sich gut für ein Picknick.

4 Eier
schwarzer Pfeffer, frisch gemahlen
Salz
3 EL Olivenöl
4 Knoblauchzehen, dünne Scheibchen

Eier verrühren, mit Pfeffer und Salz abschmecken. In einer kleinen Pfanne 1/2 Eßlöffel Öl erhitzen. Knoblauch darin goldgelb anbraten. Knoblauch unter die Eier rühren.
1 Eßlöffel Olivenöl erhitzen und die Eiermasse in die Pfanne gießen. Die Eier stocken lassen, schon festes Ei vom Rand der Pfanne mit dem Kochlöffel in die Mitte schieben. Wenn die Masse fast fest ist, die Pfanne zudecken und die Eier vollständig stocken lassen. Die Tortilla auf einen Teller stürzen.
Das restliche Olivenöl erhitzen, die Tortilla in die Pfanne gleiten lassen und auch auf der zweiten Seite goldgelb backen.
Mit einem bunten, knackigen Salat ist die Tortilla ein schnelles Sommeressen. Schmeckt auch mit Kartoffelsalat.

Tortilla Española

PIPÉRADE
Provençalische Eier

Für 4 Personen

Rührei, mit einer Sauce aus Paprikaschoten und Tomaten bestrichen, und mit frischen Kräutern bestreut.

2 EL Butter
1½ EL Olivenöl
1 Zwiebel, fein gehackt
2 Knoblauchzehen, fein gehackt
½ grüne Paprikaschoten, dünne Streifen
500 g Tomaten, abgezogen, kleine Würfel
Salz
1 Prise Cayennepfeffer
8 Eier, verquirlt
Pfeffer
2 EL Schnittlauch, fein geschnitten
1 EL Petersilie, fein gehackt
1 EL frisches Basilikum, fein gehackt

1 EL Butter und 1 EL Olivenöl in einer Pfanne erhitzen. Zwiebeln und Knoblauch 10 Minuten glasig dünsten. Paprikaschote dazugeben, 3 Minuten unter Rühren anbraten, die Tomaten hinzufügen, mit Salz und Cayenne würzen und die Gemüse in 15 Minuten zu einer dicken Sauce einkochen. Die verquirlten Eier mit Salz und Pfeffer würzen. In einer großen Pfanne restliche Butter und Olivenöl erhitzen, die Eier hineingießen, unter Rühren zu einer lockeren Masse braten. Vom Feuer nehmen, die heiße Gemüsemischung auf den Eiern verstreichen, mit den frischen Kräutern bestreuen. Servieren Sie die Pipérade gleich aus der Pfanne. Dazu schmeckt Knoblauchbrot!

FRITIERTE GEMÜSEHAPPEN

Für 4 Personen

Für das Gelingen dieses Gerichtes ist es entscheidend, daß alle Gemüse sehr klein und sehr dünn geschnitten sind.

3 Knoblauchzehen, fein gehackt
150 g Karotten, streichholzdicke, 3 cm lange Stifte
½ Paprikaschote, streichholzdicke, 3 cm lange Stifte
150 g Sellerie, streichholzdicke, 3 cm lange Stifte
150 g Weißkraut, 3 cm lange Streifen
3 Frühlingszwiebeln, dünne Ringe
150 g Blumenkohl, dünne Scheibchen
50 g Mungsprossen
2 EL Petersilie, fein gehackt
5 Eier
2 EL Chili-Koriander-Paste
4–5 EL Mehl (Type 1050)
Salz
Öl zum Fritieren

Alle Zutaten gut vermischen, der Gemüseteig wird ziemlich flüssig. Das Fritieröl erhitzen, mit dem Eßlöffel kleine Gemüsehäufchen ins Öl setzen, auf beiden Seiten knusprig braten.

CHINESISCHE GEBRATENE NUDELN

Für 2–3 Personen

2 EL Sojasauce
2 EL Weißwein
½ TL Honig
1 Prise Chili
1 gestrichener EL Speisestärke
2 EL Öl
1 Knoblauchzehe, fein gehackt
1 rote Paprikaschote, feine Streifen
Salz
100 g Broccoli, kleine Röschen
100 g Austernpilze, Streifen
100 g Lauch, längs halbiert, 5 mm breite Streifen
50 g Mungosprossen (Sojasprossen)
300 g gekochte Vollkorn-Spaghetti
1 EL Petersilie, fein gehackt
2 EL geröstete Erdnüsse

Sojasauce, Weißwein, Honig, Chili und Speisestärke verrühren. Öl in einer Pfanne oder einem Wok erhitzen, Knoblauch darin kurz anbraten. Paprikastreifen zufügen, unter Rühren 3 Minuten braten und leicht salzen. Broccoli, Champignons und Lauch zugeben und unter Rühren 4 Minuten braten. Sprossen hinzufügen und unter Rühren kurz braten. Nudeln unter das Gemüse mischen, unter Rühren braten, bis die Nudeln heiß sind. Sojasaucenmischung unterrühren und kurz erhitzen, bis die Sauce eindickt.
Die Nudeln auf einer Platte anrichten, mit Petersilie und Erdnüssen garniert servieren.

GRIECHISCHE KARTOFFELPFANNE

(Foto rechts)
Für 2–3 Personen

4 EL Olivenöl
4 Knoblauchzehen, dünne Scheiben
1 rote Paprikaschote, 3 mm dünne Streifen
1 grüne Paprikaschote, 3 mm dünne Streifen
¼ TL Oregano
Salz
400 g gekochte Kartoffeln, dünne Scheiben
2 Tomaten, Würfel
¼ TL Paprikapulver, scharf
¼ TL Rosenpaprika, edelsüß
150 g Schafskäse (Feta)
2 Frühlingszwiebeln

Olivenöl in einer großen Pfanne erhitzen, Knoblauch darin kurz anbraten, Paprikastreifen zufügen, bei starker Hitze unter Rühren 2 Minuten anbraten, mit Oregano und Salz würzen und bei geringer Hitze 3 Minuten dünsten. Kartoffelscheiben in die Pfanne geben, mit den Paprikastreifen vermischen, kurz anbraten, Tomatenwürfel und Paprikapulver zufügen, mit Salz abschmecken und unter Rühren kurz anbraten. Die Gemüsepfanne zugedeckt 5 Minuten bei mittlerer Hitze schmoren lassen. Das Gericht mit Fetawürfeln und Zwiebelringen bestreuen und gleich servieren.

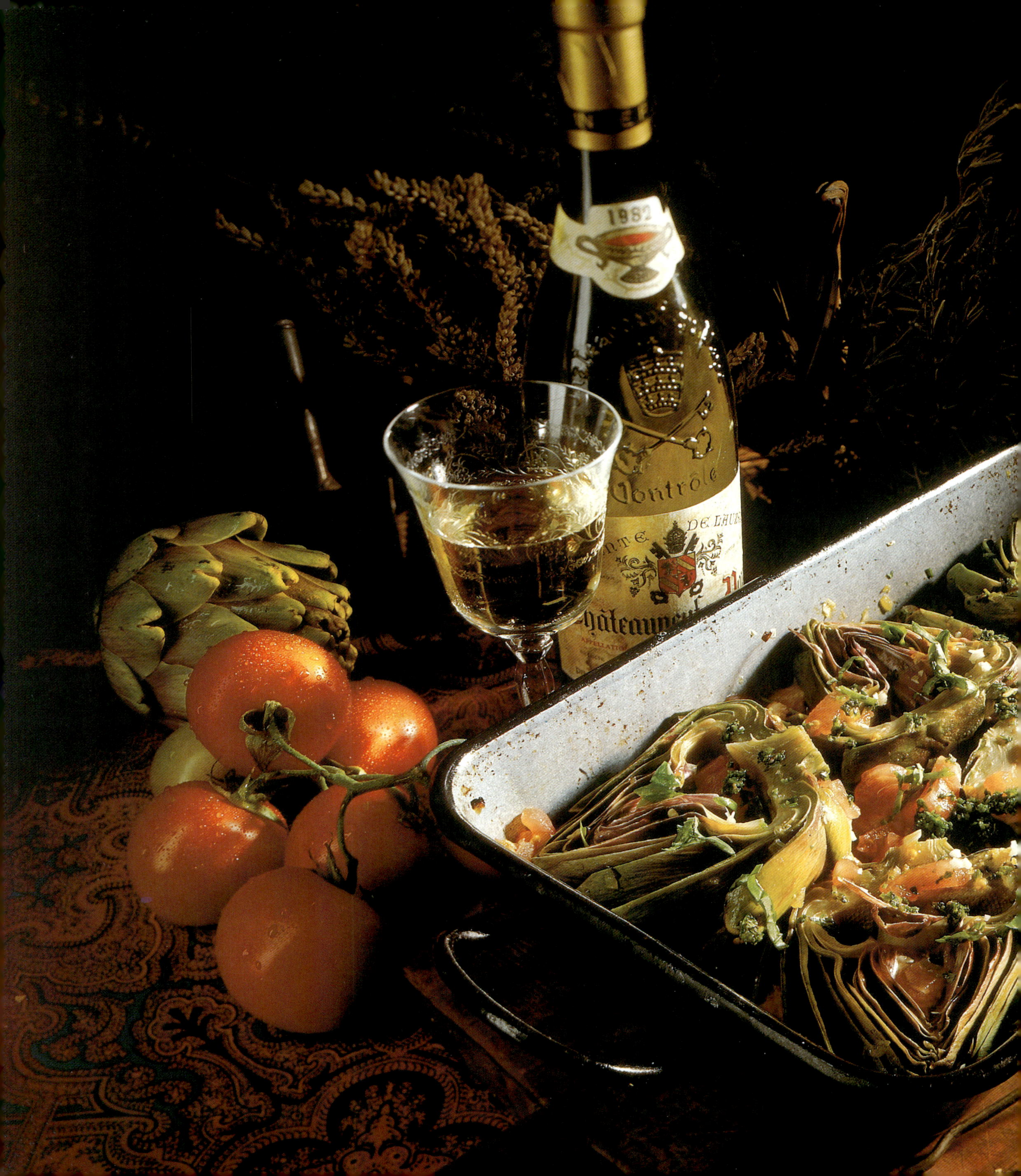
1982

AUS DEM BACKOFEN

Mit wenig Aufwand große Wirkung.

Mit Gerichten aus dem Ofen tut sich die Köchin und der Koch selbst einen Gefallen. Rasch sind die Zutaten klein geschnitten und in die Form geschichtet. Steht das Gericht erst einmal im heißen Ofen, kann man sich mit Muße einem Salat oder Dessert widmen. Besonders bewähren sich Ofengerichte bei Einladungen, mindern sie doch den Streß. Und ein weiterer Vorteil: Ofengerichte sind mundwässernd anzusehen und schmecken herrlich deftig. Grüne Broccoliröschen, rote Tomatenscheiben, schwarze Olivenstückchen – umschmolzen von weißem Schafskäse. Saftige Auberginenscheiben mit Mozzarella und Parmesan. Auf die Ahs und Ohs, wenn das Essen aufgetragen wird, kommt es an.

Kochen kann eine sehr zufriedenstellende Tätigkeit sein. Sofort kommt die Reaktion auf die Arbeit, das Instant-Lob. Kein stunden- oder gar jahrelanges Warten auf die Anerkennung, gleich können die Esser in Begeisterung ausbrechen, und je schöner ein Gericht aussieht, wenn es aufgetragen wird, um so schneller tun sie es.

Artischocken à la provençale
(Rezept Seite 142)

Gemüse, Gratins und Soufflés

ARTISCHOCKEN À LA PROVENÇALE

(Foto Seite 140)
Für 4 Personen

Als Vorspeise reicht die Menge für 8 Personen.

**4 große Artischocken, geputzt
Salz
100 ml Olivenöl
2 mittlere Zwiebeln, fein gehackt
4 Knoblauchzehen, fein gehackt
500 g Tomaten, abgezogen, kleine Würfel
1 Lorbeerblatt
einige Stiele frischer Thymian
1/2 Bund Petersilie, fein gehackt
Saft von 1/2 Zitrone
300 ml trockener Weißwein
250 ml Gemüsebrühe**

Artischocken halbieren und in reichlich Salzwasser 10 Minuten kochen, abgießen, abtropfen lassen. In einem großen, flachen Topf mit schwerem Boden das Olivenöl erhitzen. Zwiebeln und Knoblauch glasig dünsten. Die Artischocken in den Topf legen, der Topfboden soll ganz mit den Artischocken bedeckt sein. Die Artischocken im Öl wenden, leicht salzen und 10 Minuten anbraten. Tomaten, Lorbeerblatt, Thymian und Petersilie über den Artischocken verteilen, Zitronensaft, Weißwein und Brühe dazugießen. Die Flüssigkeit zum Kochen bringen und die Artischocken im gut verschlossenen Topf im vorgeheizten Ofen bei mäßiger Hitze 1 Stunde dünsten lassen.
Mit Vollkornbaguette servieren.

AUBERGINENPIZZA MIT KALTER TOMATEN-OLIVEN-SAUCE

(Foto rechte Seite)
Für 4 Personen

**6 EL Olivenöl
700 g Auberginen, 1 cm dicke Scheiben
Salz
300 g Mozzarella, dünne Scheiben
50 g Parmesan, frisch gerieben
Tomaten-Oliven-Sauce:
300 g Tomaten, sehr kleine Würfel
12 schwarze Oliven, entsteint, kleine Stücke
1 Knoblauchzehe, fein gehackt
1 Bund Petersilie, fein gehackt
2 Frühlingszwiebeln, feine Ringe
1 Prise Basilikum
1 Prise Oregano
1 Prise Thymian
2 EL Olivenöl
schwarzer Pfeffer, frisch gemahlen
Salz**

Ein Backblech mit 2 Eßlöffeln Olivenöl bestreichen, die Auberginenscheiben darauf legen, leicht salzen, mit 2 Eßlöffeln Olivenöl beträufeln, im vorgeheizten Ofen bei mittlerer Hitze 15 Minuten backen. Die Auberginenscheiben wenden, eventuell noch etwas Öl auf das Blech geben. Die Auberginenscheiben mit dem Mozzarella belegen und mit Parmesan bestreuen. Die Auberginenpizza 5 Minuten backen.
Tomaten-Oliven-Sauce: Alle Zutaten gut miteinander vermischen. Die Sauce zu den überbackenen Auberginen reichen. Schmeckt zu Reis, Polenta oder Hirse.

SCHAFSKÄSE-KRÄUTER-SOUFFLÉ

Für 4 Personen

**1/2 TL Butter
300 g Schafskäse (Feta), Stücke
200 g Quark
3 Eier
50 g Weizenvollkornmehl
1 Bund Petersilie, fein gehackt
2 EL Dill, fein gehackt
2 Knoblauchzehen, gepreßt
1 Prise Basilikum
1 Prise Thymian
1 Prise Oregano
schwarzer Pfeffer, frisch gemahlen**

Eine kleine Auflaufform (ca. 20 cm Durchmesser) mit der Butter fetten. Alle Zutaten mit dem Handrührgerät vermischen. Die Masse in die Form streichen. Das Soufflé im vorgeheizten Ofen bei mittlerer Hitze 20 Minuten backen.
Dazu paßt ein gemischter Salat.

ZUCCHINIGRATIN MIT KALTER TOMATEN-KRÄUTER-SAUCE

Für 4 Personen

- 1 EL Butter
- 800 g Zucchini, 5 mm dünne Längsscheiben
- Salz
- 100 ml Sahne
- 60 g Parmesan, frisch gerieben

Tomaten-Kräuter-Sauce:
- 3 Tomaten, sehr kleine Würfel (3 mm)
- 1 kleines Bund Basilikum, fein gehackt
- 1 Frühlingszwiebel, feine Ringe
- 1 Knoblauchzehe, fein gehackt
- 1 EL Olivenöl
- schwarzer Pfeffer, frisch gemahlen
- Salz

Eine große, flache Auflaufform mit 1 Teelöffel Butter fetten. Zucchinischeiben eng aneinander in die Form legen. Die Schicht soll nicht dicker als 2,5 cm sein. Salzen, mit Sahne begießen, Parmesan darüberstreuen und die restliche Butter darauf verteilen. Im vorgeheizten Ofen bei mittlerer Hitze 18–20 Minuten überbacken.

Tomaten-Kräuter-Sauce: Alle Zutaten gut vermischen und zu dem Gratin servieren.

Auberginenpizza mit kalter Tomaten-Oliven-Sauce

KARTOFFELGRATIN MIT SCHAFSKÄSE UND TOMATEN

Für 4 Personen

5 EL Olivenöl
1 große Zwiebel, fein gehackt
4 Knoblauchzehen, fein gehackt
1 kg Tomaten, abgezogen, kleine Würfel
½ TL Oregano
3 EL Petersilie, fein gehackt
1 TL Honig
Salz und Pfeffer
750 g gekochte Kartoffeln, ½ cm dicke Scheiben
200 g Schafskäse, kleine Würfel
25 schwarze Oliven, Stücke

3 EL Olivenöl in einer Pfanne erhitzen, Zwiebeln und Knoblauch 15 Minuten bei mäßiger Hitze andünsten, Tomaten, Oregano, Petersilie, Honig, Salz und Pfeffer dazugeben. Alles 15 Minuten einkochen lassen, gelegentlich umrühren.
Eine Auflaufform mit 1 EL Olivenöl ausstreichen.
Abwechselnd Kartoffeln, Schafskäse, Oliven und Tomatensauce in die Auflaufform geben.
Gratin mit 1 EL Olivenöl beträufeln und 40–45 Minuten bei mittlerer Hitze im vorgeheizten Ofen backen.

SPAGHETTIPIZZA

Für 4 Personen

Der Pizzaboden: Spaghetti, Ei und Sahne. Obendrauf alles, was wir an einer guten Pizza schätzen.

1 TL Butter
500 g gekochte Spaghetti
3 EL Sahne
1 EL Crème fraîche
1 Ei
1 Prise geriebene Muskatnuß
schwarzer Pfeffer, frisch gemahlen
Salz
100 g Champignons, dünne Scheiben
1 Tomate, dünne Scheiben
½ Paprikaschote, feine Ringe
½ Zwiebel, feine Ringe
1 Knoblauchzehe, fein gehackt
200 g Mozzarella
¼ TL Oregano
¼ TL Basilikum
¼ TL Thymian
50 g Parmesan, frisch gerieben
1½ EL Olivenöl

Eine große, flache Auflaufform oder ein kleines Backblech mit der Butter ausstreichen. Mit einer 1,5 cm dicken Schicht Spaghetti belegen. Sahne, Crème fraîche und Ei verrühren, mit Muskat, Pfeffer und Salz würzen. Die Sahnemischung über die Spaghetti gießen. Die Nudeln mit Champignons, Tomatenscheiben, Paprikaringen, Zwiebeln und Knoblauch belegen, die Gemüse leicht salzen. Mozzarella auf den Gemüsen verteilen. Oregano, Basilikum, Thymian und Parmesan darüberstreuen. Die Spaghettipizza mit Olivenöl beträufeln und im vorgeheizten Ofen bei guter Hitze 12–15 Minuten backen.

BROCCOLI-KARTOFFEL-GRATIN

Für 4 Personen

1 EL Butter
500 g gekochte Kartoffeln, dünne Scheiben
400 g Broccoli, kleine Röschen
Salz
1 Prise geriebene Muskatnuß
Pfeffer, frisch gemahlen
50 ml Sahne
80 g Gruyère oder Bergkäse, frisch gerieben

Broccoli in einem Dämpfsieb über kochendem Wasser zugedeckt ca. 10 Minuten garen. Eine große, flache Auflaufform mit 1 Teelöffel Butter ausstreichen. Kartoffeln und Broccoli einschichten, die Gemüseschicht darf nicht dicker als 3 cm sein. Die Gemüse leicht salzen, mit Muskat und Pfeffer würzen und die Sahne über das Gemüse gießen. Den Käse und die restliche Butter obenauf verteilen. Das Gratin bei guter Hitze im vorgeheizten Ofen 20 Minuten überbacken.
Besonders lecker schmeckt zu diesem Gratin eine Tomatensauce (Seite 90).

ZUCCHINI-TOMATEN-GRATIN

(Foto rechts)
Für 3–4 Personen

3 EL Olivenöl
500 g Zucchini, 3 mm dünne Scheiben
300 g Tomaten, dünne Scheiben
Salz
200 g Schafskäse (Feta), kleine Stückchen
1 Prise Basilikum
1 Prise Oregano
1 Prise Thymian
schwarzer Pfeffer, frisch gemahlen
2 Knoblauchzehen, fein gehackt
2 EL Petersilie, fein gehackt

Ein kleines Backblech oder eine große, flache Auflaufform mit 1 Eßlöffel Olivenöl ausstreichen, Zucchini- und Tomatenscheiben dachziegelartig einschichten. Gewürze, Knoblauch und Oliven darauf streuen. Das restliche Olivenöl und den Schafskäse darüber verteilen. Das Gratin im vorgeheizten Ofen 20 Minuten bei starker Hitze überbacken und mit Petersilie garniert servieren.

FLORENTINER SPINAT-EIER

Für 4 Personen ⚡

900 g Spinat
Salz
1½ EL Olivenöl
2 EL Sahne
4 Eier
1 Tomate, Scheiben
50 g Parmesan
1 Knoblauchzehe, fein gehackt

Den gewaschenen, tropfnassen Spinat mit etwas Salz in einem geschlossenen Topf bei mäßiger Hitze in 2–3 Minuten zusammenfallen und in einem Sieb gut abtropfen lassen. Eine große Auflaufform mit 1 Teelöffel Olivenöl ausstreichen. Spinat in der Form ausbreiten, die Spinatschicht soll nicht dicker als 2 cm sein. Die Sahne darüber verteilen, leicht salzen. Eier auf den Spinat schlagen, Tomatenscheiben in das Eiweiß legen. Parmesan und Knoblauch über die Eier streuen, das restliche Olivenöl darüber verteilen. Die Spinat-Eier im vorgeheizten Ofen 10 Minuten bei mittlerer Hitze backen.

ZUCCHINI MIT PILZEN GEFÜLLT

Für 4 Personen

4 mittelgroße Zucchini
3 EL Butter
Salz
2 EL Zwiebeln, fein gehackt
250 g Champignons, gehackt
150 ml trockener Weißwein
2 Eigelb
1 EL Petersilie, fein gehackt
1 EL Weizenvollkorntoast, fein zerkrümelt
Pfeffer
100 ml Gemüsebrühe
1 EL Crème fraîche

Zucchini halbieren, mit einem Löffel das Fruchtmark herausheben, einen ½ cm breiten Rand stehen lassen. Das Fruchtmark grob hacken. 1 EL Butter erhitzen, das Fruchtmark 5 Minuten bei guter Hitze anbraten, mit Salz abschmecken, es soll möglichst viel Flüssigkeit einkochen. 1 EL Butter erhitzen, die Zwiebeln darin glasig dünsten, Pilze dazugeben, salzen, einige Minuten anbraten, 50 ml Weißwein dazugießen und unter Rühren die Flüssigkeit einkochen.

In einer Schüssel das gedünstete Zucchinimark, Pilze, 1 Eigelb, Petersilie und Brotkrümel vermischen. Mit Salz und Pfeffer abschmecken. Die Füllung in die Zucchinihälften geben.

Eine flache Auflaufform mit ½ EL Butter ausstreichen, die Zucchinihälften hineinsetzen, einige Butterflöckchen daraufgeben, restlichen Weißwein und die Brühe dazugießen. Die Zucchini im vorgeheizten Backofen bei mittlerer Hitze in 20 Minuten überbacken. Die Zucchini aus der Form nehmen, warm stellen. Die Weinbrühe mit Crème fraîche und Eigelb vermischen, nochmals unter Rühren erhitzen, bis die Sauce leicht eindickt, nicht mehr zum Kochen bringen. Sauce und Zucchini getrennt servieren.

CHAMPIGNONS IN KNOBLAUCHSAUCE

Für 4 Personen 🥕⚡

4–5 EL Olivenöl
750 g kleine Champignons
4 Knoblauchzehen, fein gehackt
½ Bund Petersilie, fein gehackt
2 EL Zitronensaft
1 EL trockener Sherry
Salz
Pfeffer

Eine flache Auflaufform mit 1 TL Öl ausstreichen. Die Pilze hineingeben. Aus den restlichen Zutaten eine Marinade anrühren und über die Champignons gießen. Pilze im vorgeheizten Ofen bei mittlerer Hitze 20 Minuten schmoren lassen.
Schmeckt als Vorspeise oder leichter Imbiß heiß und kalt gleich gut.

VERONESER ROSENKOHLGRATIN

(Foto rechts)
Für 4 Personen

Schon Romeo und Julia konnten nicht genug davon kriegen!

**700 g Rosenkohl
3 EL Olivenöl
4 Tomaten, dünne Scheiben
Salz
2 Knoblauchzehen, fein gehackt
1 Prise Chili
¼ TL Oregano
¼ TL Thymian
½ TL Basilikum
12 schwarze Oliven, kleine Stücke
1 EL Kapern
300 g Mozzarella, dünne Scheiben
40 g Parmesan, frisch gerieben
1 EL Butter**

Rosenkohl putzen, am Stielende kreuzförmig einschneiden und in einem Dämpfeinsatz über kochendem Wasser zugedeckt 10 Minuten garen. Eine große Auflaufform mit wenig Olivenöl ausstreichen, Rosenkohl und Tomatenscheiben abwechselnd in die Form geben. Die Form soll so groß sein, daß nur der Boden in einer Schicht bedeckt ist. Gemüse leicht salzen. Knoblauch, Gewürze, Oliven, Kapern und das restliche Olivenöl über dem Gemüse verteilen. Mit Mozzarellascheibchen belegen und mit Parmesan bestreuen. Butterflöckchen obenauf verteilen. Gratin im vorgeheizten Ofen bei guter Hitze 10–15 Minuten backen.

TOMATEN MIT SPINATFÜLLUNG

Für 4 Personen

Eine Vorspeise, einfach gekocht, schön anzusehen, schmeckt warm und kalt.

4 mittelgroße, feste Tomaten
300 g Spinat
Salz
3 EL Olivenöl
1/2 Zwiebel, fein gehackt
2 Knoblauchzehen, fein gehackt
100 g Schafskäse (Feta), sehr kleine Stücke
1 Ei
1/2 TL Thymian
1 Prise geriebene Muskatnuß
Pfeffer

Von den Tomaten einen Deckel abschneiden, die Tomaten mit einem Löffel aushöhlen, einen 1/2 cm dicken Rand stehen lassen.
Den tropfnassen Spinat mit etwas Salz in einem geschlossenen Topf bei mäßiger Hitze in 2 Minuten zusammenfallen und in einem Sieb abtropfen lassen, leicht ausdrücken und grob hacken.
1 1/2 EL Olivenöl erhitzen, Zwiebeln und Knoblauch andünsten, den Spinat kurz mitdünsten, in eine Schüssel geben, mit Schafskäse, Ei, Thymian, Muskat und Pfeffer vermischen, die Masse in die Tomaten füllen. Eine kleine Auflaufform mit 1/2 EL Olivenöl ausstreichen, die Tomaten hineinsetzen, mit dem restlichen Olivenöl benetzen. Die Tomaten 20 Minuten im vorgeheizten Ofen bei mittlerer Hitze backen.

EIER AUF ZIGEUNERINNEN ART

Für 4 Personen

Ein farbenfrohes Gericht, entstanden aus der Vorliebe der Spanier, Eier mit Tomatensauce zu essen.

150 g Zwiebeln, fein gehackt
4 Knoblauchzehen, fein gehackt
4 EL Olivenöl
1 1/2 TL Paprika, edelsüß
1 Prise Piment (Nelkenpfeffer)
500 g Tomaten, enthäutet, kleine Würfel
Salz und Pfeffer
200 g grüner Spargel, gekocht
1 rote enthäutete Paprikaschote zum Garnieren, in Streifen
4 Eier

In einer Pfanne Zwiebeln und Knoblauch in 3 EL Olivenöl 15 Minuten anbraten, Paprikapulver und Piment unterrühren und kurz mitrösten, Tomaten dazugeben und in 25 Minuten zu einer dicken Paste einkochen, ab und zu umrühren und mit Salz und Pfeffer abschmecken.
Eine große Pfanne oder eine niedrige Auflaufform mit 1 EL Olivenöl ausfetten, die Tomatenmasse hineingeben und gleichmäßig verstreichen, die Form mit dem Spargel und den Paprikastreifen in 4 gleich große Teile aufteilen und je ein Ei in die abgetrennte Fläche schlagen. Die Eier im Backofen bei mittlerer Hitze 10–15 Minuten backen; sie sollen die Konsistenz von gut gebratenen Spiegeleiern haben. In der Pfanne oder Form servieren.

TOMATEN MIT GORGONZOLA-FÜLLUNG

Für 3 Personen ⚡

1 TL Butter
6 kleine Tomaten
100 g Gorgonzola, kleine Stücke
1 Bund Petersilie, fein gehackt
1 Frühlingszwiebel, feine Ringe
1 Scheibe Weizenvollkorntoast, zerbröselt
1 TL grüner Pfeffer
1 Ei
Salz

Eine flache Auflaufform mit der Butter ausstreichen. Deckel von den Tomaten abschneiden und die Früchte vorsichtig aushöhlen. Gorgonzola, Petersilie, Frühlingszwiebeln, Brot, Pfeffer und Ei vermischen. Die Masse mit Salz abschmecken und in die Tomaten füllen. Deckel aufsetzen und die Tomaten im vorgeheizten Ofen bei mittlerer Hitze 20 Minuten backen.
Die Tomaten schmecken sowohl warm als auch kalt.

MOUSSAKA

Für 4 Personen

Das klassische Auberginen-Tomaten-Gericht. Diesmal mit gerösteten Mandeln.

200 ml Olivenöl
1 kg Auberginen, 1½ cm dicke Längsscheiben
Salz
500 g Zwiebeln, fein gehackt
8 Knoblauchzehen, fein gehackt
1 gute Prise Zimt
1 kg Tomaten, abgezogen, kleine Würfel
½ TL Thymian
½ TL Oregano
Salz
Pfeffer
1 TL Honig
2½ EL Butter
150 g Mandeln, gehackt
400 g Kartoffeln, frisch gekocht
1 Ei, getrennt
1 Prise geriebene Muskatnuß

Ein großes Backblech mit 2 EL Olivenöl einstreichen, die Auberginen darauflegen, leicht salzen, mit 3 EL Olivenöl beträufeln und im vorgeheizten Backofen insgesamt 20 Minuten bei mittlerer Hitze backen. Nach 10 Minuten einmal umdrehen. In einer Pfanne 8 EL Olivenöl erhitzen, Zwiebeln und Knoblauch in 15 Minuten glasig dünsten, dann auf stärkerer Flamme Farbe annehmen lassen. Zimt dazugeben, kurz miterhitzen, Tomaten, Thymian, Oregano, Salz, Pfeffer und Honig hinzufügen und 30 Minuten einkochen, ab und zu umrühren.
1 EL Butter in einer kleinen Pfanne erhitzen, die Mandeln in 5 Minuten unter Rühren goldbraun rösten.
Die Kartoffeln schälen und zerstampfen, mit 1 EL geschmolzener Butter, Eigelb, Muskat, Salz und Pfeffer vermischen. Das Eiweiß steif schlagen, unter die Kartoffelmasse heben. Eine feuerfeste Form mit 1 EL Olivenöl ausstreichen.
Den Boden mit einer Schicht Auberginen bedecken, geröstete Mandeln daraufstreuen, mit der Tomatensauce bestreichen, den Vorgang zweimal wiederholen, mit der Kartoffelmasse abschließen. Moussaka mit den restlichen Mandeln bestreuen, restliche Butter in Flöckchen darauf verteilen.
Die Moussaka bei mittlerer Hitze 45 Minuten im vorgeheizten Ofen backen.

GEFÜLLTE CHAMPIGNONS

Als Vorspeise für 8,
als Hauptgericht für 4 Personen

8 sehr große Champignons
1 kleine Zwiebel, fein gehackt
2 Knoblauchzehen, fein gehackt
3 EL Butter
Salz
2 EL trockener Weißwein
½ Bund Petersilie, fein gehackt
1 TL Estragon, fein gehackt
50 g Emmentaler, frisch gerieben
½ Scheibe Weizenvollkornbrot (25 g), zerkrümelt
1 Ei
Salz
Pfeffer

Stiele der Champignons entfernen und fein hacken. Zwiebel und Knoblauchzehen in 1 EL Butter glasig dünsten, die gehackten Pilzstiele dazugeben, salzen, anbraten. Weißwein dazugeben, die Flüssigkeit einkochen lassen. Mischung in eine Schüssel geben, mit den restlichen Zutaten vermischen, mit Salz und Pfeffer abschmecken und die Champignonköpfe damit füllen.
Eine flache Auflaufform ausfetten, die Champignons hineinsetzen. Restliche Butter schmelzen, Champignons damit bestreichen und im vorgeheizten Ofen bei mittlerer Hitze 15–20 Minuten backen.

PAPRIKAROULADEN MIT SPINAT-KÄSE-FÜLLUNG

Für 4 Personen

2 rote Paprikaschoten
2 gelbe Paprikaschoten
200 g Spinat
Salz
100 g frischer Ricotta
50 g Pecorino, frisch gerieben
1 Ei
1 Knoblauchzehe, gepreßt
1 TL frische Minze, fein gehackt
1 TL frischer Thymian, fein gehackt
1 TL frisches Oregano, fein gehackt
Pfeffer
1 EL Butter
½ Scheibe Vollkornbrot, zerbröselt
1 Prise geriebene Muskatnuß

Die Paprikaschoten im Ofen 30 Minuten backen, bis die Haut dunkelbraune Blasen wirft. Etwas abkühlen lassen, Stiel entfernen, an einer Seite aufschneiden, Kerne entfernen und vorsichtig die Haut abziehen, die Paprikaschote soll in einem Stück bleiben.

Den gewaschenen tropfnassen Spinat mit wenig Salz in einem geschlossenen Topf bei mittlerer Hitze in 3 Minuten zusammenfallen und in einem Sieb abtropfen lassen, grob hacken. Ricotta mit der Hälfte Pecorino, Ei, Knoblauchzehe, Minze, Thymian, Oregano und Pfeffer gut vermischen.

Die Paprikaschoten ausbreiten, zuerst mit dem gehackten Spinat, dann mit dem Kräuter-Ricotta bestreichen und aufrollen.

Eine kleine Auflaufform mit ½ EL Butter ausstreichen und die Paprikarouladen dicht nebeneinander hineinlegen. Das Vollkornbrot mit dem restlichen Pecorino und der Prise Muskat vermischen, auf die Paprikarouladen streuen. Restliche Butter in Flöckchen auf die Rouladen verteilen. Rouladen im vorgeheizten Ofen bei mittlerer Hitze in 15–20 Minuten überbacken.

SPARGEL IM SPINATMANTEL

(Foto rechte Seite)
Für 4–6 Personen

1 kg junger Spinat
Salz
1,5 kg weißer Spargel, geschält
1 TL Zucker
50 g Butter
150 g Emmentaler, frisch gerieben
100 g Parmesan, frisch gerieben
2 Eigelb
5 EL Sahne
schwarzer Pfeffer aus der Mühle
etwas geriebene Muskatnuß

Den gewaschenen, tropfnassen Spinat mit etwas Salz in einem geschlossenen Topf mit etwas Salz bei mäßiger Hitze in 2–3 Minuten zusammenfallen und in einem Sieb gut antropfen lassen. Dann leicht ausdrücken.

Die Spargelstangen in reichlich kochendem Wasser mit Salz, Zucker und 20 g Butter bißfest garen.

Die beiden Käsesorten mit Eidottern und Sahne zu einer Paste verrühren und herzhaft mit Pfeffer und Muskat abschmecken.

Eine große, längliche, feuerfeste Form mit etwas Butter ausstreichen und mit der Hälfte des Blattspinates auslegen. ⅓ der Käsecreme darauf streichen und die gut abgetropften Spargelstangen darauf verteilen. Die Stangen, mit Ausnahme der Köpfe, mit einem weiteren Drittel der Käsemasse bestreichen und mit dem restlichen Spinat bedecken.

Den Rest der Käsemasse auf dem Spinat verteilen, mit der restlichen Butter in Flöckchen belegen. Im vorgeheizten Backofen bei mittlerer Hitze ca. 15 Minuten goldgelb überbacken..

CHICORÉE PROVENÇALE

Für 4 Personen

3½ EL Olivenöl
4 große Chicorée, der Länge nach geviertelt
4 Tomaten, Schnitze
Salz
schwarzer Pfeffer, frisch gemahlen
2 Frühlingszwiebeln, feine Ringe
1 Bund Petersilie, fein gehackt
2 Knoblauchzehen, fein gehackt
¼ TL Oregano
¼ TL Basilikum
¼ TL Thymian
50 g Parmesan, frisch gerieben
½ EL Butter

Eine große Auflaufform mit ½ Eßlöffel Olivenöl ausstreichen. Die Chicorée-Viertel abwechselnd mit den Tomatenschnitzen in die Form legen. Es soll nur der Boden der Form in einer Schicht bedeckt sein. Chicorée salzen und pfeffern. Frühlingszwiebeln, Petersilie, Knoblauch, Oregano, Basilikum und Thymian über die Gemüse streuen. 3 Eßlöffel Olivenöl darüber verteilen. Parmesan daraufstreuen und die Butter in Flöckchen auf dem Parmesan verteilen. Den Chicorée im vorgeheizten Ofen bei mittlerer Hitze 20 Minuten backen.

Spargel im Spinatmantel

GRATINIERTER FENCHEL MIT ZITRONEN-PARMESAN-KRUSTE

Für 4 Personen

800 g Fenchel (4 Knollen)
Salz
2 EL Butter
1 EL Olivenöl
2 Knoblauchzehen, fein gehackt
750 g Tomaten, abgezogen, kleine Würfel
Pfeffer
1/2 Bund Petersilie, fein gehackt
10 Blätter Basilikum, fein geschnitten
1/4 TL frisches Oregano, fein gehackt
1/4 TL frischer Thymian, fein gehackt
50 g Weizenvollkornbrot, fein zerkrümelt
50 g Parmesan, frisch gerieben
abgeriebene Schale von 1 ungespritzten Zitrone

Fenchelknollen halbieren und in Salzwasser ca. 10 Minuten al dente kochen, abgießen und abtropfen lassen.
1 Eßlöffel Butter und das Olivenöl in einem flachen Topf erhitzen, den Knoblauch kurz anbraten, die Tomatenwürfel, Salz und Pfeffer dazugeben und in 15 Minuten zu einer dicken Sauce einkochen, ab und zu umrühren. Vom Feuer nehmen und mit den frischen Kräutern vermischen. Eine kleine Auflaufform mit 1/2 EL Butter ausfetten, die Fenchelknollen hineinlegen, mit der Tomatensauce begießen. Brotkrümel, Parmesan und abgeriebene Zitronenschale vermischen und über das Gemüse streuen, die restliche Butter in Flöckchen darauf verteilen. Den Fenchel im vorgeheizten Backofen bei mittlerer Hitze 20–25 Minuten überbacken.

GRIECHISCHER GEMÜSE-KRÄUTERTOPF

Für 4 Personen

250 g grüne Bohnen, halbiert
Salz
125 ml Olivenöl
250 g Kartoffeln, 1/2 cm dicke Scheiben
250 g Auberginen, 1/2 cm dicke Scheiben
250 g Zucchini, 1 cm dicke Scheiben
1 1/2 Paprikaschoten, dünne Streifen
1 1/2 mittlere Zwiebeln, hauchdünne Ringe
750 g Tomaten, Scheiben
<u>Gewürz-Knoblauch-Mischung:</u>
5 Knoblauchzehen, fein gehackt
1/2 Bund Petersilie, fein gehackt
1 Bund Dill, fein gehackt
1/2 TL Thymian
1/2 TL Oregano
20 schwarze Oliven, fein gehackt
125 ml Gemüsebrühe

Die Bohnen in kochendem Salzwasser in ca. 5–7 Minuten kochen. Bohnen abgießen und abschrecken.
Eine Auflaufform mit 1 EL Olivenöl ausstreichen. Die Hälfte der Kartoffeln, Auberginen, Zucchini, Bohnen, Paprikaschoten und Zwiebeln in die Auflaufform schichten, leicht salzen, mit der Hälfte der Tomatenscheiben abdecken.
Alle Zutaten für die Gewürz-Knoblauch-Mischung gut verrühren und die halbe Menge der Mischung über die Tomaten gießen. Den Vorgang wiederholen. Das restliche Olivenöl über den Inhalt gießen und zugedeckt bei geringer Hitze 1 1/2–2 Stunden im Ofen backen. Das Gericht die letzten 30 Minuten aufdecken.

Gemüse aus dem Backofen. Ihre Arbeitszeit bei diesen Gerichten ist 10 Minuten, den Rest erledigt der Ofen in 15–20 Minuten. Kleine Gemüse mit kurzer Garzeit, wie Tomaten und Champignons, können Sie ganz und gefüllt backen. Größere Gemüse wie Auberginen oder Zucchini werden in dünne Scheiben geschnitten, Blumenkohl und Broccoli in kleine Röschen zerlegt. Die Garzeit verkürzt sich beträchtlich, wenn das Gemüse in einer Schicht den Boden eines Backblechs oder einer großen Auflaufform bedeckt. Der geschmackliche Vorteil dieser Backmethode: Durch die kürzere Garzeit bleibt das Gemüse knackig und hat viel Kruste.

ÜBERBACKENES KARTOFFELPÜREE MIT KÄSE

(Foto rechts)
Für 4 Personen

1 kg mehlige Kartoffeln, kleine Würfel
500 ml Milch
1 TL Instant Gemüsebrühe
1 gute Prise Muskat
1 Prise Piment
Pfeffer
2 Eier
4 EL Crème fraîche
2 EL Meerrettich
200 g Emmentaler, frisch gerieben
1 TL Butter

Kartoffeln mit der Milch in einen Topf geben, mit Gemüsebrühe, Muskat, Piment und Pfeffer würzen und zugedeckt in 15 Minuten weich kochen. Kartoffeln abgießen, Milch auffangen und auf 250 ml einköcheln.

Die heißen Kartoffelwürfel durch die Kartoffelpresse drücken, das Püree mit Milch, Eiern, Crème fraîche und 150 g Käse vermischen. Eine Auflaufform mit Butter ausstreichen, Kartoffelpüree einfüllen, restlichen Käse darüberstreuen und im vorgeheizten Ofen bei mittlerer Hitze in 20 Minuten goldgelb überbacken.

BLUMENKOHL-SPINAT-SOUFFLÉ MIT SAFRAN

Für 4 Personen

Auf dieses Gericht müssen die Gäste warten und nicht umgekehrt, sonst ist die ganze Mühe umsonst – dahingesunken.

**250 g Blumenkohlröschen
500 ml Gemüsebrühe
1 kleines Döschen Safranfäden
(0,15 g)
250 g Blattspinat
Salz
2 EL Butter (60 g)
2 EL Zwiebeln, fein gehackt
30 g Mehl (Type 1050)
150 ml heiße Milch
1 Prise geriebene Muskatnuß
1 Prise gemahlene Muskatblüte
Pfeffer
4 Eier
100 g Emmentaler, frisch gerieben
1 Eiweiß**

Die Blumenkohlröschen in der Gemüsebrühe al dente kochen, abgießen, abtropfen lassen, Kochwasser auffangen, 100 ml Kochwasser abmessen. (Restliche Gemüsebrühe für eine Suppe verwenden.)
Die Safranfäden in den 100 ml Gemüsebrühe einige Minuten zugedeckt kochen.
Den tropfnassen Spinat mit etwas Salz in einen Topf geben, bei geschlossenem Deckel und mittlerer Hitze in 3 Minuten zusammenfallen lassen. Spinat in einem Sieb abtropfen lassen, leicht ausdrücken und in große Stücke schneiden.
½ EL Butter erhitzen, Zwiebeln kurz andünsten, Spinat dazugeben und 2 Minuten mitdünsten.
Aus 1 EL Butter (30 g) und 30 g Mehl eine Mehlschwitze zubereiten, mit der heißen Milch und der Safran-Gemüsebrühe aufgießen, mit dem Schneebesen glattrühren. Mit Muskat, Muskatblüte, Salz und Pfeffer würzen und die Sauce unter Rühren 3 Minuten kochen.
Sauce vom Feuer nehmen. Eigelb und Eiweiß trennen, Eigelb nacheinander unter heftigem Rühren in die Sauce mischen, den Käse bis auf 2 EL unterziehen.
Die Saucen teilen. Eine Hälfte mit dem Blumenkohl vermischen, die andere Hälfte mit dem Spinat. Alle fünf Eiweiß mit einer Prise Salz sehr steif schlagen, die Menge halbieren. Eine Hälfte vorsichtig unter die Blumenkohlmasse ziehen, die andere Hälfte unter die Spinatmasse.
In eine mit Butter ausgestrichene Souffléform die Blumenkohlmasse geben, darauf vorsichtig die Spinatmasse schichten, den restlichen Käse darüberstreuen. Die Souffléform darf nur zu zwei Dritteln gefüllt sein. Das Soufflé im vorgeheizten Backofen bei mittlerer Hitze 25–30 Minuten backen. Während der ersten 20 Minuten darf der Ofen nicht geöffnet werden.
Das fertige Soufflé sofort servieren. Ich mag das Soufflé am liebsten, wenn es beim ersten Anschnitt noch eine Idee flüssig ist und erst auf dem Tisch seine perfekte, lockere Festigkeit erreicht.

GRATIN AUS GERIEBENEN KARTOFFELN

Für 3 Personen

Ein dünner, knuspriger Kartoffelkuchen – schmeckt Kindern besonders gut.

**1½ EL Butter
700 g rohe Kartoffeln, grob gerieben
30 g Weizenvollkornmehl, auf feinster Stufe gemahlen
2 Eier
Salz**

Eine große, flache Auflaufform oder ein kleines Backblech mit ½ Eßlöffel Butter üppig ausstreichen. Geriebene Kartoffeln leicht ausdrücken, mit Mehl und Eiern vermischen, salzen. Die Kartoffelmasse in die Auflaufform streichen. Die Schicht soll nicht dicker als ¾ cm sein. Die restliche Butter darüber verteilen. Das Gratin im vorgeheizten Ofen bei guter Hitze 20 Minuten backen. Das Gratin ist eine sättigende Beilage zu gedünstetem Gemüse. Schmeckt aber auch zu einem buntgemischten, knackigen Salat.

Quiches, Pastetchen und Pizza

Knusprige Quiches, raffinierte Pastetchen und saftige Pizzas aus feinstgemahlenem Vollkornmehl überzeugen auch Skeptiker, die mit grobgemahlenem Vollkorngebäck nicht viel anzufangen wissen. Also vor allem Kinder, die oft aus dem (auch verständlichen) Bestreben sich gegen ihre besorgten Eltern abzugrenzen, alles kategorisch ablehnen was mit »Vollkorn« zu tun hat. Für diese hoffnungsvollen Sprößlinge und für alle anderen auch, empfehle ich Ihnen die »Pizza dieci cosi« (Seite 158). Bei ihrem saftigen Anblick kommt der Gedanke an »Vollkorn, Müsli und gesund« überhaupt nicht auf, und die Pizza ist im Nu ratzeputz weg.
Für Partys mit vielen Gästen eignen sich Quiches und Pastetchen. Um sie genüßlich zu verspeisen, braucht man keinen Teller. Aber Sie sollten das Backen mit feinem Vollkornmehl nicht auf festliche Gelegenheiten beschränken, dazu schmecken die Gerichte zu gut. Probieren Sie als Einstieg in die neue, feine Vollkornküche eine delikate Schnittlauchquiche (Seite 156).

BROCCOLI-CAMEMBERT-QUICHE

Für 4 Personen

Die Teigzutaten müssen kalt sein und sehr schnell verarbeitet werden. Der Teig wird zuerst ohne Füllung vorgebacken (blind gebacken). Er eignet sich gut zum Einfrieren.

Mürbeteig:
(für 2 runde Backformen mit 26 cm Durchmesser)
250 g Weizenvollkornmehl (auf feinster Stufe gemahlen)
1 Eigelb
1/2 TL Honig
1/2 TL Salz
150 g eiskalte Butter
100 ml Eiswasser
1/2 EL Butter für die Form
Zum Blindbacken:
Butterbrotpapier
1 kg getrocknete Bohnen
Füllung:
(für 1 Backform mit 26 cm Durchmesser)
250 g kleine Broccoliröschen
Salz
150 g reifer Camembert, ohne Rinde, dünne Scheiben
4 Eier
250 ml Sahne
Pfeffer
1 Prise Muskatnuß

Teig: Auf einem Brett Mehl mit Eigelb, Honig und Salz vermischen. Die Butter dazugeben, mit einem Messer die Butter klein hacken und in den Teig mischen. Auf zweimal das Eiswasser in den Teig kneten, sehr schnell arbeiten. Den Teig in einen Plastikbeutel geben, 30 Minuten im Tiefkühlfach und 1 Stunde im Kühlschrank ruhen lassen. (Am besten läßt sich der Teig verarbeiten, wenn er über Nacht im Kühlschrank steht.)
Teig teilen. Eine Hälfte im Kühlschrank lassen. Teig, Ausrollfläche und Nudelholz mit Mehl bestäuben und den Teig dünn ausrollen. Den Teig in eine runde, ausgefettete Backform legen.
Blindbacken: Teig mit Butterbrotpapier bedecken und mit getrockneten Bohnen bis zum Teigrand füllen. Den Teig im vorgeheizten Ofen bei mittlerer Hitze 10 Minuten backen. Bohnen und Butterbrotpapier entfernen (die Bohnen können nicht mehr gekocht, aber wieder zum Blindbacken verwendet werden).
Füllung: Broccoli in einem Dämpfeinsatz über kochendem Wasser zugedeckt 8 Minuten garen. Röschen und Camembertscheiben rosettenförmig auf den Teig legen. Eier verquirlen, mit der Sahne vermischen. Mit Pfeffer, Muskatnuß und Salz abschmecken. Guß über das Gemüse gießen und die Quiche bei mittlerer Hitze 20 Minuten im vorgeheizten Ofen backen.
Schmeckt warm und kalt.

SCHNITTLAUCH-QUICHE

(Foto links)
Für 4 Personen

Als Vorspeise reicht diese einfache, aber überaus delikate Quiche für vier Personen, als Hauptgericht werden zwei Personen eine Quiche mit Leichtigkeit verspeisen.

Mürbeteig:
Vorgehensweise wie im vorigen Rezept
Füllung:
(für 1 Backform mit 26 cm Durchmesser):
4 Eier
100 ml Sahne
150 g Crème fraîche
60 g Emmentaler oder Gruyère, frisch gerieben
1 großer Bund Schnittlauch, fein geschnitten
1 Prise Muskat
Salz
Pfeffer

Für die Füllung Eier verquirlen, mit Sahne und Crème fraîche glatt rühren, Käse und Schnittlauch dazugeben, mit Muskat, Salz und Pfeffer abschmecken. Füllung auf den blindgebackenen Teigboden gießen, 20 Minuten im vorgeheizten Ofen bei mittlerer Hitze backen. Schmeckt warm und kalt.
Anstelle des Mürbeteigs können Sie auch den Quarkblätterteig (siehe Seite 158) verwenden; in diesem Fall entfällt das Vorbacken.

EMPANADAS MIT KÄSE-PAPRIKA-FÜLLUNG

Für 6 Personen als Imbiß

Empanadas werden in Spanien mit den verschiedensten Füllungen versehen. Die goldgelben Hefeteigtaschen sind ein herrlicher Imbiß, wenn Sie Gäste zum Wein eingeladen haben.

Teig:
500 g Weizenvollkornmehl, ganz fein gemahlen
30 g Hefe
1/2 TL Honig
1 1/2 TL Salz
50 ml Olivenöl
150 ml lauwarme Milch
150 ml lauwarmes Wasser
Füllung:
3 EL Olivenöl
300 g Zwiebeln, fein gehackt
8 Knoblauchzehen, fein gehackt
1 kleine grüne Paprikaschote, sehr kleine Würfel
2 TL Paprika, edelsüß
500 g Tomaten, enthäutet, kleine Würfel
Salz
200 g harter Schafskäse, sehr fein gerieben
1 Ei
Pfeffer
1 Eigelb

Teig: Das Mehl in eine Schüssel geben, in der Mitte eine kleine Vertiefung machen, die Hefe in die Mulde bröseln, den Honig dazugeben und leicht vermischen. Die restlichen Zutaten dazugeben und mindestens 10 Minuten gut durchkneten, bis ein geschmeidiger Teig entsteht, der sich von der Schüssel löst. Den Teig bedeckt an einem warmen Ort 40–50 Minuten gehen lassen. Er soll auf sein doppeltes Volumen anwachsen. Den Teig kurz durchkneten, auf einer bemehlten Fläche ausrollen und Quadrate von ca. 12 cm Seitenlänge ausschneiden.

Füllung: Das Olivenöl in einer Pfanne erhitzen, Zwiebeln und Knoblauch 20 Minuten auf kleiner Flamme glasig dünsten, dann 3 Minuten bei starker Hitze unter Rühren Farbe annehmen lassen. Die Paprikawürfel dazugeben und 3 Minuten unter Rühren mitbraten, das Paprikapulver kurz miterhitzen. Die Tomatenwürfel in die Pfanne geben, leicht salzen und die Gemüse in 10 Minuten auf hoher Flamme unter Rühren einkochen.

Die Gemüsemischung in einer Schüssel mit dem Schafskäse und dem Ei gut vermischen, mit Salz und Pfeffer abschmecken. Je 2 EL Füllung auf ein Teigquadrat geben. Den Teig zu einem Rechteck zusammenklappen, an den Rändern leicht andrücken, mit Eigelb bestreichen und die Empanadas im vorgeheizten Backofen bei mittlerer Hitze 20 Minuten backen.

PASTETCHEN MIT ROQUEFORT-LAUCH-FÜLLUNG

Für 4 Personen

Quarkblätterteig:
(siehe Pastetchen mit Pilz-Mandel-Füllung, Seite 158)
Füllung:
500 g Lauch, sehr feine Ringe
1 EL Butter
250 g Roquefort
2 Eier
Pfeffer
Salz

Für die Füllung Lauch in der Butter 4 Minuten andünsten. Roquefort mit der Gabel zerdrücken und zu einer glatten Creme verarbeiten. Eier hinzufügen, glatt rühren. Den Lauch dazugeben, vermischen. Mit Pfeffer und Salz abschmecken.

Fertigstellung der Pastetchen wie im nächsten Rezept.

Sollte Ihnen ein wenig Teig übrig bleiben, lassen Sie Ihre Kinder mit dem Teigrest backen. Ein paar Apfelstücke draufgelegt, ein paar Nüßchen darüber gestreut, und schon sind die schönsten Mini-Kuchen fertig.

Ich gebe zu, immer kann man die flinken Kinderhände in der Küche nicht brauchen, aber ab und zu mitgekocht, fördert dies die Erziehung zum guten Kochen und Essen (erlauben Sie mir die kurze Belehrung, sie gilt auch mir).

PASTETCHEN MIT PILZ-MANDEL-FÜLLUNG

Für 4–6 Personen

Die Pastetchen sind sehr vielseitig verwendbar, heiß und kalt als Vorspeise, auf einem Buffet oder als Hauptgericht.

Quarkblätterteig:
200 g Quark
200 g Mehl (Type 1050) oder Weizenvollkornmehl (auf feinster Stufe gemahlen)
¼ TL Salz
200 g Butter
1 EL Butter zum Bestreichen des Backblechs
1 Eigelb

Füllung:
2 EL Butter
100 g Zwiebeln, fein gehackt
1 Knoblauchzehe, fein gehackt
500 g Champignons oder Egerlinge, feinblättrig geschnitten
1 EL Petersilie, fein gehackt
Salz
50 g Mandeln, gehackt
1 Ei
Pfeffer

Quarkblätterteig: Quark in einem Sieb abtropfen lassen, am besten im Kühlschrank. Mehl auf ein Brett schütten, Salz dazugeben, die Butter auf dem Mehl mit einem Messer in kleine Stücke hacken und mit dem Mehl vermischen, schnell arbeiten. Den Quark zuerst mit dem Messer untermischen, dann den Teig kurz mit den Händen durchkneten. Eine Kugel formen, Teig in einen Plastikbeutel geben und 40 Minuten in das Tiefkühlfach legen.

Der Teig eignet sich auch hervorragend zum Einfrieren.

Füllung: Butter in einer Pfanne erhitzen. Zwiebeln und Knoblauch glasig dünsten, Pilze und Petersilie dazugeben, salzen. 10 Minuten dünsten, dann etwa 3 Minuten unter Rühren auf großer Flamme die Pilzflüssigkeit einkochen lassen. In einer Schüssel die Pilze mit den Mandeln und dem Ei vermischen, mit Pfeffer und Salz abschmecken.

Fertigstellung: Teig halbieren. Eine Teighälfte im Kühlschrank lassen. Der Teig muß schnell verarbeitet werden. Tisch, Nudelholz und Teig mit Mehl bestäuben und den Teig 3 mm dick ausrollen, 12 cm große Quadrate ausschneiden. In die Mitte jedes Quadrates 1½ EL Füllung geben, die Quadrate diagonal zusammenklappen, Teigränder zusammendrücken, die Pastetchen auf ein eingefettetes Blech legen. Mit der zweiten Teighälfte genauso verfahren.

Die Pastetchen mit Eigelb bestreichen, im vorgeheizten Ofen bei mittlerer Hitze in 20 Minuten goldbraun backen.

PIZZA DIECI COSE

Pizza mit zehn Sachen

Für 4–6 Personen

Teig:
(für 2 runde Backbleche, ca. 32. cm Durchmesser):
500 g Weizenvollkornmehl (auf feinster Stufe gemahlen)
30 g Hefe
200 ml lauwarmes Wasser
½ TL Salz
2 EL Olivenöl zum Bestreichen der Bleche

Tomatensauce:
1,25 kg Tomaten, abgezogen, Würfel
1 TL Salz
1 TL Oregano

Belag:
1 rote Paprikaschote, dünne Ringe
1 gelbe Paprikaschote, dünne Ringe
6 Knoblauchzehen, Scheibchen
1 mittlere Zwiebel, dünne Ringe
250 g Champignons, Scheiben
30 Oliven
30 Blatt Basilikum
3 Peperoni, Ringe
300 g Mozzarella, dünne Scheiben
je 100 g Emmentaler und Parmesan, frisch gerieben
125 ml Olivenöl

Teig: 100 g Mehl, Hefe und 100 ml lauwarmes Wasser zu einem Vorteig verrühren. Den Vorteig an einem warmen Platz 30 Minuten gehen lassen. Restliches Mehl, Salz und Vorteig in eine Schüssel geben und vermischen. Nach und nach das restliche Wasser zugeben und in 15 Minuten einen geschmeidigen Teig kneten. Den Teig in einer Schüssel, mit einem Tuch bedeckt, an einem warmen Ort 1½–2 Stunden gehen lassen. Er soll auf das doppelte Volumen anwachsen.

Tomatensauce: Die Tomaten, Salz und Oregano in einem großen Topf in 20–30 Minuten zu einer dicken Paste einkochen. Öfters umrühren.

Belag und Fertigstellung: Die Backbleche mit 2 EL Olivenöl ausstreichen. Den Teig kurz durchkneten, teilen und auf einer bemehlten Fläche dünn ausrollen, auf die Bleche legen, den Rand umschlagen. Teig mit der Tomatensauce bestreichen, Paprikaringe, Knoblauchscheiben, Zwiebelringe, Pilze, Peperoni, Oliven, Basilikum und Mozzarella gleichmäßig verteilen. Mit Emmentaler und Parmesan bestreuen. Zum Schluß das Olivenöl in dünnem Strahl über die Pizza gießen. Pizza im vorgeheizten Backofen bei guter Hitze 20 Minuten backen. Sofort servieren.

Quarkblätterteig (siehe Rezept „Pastetchen mit Pilz-Mandel-Füllung" Seite 158) ist mein Lieblingsteig. Er ist blitzschnell zubereitet und schmeckt, als stecke die hingebungsvolle Arbeit vieler Stunden in ihm. Ganz wichtig zum Gelingen des Teiges: Alle Zutaten müssen sehr kalt sein (die Butter stelle ich einige Zeit vorher in das Tiefkühlfach) und sehr schnell zusammengemischt werden.

PITTABROT

Für 12 kleine Brotfladen

Die arabische Imbißalternative! Pitta, ein weiches Fladenbrot, wird aufgeschnitten, die Brottasche mit Felafel (knusprigen Kichererbsen-Gewürz-Bällchen, Seite 175), scharfer Tomatensauce, Sesam-Mandel-Sauce, Salat, Tomaten, Gurken, Zwiebelringen gefüllt. Kinder füllen sich mit größtem Vergnügen ihre Brottaschen selbst. Alles läßt sich gut im voraus zubereiten. Pittabrot gehört auch zur arabischen Vorspeisentafel (siehe Seite 33) und wird zu Hauptgerichten serviert.

30 g Hefe und 1 TL Honig
275 ml lauwarmes Wasser
500 g Weizenvollkornmehl
(auf feinster Stufe gemahlen)
½ TL Salz
5–7 EL Olivenöl

Die Hefe mit Honig und 100 ml lauwarmem Wasser anrühren. 10 Minuten stehen lassen. Mehl, Salz und 2 EL Olivenöl in eine Schüssel geben, mit der aufgelösten Hefe vermischen, nach und nach das restliche Wasser dazugeben und in 15 Minuten einen geschmeidigen Teig kneten. Eine Teigkugel formen, die Kugel rundum mit 2 EL Olivenöl bestreichen, den Teig in einer zugedeckten Schüssel an einem warmen Ort 2 Stunden gehen lassen.

Den Teig kurz durchkneten, 12 kleine Teigkugeln formen, die Teigkugeln auf einer bemehlten Fläche, mit einem Tuch bedeckt, nochmals 30 Minuten gehen lassen. ½ cm dicke Fladen mit ca. 12 cm Durchmesser ausrollen.

Ein Backblech mit 2 EL Olivenöl bestreichen und im vorgeheizten Backofen 2 Minuten heiß werden lassen (das Öl darf sich nicht dunkel verfärben). 6 Fladen auf das Blech legen, die Oberfläche der Fladen schnell mit kaltem Wasser einpinseln. Die Fladen bei guter Hitze 8–10 Minuten backen; während der Backzeit den Ofen nicht öffnen. Die Oberfläche der Fladen soll nicht gebräunt sein, da sie sonst ihre Biegsamkeit verlieren und brüchig werden.

Die fertigen Pittabrote heiß in ein Küchenhandtuch wickeln, damit sie weich bleiben. Die restlichen Fladen auf die gleiche Art backen.

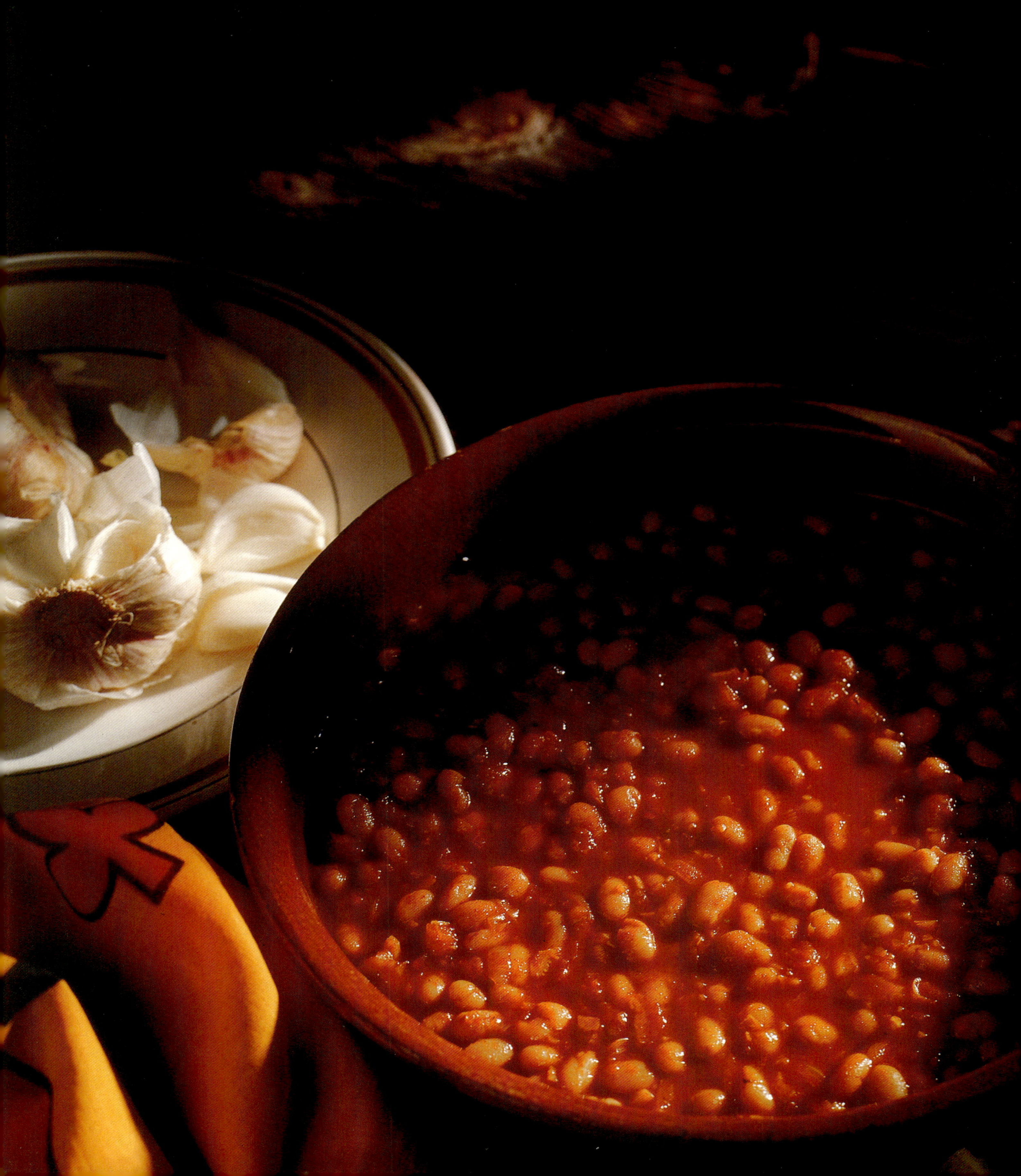

Deftig und Kräftig

Einfach stark!

Dieses Kapitel ist auch all jenen gewidmet, die fürchten, daß sie von der vegetarischen Küche niemals satt werden und ihre Kräfte verlieren (wobei meist an die Manneskräfte gedacht wird).

Mit diesen herzhaften Gerichten werden Holzhacker aufgebaut, Sportler fit, starke Frauen schöpfen neue Energien und Kinder gedeihen prächtig.

Getreide und Hülsenfrüchte sind die ballaststoff- und kohlenhydratreiche Grundlage einer gesunden Ernährung, und im Interesse des eigenen Wohlbefindens sollte man reichlich davon essen. Mit gutem Gewissen, denn Getreide, Bohnen wie auch Kartoffeln machen, entgegen aller Vorurteile, nicht dick.

Aus aller Herren und Damen Länder kommen Spezialitäten für diese Energie-Küche, gut gewürzt und manchmal durchaus pikant. Aus Marokko ein Cous Cous mit Kichererbsen-Gemüsetopf; von den karibischen Inseln das »Plato Belice« mit schwarzen Bohnen, Kokosreis, gebratenen Bananen, Ananas und scharfer Sauce, aus Europa Grünkernknödel und aus Mexiko zur Freude der ganzen Familie würzig gefüllte Weizentortillas.

Andalusischer Bohneneintopf
(Rezept Seite 178)

GETREIDE

Kein vollwertiges Essen ohne Getreide, ob Risotto aus Naturreis, Polenta aus Mais, Pfannkuchen aus Buchweizen oder Vollkornbrot aus Roggen. In welcher Form auch immer, das ganze Getreidekorn ist durch nichts zu ersetzen.

Trägt doch jedes Getreidekorn noch den Keim des Lebens in sich, und wird es in die Erde gesteckt, wächst aus dem Korn eine neue Pflanze. Im ganzen Getreide sind also alle Stoffe enthalten, die ein Leben und Wachsen ermöglichen.

Kaufen Sie nur Getreide aus biologischem Anbau, erstens ist das Ihrer Gesundheit zuträglich und zweitens leisten Sie durch den Kauf von biologischem Getreide einen Beitrag zum Umweltschutz.

GRÜNKERN-KRÄUTER-KNÖDEL

(Foto rechte Seite)
Für 4 Personen

Diese Knödel sind einmal quer durchs Kräuterbeet gerollt und werden mit Karottengemüse in Kapernsauce serviert (Seite 108).

350 g Grünkern, grob geschrotet
700 ml Gemüsebrühe
1 Prise Muskatblüte
1 Zwiebel, fein gehackt
4 Knoblauchzehen, fein gehackt
1 EL Butter
3 EL Petersilienwurzel, fein gerieben
1 TL frischer Majoran, fein gehackt
2 TL frisches Estragon, fein gehackt
2 EL frisches Liebstöckel, fein gehackt
4 EL Schnittlauch, fein geschnitten
3 EL frischer Kerbel, fein gehackt
4 EL Petersilie, fein gehackt
2 Eier
2-3 EL Vollkornmehl
Salz
Pfeffer

Grünkernschrot in einer ungefetteten Pfanne 2 Minuten unter Rühren anrösten. Gemüsebrühe zum Kochen bringen, mit Muskatblüte würzen, Grünkernschrot einrühren, aufkochen. Schrot unter Rühren 3 Minuten auf kleiner Flamme kochen, vom Feuer nehmen und zugedeckt 20 Minuten nachquellen lassen. Die Masse in einer Schüssel leicht auskühlen lassen. Zwiebeln und Knoblauch in der Butter anbraten, bis sie Farbe annehmen, zu der Grünkernmasse geben. Petersilienwurzel, Majoran, Estragon, Liebstöckel, Schnittlauch, Kerbel, Petersilie, Eier und Mehl in die Grünkernmasse kneten. Den Teig mit Salz und Pfeffer abschmecken. Kleine Klöße formen, die Klöße in leicht siedendem Salzwasser 10 Minuten ziehen lassen oder in einem Dampfeinsatz über Wasserdampf 15 Minuten garen.

Die Knödel mit einer Schaumkelle herausnehmen, abtropfen lassen und in einer Schüssel oder auf einer Platte mit Gemüsebeilage auftragen.

HIRSE
Grundrezept
Für 4 Personen

250 ml Hirse
500 ml Gemüsebrühe

Hirse in ein Sieb geben und mit heißem Wasser abbrausen. Gemüsebrühe zum Kochen bringen. Hirse einstreuen und zugedeckt 5 Minuten köcheln. Hirse zugedeckt im Backofen bei geringer Hitze 20 Minuten ausquellen lassen.

Getreide abmessen. Als Maßeinheit für Getreide sind ml (Milliliter) angegeben. Das geht schneller als abwiegen, da Sie den Meßbecher auch für die Kochflüssigkeit brauchen.

GEWÜRZTE HIRSE
Schnellrezept

Für 4 Personen

250 ml Hirse
375 ml kräftige Gemüsebrühe
1 Lorbeerblatt
½ TL Liebstöckel
½ TL Basilikum
1 gute Prise geriebene Muskatnuß
1 Nelke
1 kleine Zwiebel, Achtel
3 Knoblauchzehen

Hirse mit Gemüsebrühe und den restlichen Zutaten in den ungelochten Einsatz des Schnellkochtopfs geben und unter Druck 15 Minuten kochen. Die fertige Hirse mit einer Gabel auflockern und umrühren. So bleibt die Hirse besonders locker und die Gewürze, die sich während des Garvorgangs an der Oberfläche abgesetzt haben, werden gut verteilt.

Grünkern-Kräuter-Knödel mit Karottengemüse in Kapernsauce

EINFACHE POLENTA

Grundrezept

(Foto rechte Seite)
Für 4 Personen

1500 ml Wasser
1½ TL Salz
300 ml Polenta (Maisgrieß)
30 g Butter

Das Wasser zum Kochen bringen, salzen und die Polenta in einem dünnen Strahl einrühren. Weiterrühren, bis die Polentamasse zu Kochen beginnt und Blasen schlägt.
Auf niederer Flamme, im offenen Topf, ca. 45 Minuten kochen. Häufig umrühren.
Die fertige Polenta vom Feuer nehmen und die Butter unterrühren.

POLENTA

Schnellrezept

Für 4 Personen ⚡

250 ml Polenta (Maisgrieß)
1 gute Prise Salz
375 ml Wasser
1 EL Butter

Polenta mit Salz und Wasser in den ungelochten Einsatz des Schnellkochtopfs geben und 20 Minuten unter Druck kochen. Die Butter mit der Gabel unter die fertig gekochte Polenta rühren.
Anstelle von Salzwasser können Sie die Polenta auch mit Gemüsebrühe kochen.

POLENTA PASTICCIATA MIT SPINAT

Für 4 Personen

Ein Schlemmergericht: Spinat, Polenta und Käse werden mit einer cremigen Sauce überbacken.

1 Grundrezept Polenta
Béchamelsauce:
100 g Butter
100 g Mehl (Type 1050)
850 ml heiße Milch
¼ TL Thymian
1 Prise geriebene Muskatnuß
Salz
Pfeffer
100 g Parmesan, frisch gerieben
Füllung:
1 kg Spinat
Salz
2 EL Butter zum Ausfetten der Backform
100 g Parmesan, frisch gerieben

Die heiße Polenta auf einem großen Tablett oder Backblech 1 cm dick ausstreichen und erkalten lassen.
Béchamelsauce: Aus Butter und Mehl eine Mehlschwitze zubereiten. Mit der heißen Milch aufgießen. Alles glattrühren, mit Thymian, Muskat, Salz und Pfeffer würzen. Sauce unter häufigem Rühren 10–15 Minuten leicht kochen, vom Feuer nehmen und mit Parmesan vermischen.
Füllung: Den tropfnassen Spinat mit etwas Salz in einem großen Topf zugedeckt bei mittlerer Hitze in 5–8 Minuten zusammenfallen lassen. Spinat in einem Sieb abtropfen lassen, leicht ausdrücken und grob hacken.
Fertigstellung: Eine Auflaufform mit 1 EL Butter ausstreichen, eine Schicht Polenta hineingeben, etwas Spinat darauf verteilen, einige Löffel Béchamelsauce darüber verstreichen, mit Parmesan bestreuen, eine Schicht Polenta daraufgeben, in der gleichen Reihenfolge weiterverfahren. Die oberste Schicht Polenta mit der restlichen Béchamelsauce begießen, mit Parmesan und Butterflöckchen bestreuen. Bei mittlerer Hitze 45 Minuten im vorgeheizten Ofen backen.

Getreide aufwärmen. Übrige Hirse und Reis bleiben locker und körnig, wenn sie zugedeckt in einem Sieb über kochendem Wasser wieder aufgewärmt werden. Das Sieb darf das Wasser aber nicht berühren.

POLENTA MIT GORGONZOLA ÜBERBACKEN

Für 4 Personen

1 Grundrezept Polenta (Seite 164)
2 EL Butter
200 g Gorgonzola, kleine Stücke

Die fertig gekochte, heiße Polenta 1/2 cm dick auf ein Backblech oder ein Tablett streichen, erkalten lassen. Eine flache Auflaufform mit 1 EL Butter ausstreichen. Mit der Hälfte der Polenta den Boden der Auflaufform bedecken, den Gorgonzola daraufgeben, mit der restlichen Polenta zudecken. Mit Butterflöckchen bestreuen und 20 Minuten im vorgeheizten Backofen bei mittlerer Hitze überbacken. Dazu paßt die gut gekühlte Tomatensauce »Verano« (siehe Seite 84) oder, wenn es Ihnen nicht ganz so sommerlich zumute ist, eine heiße Tomatensauce (Seite 90).

Einfache Polenta

POLENTA-NOCKERLN MIT TOMATENSAUCE

(Foto rechte Seite)
Für 4 Personen

Tomatensauce:
3 EL Olivenöl
4 Knoblauchzehen, fein gehackt
500 g Tomaten, abgezogen, Stücke
Salz
Pfeffer
½ TL Oregano
½ TL Thymian
1 Bund Basilikum, fein gehackt
Nockerln:
1 Rezept Polenta (Seite 164)
200 g Ricotta
150 g Parmesan, frisch gerieben
1 Ei
1 Prise Muskat
1 Prise Piment
Salz
Pfeffer
1½ EL Butter

Tomatensauce: Öl in einer Pfanne erhitzen, Knoblauch unter Rühren kurz anbraten, Tomaten dazugeben, mit Oregano, Thymian, Salz und Pfeffer würzen. Die Tomaten in 7 Minuten zu einer dicken Sauce einkochen. Basilikum unter die Tomatensauce mischen.

Nockerln: Polenta etwas abkühlen lassen, mit Ricotta, 100 g Parmesan und Ei vermischen, die Masse mit Muskat, Piment, Salz und Pfeffer abschmecken. Eine flache Auflaufform mit ½ EL Butter ausstreichen. Mit 2 Löffeln Polenta-Nockerln abstechen. Die Nockerln nebeneinander in die Form setzen, Tomatensauce, restlichen Parmesan und restliche Butter darauf verteilen. Die Nockerln in 15–20 Minuten bei mittlerer Htze im vorgeheizten Ofen gratinieren.

COUS COUS
Marokkanisches Weizengericht

Für 4–6 Personen

Ein Nationalgericht! Die Pyramide aus Grießkörnchen wird mit Streifen von gerösteten Mandeln und Rosenpaprika verziert, dazu wird ein Topf mit Gemüse und Kichererbsen in einer sämigen, gewürzten Sauce gereicht. Als Zugabe gibts ein Töpfchen mit Chilisauce. Das Gericht läßt sich leicht auch für viele Gäste zubereiten und nochmaliges Aufwärmen schadet ihm nicht.

1 EL Butter
70 g geschälte Mandeln
500 g Cous Cous (marokkanischer Weizengrieß)
Salz
1 TL Rosenpaprika

In einer kleinen Pfanne die Butter erhitzen, die Mandeln in 3 Minuten unter Rühren anbraten, Mandeln auf ein Backblech geben, im vorgeheizten Ofen 5–10 Minuten rösten. Ein Sieb mit einem Küchentuch auslegen, Cous Cous hineingeben. 100 ml heißes Wasser unter das Cous Cous mischen. Cous Cous 10 Minuten aufquellen lassen. In einem Topf Wasser zum Kochen bringen. Das Sieb über das kochende Wasser hängen, zudecken, das Wasser darf das Sieb nicht erreichen. Cous Cous 30 Minuten dämpfen.

Das Cous Cous auf ein großes Tablett schütten und mit den Händen zerbröseln, es sollen keine Klumpen bleiben. Cous Cous zurück ins Sieb geben und mit 150 ml heißem Wasser vermischen. Die Garzeit beträgt jetzt noch 30 Minuten. Während dieser Zeit 250 ml heißes Wasser nach und nach untermischen. Cous Cous ab und zu mit der Gabel auflockern, etwas Salz hinzufügen. Die Weizenkörnchen sollen weich aufgequollen sein und nicht zusammenkleben. Wer will, kann zum Schluß noch etwas Butter unter das Cous Cous mischen.

Cous Cous auf einer Platte zu einer Pyramide aufschichten, mit Längsstreifen von Paprikapulver und gerösteten Mandeln verzieren.

Dazu paßt perfekt der marokkanische Kichererbsen-Gemüse-Topf (Seite 178).

MAIS-KÄSE-KLÖSSCHEN

Für 4 Personen

**500 ml Gemüsebrühe
250 ml Maisgrieß (Polenta)
1 Prise geriebene Muskatnuß
30 g Butter
2 Eier
2 EL Vollkornmehl
125 g junger Gouda oder Emmentaler, kleine Würfel
Salz**

Gemüsebrühe zum Kochen bringen. Maisgrieß, Muskat und Butter einrühren, auf kleiner Flamme unter Rühren in 5 Minuten einen dicken Brei kochen. Den Brei 10 Minuten auskühlen lassen, mit verquirlten Eiern und Mehl vermischen. Klößchen von ca. 4–5 cm Durchmesser formen, in die Mitte der Klößchen etwas Käse geben, die Klößchen gut zusammendrücken, in leicht kochendem Salzwasser 8 Minuten ziehen lassen.

Diese Klößchen werden in der Karibik serviert, dazu gibt es eine scharfe Pfeffersauce, oder Kürbisgemüse mit Chili-Zitronen-Sauce (Seite 100).

Polenta-Nockerln mit Tomatensauce

KÄSSPÄTZLE

Für 4 Personen

Die Leibspeise vieler! Mit grünem Salat eine ganze Mahlzeit. Ich empfehle Ihnen die Anschaffung eines Spätzlehobels, er ist billig und die Spätzle sind ruck-zuck fertig.
Für mich sind Vollkornspätzle das am schnellsten zubereitete Gericht aus frisch gemahlenem Getreide. Kinder essen Vollkornspätzle besonders gern mit geriebenem Käse bestreut oder mit einer Tomatensauce.

2 EL Butter
2 EL Öl
700 g Zwiebeln, feine Ringe
400 g Weizenvollkornmehl (auf feinster Stufe gemahlen)
5 Eier
100–125 ml lauwarmes Wasser
1 Prise geriebene Muskatnuß
Salz
1½ EL Butter
300 g Emmentaler, frisch gerieben

1 EL Butter und das Öl in einer Pfanne erhitzen, die Zwiebeln darin in 30–40 Minuten knusprig braun braten, ab und zu umrühren.
Aus Mehl, Eiern, Wasser, Muskat und Salz einen weichen Spätzleteig anrühren. Der Teig wird nur solange gerührt, bis alle Zutaten vermischt sind. Den Teig portionsweise in einen großen Topf mit kochendem Salzwasser reiben. Spätzle sind sehr schnell gar. Wenn sie an der Wasseroberfläche schwimmen, nochmals kurz aufkochen und mit dem Schaumlöffel abschöpfen. Die Spätzle in ein Sieb geben, mit kaltem Wasser abspülen und abtropfen lassen.
Eine Auflaufform mit ½ EL Butter ausfetten und abwechselnd Spätzle, Käse und Zwiebeln einschichten, mit einer Lage Spätzle abschließen. Die restliche Butter über den Spätzle verteilen. Die Kässpätzle im vorgeheizten Ofen bei mittlerer Hitze in 20–30 Minuten überbacken.

HIRSOTTO MIT WALDPILZEN

Für 2 Personen

300 ml Gemüsebrühe
150 ml Hirse
¼ TL Liebstöckel
¼ TL Thymian
1 Lorbeerblatt
Pfeffer
2 EL Butter
1 Zwiebel, fein gehackt
1 Knoblauchzehe, fein gehackt
1 kleine Karotte, sehr kleine Würfel
1 EL Petersilienwurzel, sehr kleine Würfel
1 EL Sellerie, sehr kleine Würfel
250 g gemischte Waldpilze oder Egerlinge, dünne Scheiben
etwas abgeriebene Schale von einer ungespritzten Zitrone
2 EL Petersilie, fein gehackt

In einem Topf mit schwerem Boden Gemüsebrühe zum Kochen bringen, Hirse einstreuen, mit Liebstöckel, Thymian, Lorbeerblatt und Pfeffer würzen.
Die Hirse zugedeckt 5 Minuten köcheln lassen, dann zugedeckt im vorgeheizten Backofen bei 100 Grad in 20 Minuten ausquellen lassen.
In einer Pfanne die Butter schmelzen, Zwiebeln und Knoblauch dazugeben, glasig dünsten. Karotte, Petersilienwurzel und Sellerie hinzufügen, leicht salzen, unter Rühren 2 Minuten braten. Pilze untermischen, unter Rühren 3 Minuten braten. Gemüse mit Salz abschmecken, mit Zitronenschale und Petersilie unter die Hirse mischen. Eventuell noch etwas Gemüsebrühe dazugeben. Das Hirsotto noch 5 Minuten im abgeschalteten Ofen durchziehen lassen.
Zum Hirsotto paßt Tomatensalat.

REIS

Grundrezept

Für 4 Personen

Eine Faustregel: Das Verhältnis von Reis zu Wasser ist 1 : 2.

300 ml Naturreis
700 ml Wasser
Salz

Den gut gewaschenen Reis mit Wasser und Salz zugedeckt zum Kochen bringen. Reis zugedeckt auf kleiner Flamme in 45–50 Minuten gar kochen. Vom Feuer nehmen, 10 Minuten zugedeckt nachquellen lassen.

NATURREIS

Schnellrezept

Für 4 Personen

250 ml Naturreis
Salz
375 ml Wasser

Reis mit Salz und Wasser in den ungelochten Einsatz des Schnellkochtopfs geben und unter Druck 20 Minuten kochen.
Anstelle von Salzwasser können Sie auch Gemüsebrühe verwenden.

SAFRANREIS

Für 4 Personen

2 EL Olivenöl
50 g Zwiebeln, fein gehackt
250 ml Naturreis, gut gewaschen
500 ml Gemüsebrühe
1 Dose Safranfäden (0,15 g)

Das Olivenöl in einem Topf erhitzen, die Zwiebeln 5 Minuten andünsten, den Reis dazugeben und unter Rühren 3 Minuten anbraten, bis alle Reiskörner gut mit Öl überzogen sind und glasig werden. Mit der Gemüsebrühe aufgießen, die Safranfäden zwischen den Fingern zerreiben und dazugeben. Reis bei geschlossenem Topf auf großer Flamme zum Kochen bringen, auf kleine Flamme schalten, zugedeckt 45 Minuten kochen, vom Feuer nehmen und weitere 10 Minuten zugedeckt ausquellen lassen.

RISOTTO PRIMAVERA

Für 4 Personen

60 g Butter
2 EL Olivenöl
1 große Zwiebel, fein gehackt
3 Knoblauchzehen, fein gehackt
400 ml Naturreis
1500 ml Gemüsebrühe
1 Lorbeerblatt
400 g grüner Spargel, 6 cm lange Stücke
2 Stiele Stangensellerie, dünne Scheiben
1 kleine Karotte, 3 mm dünne Stifte
Salz
Pfeffer
1 Bund Petersilie, fein gehackt
2 Tomaten, abgezogen, Würfel
125 ml trockener Weißwein
100 g frische grüne Erbsen
100 g Spinat
120 g Parmesan, frisch gerieben

20 g Butter und das Olivenöl in einem großen Topf mit schwerem Boden erhitzen. Zwiebel und Knoblauch 5 Minuten andünsten, Reis dazuschütten, unter Rühren einige Minuten anbraten, bis alle Körner glasig glänzend mit Fett überzogen sind. Mit 750 ml Gemüsebrühe aufgießen, das Lorbeerblatt dazugeben, zugedeckt zum Kochen bringen und 30 Minuten auf kleiner Flamme köcheln. In einer großen Pfanne die restlichen 40 g Butter erhitzen, Spargel, Sellerie, Karotten 5 Minuten darin andünsten, mit Salz und Pfeffer würzen, Petersilie und Tomaten dazugeben, die Gemüse einige Minuten weiterdämpfen, mit Weißwein aufgießen, kurz aufkochen und die Gemüse mit den Erbsen und 250 ml Brühe zum Reis geben. Vorsichtig umrühren. Die restliche Kochzeit beträgt noch ca. 20 Minuten. Der Risotto wird jetzt nicht mehr zugedeckt; gießen Sie während des Kochens mehr Gemüsebrühe nach, wenn nötig, die gesamte noch vorhandene Menge. Fahren Sie ab und zu vorsichtig mit dem Rührlöffel am Topfboden entlang, damit nichts ansetzt. Der Risotto soll nur leicht kochen. Die letzten 5 Minuten wird der Risotto noch einmal zugedeckt. Den tropfnassen Spinat in einem kleinen Topf zugedeckt mit etwas Salz bei mittlerer Hitze zusammenfallen und in einem Sieb abtropfen lassen.
Der Reis ist fertig, wenn er noch einen kleinen Biß hat und keine Flüssigkeit mehr im Topf steht.
Risotto vom Feuer nehmen, Spinat untermischen, Risotto zugedeckt 10 Minuten nachquellen lassen. Mit 60 g Parmesan vermischen, den restlichen extra dazureichen.

PAËLLA

Für 4–6 Personen

Ein herrliches Reisgericht, weit über die Grenzen Spaniens hinaus bekannt.

2 rote Paprikaschoten
10 g getrocknete Hijikialgen
200 ml Wasser
80 ml Olivenöl
400 ml Vollkornreis
1000 ml Gemüsebrühe
2 kleine Döschen Safranfäden (0,3 g)
1 Lorbeerblatt
1 Zwiebel, fein gehackt
6–8 Knoblauchzehen, fein gehackt
1½ TL Paprika, edelsüß
1 grüne Paprikaschote,
2 cm große Stücke
150 g grüne Bohnen, 3 cm große Stücke
1 kleine Stange Lauch,
1,5 cm breite Ringe
2 Stiele Stangensellerie,
1,5 cm breite Streifen
1 kleine Karotte, 2 cm lange dünne Streifen
Salz, Pfeffer
4 mittlere Tomaten, gehäutet, kleine Würfel
1 Zitrone, geviertelt

Die roten Paprikaschoten im Ofen 30 Minuten backen, bis die Haut Blasen wirft und sich dunkelbraun färbt. Kurz abkühlen lassen, die Haut abziehen, Stiele und Kerne entfernen und die Paprikaschoten in 1 cm breite Streifen schneiden. Zum Dekorieren beiseite stellen.

Die Algen in dem kalten Wasser einweichen.
Vom Olivenöl 2 EL in einem Topf erhitzen, den gut gewaschenen Reis unter Rühren 3 Minuten anbraten, bis alle Körner glänzend und glasig sind. Mit der Gemüsebrühe aufgießen, die Safranfäden zwischen den Fingern zerreiben und mit dem Lorbeerblatt zum Reis geben, zugedeckt zum Kochen kommen lassen und zugedeckt 25 Minuten weiterkochen, bis der Reis halb gar ist.
Das restliche Olivenöl in einer Paëllapfanne oder einer großen Bratpfanne erhitzen. Zwiebeln und Knoblauch 10 Minuten andünsten, Paprikapulver unter Rühren kurz mitrösten, Bohnen, Paprikaschoten, Lauch, Stangensellerie und Karotten dazugeben, salzen, pfeffern und 10 Minuten anbraten, ab und zu umrühren. Die Tomaten dazugeben und 5 Minuten mit anbraten.
Den halbgegarten Reis mit der Gemüsebrühe, den Hijikialgen und 100 ml Einweichwasser in die Paëllapfanne geben, alles gut vermischen, mit Salz und Pfeffer abschmecken. Den Reis in 25–30 Minuten bei mittlerer Hitze weich kochen. Sollte der Reis trocken werden, mehr von dem Algeneinweichwasser zugeben. Wenn der Reis gar ist (mit ganz leichtem Biß), die Pfanne vom Feuer nehmen und den Reis zugedeckt noch ca. 5–10 Minuten ausquellen lassen.
Die fertige Paëlla mit roten Paprikastreifen und Zitronenvierteln garnieren.

KOKOSREIS

(Foto Seite 174)
Für 4 Personen

1 EL Öl
250 ml Naturreis
1 Prise Piment
1 Prise Muskatblüte
1 TL Curcuma
300 ml Gemüsebrühe
250–300 ml selbstgemachte Kokosmilch mit Wasser
(siehe Seite 121)
Salz

Öl in einem Topf mit schwerem Boden erhitzen. Reis unter Rühren anbraten, bis alle Körner von einer glänzenden Ölschicht umgeben sind. Piment, Muskatblüte und Curcuma unter den Reis mischen, mit der Gemüsebrühe aufgießen und bei geringer Hitzezufuhr 25–30 Minuten köcheln. 250 ml Kokosmilch dazugießen, leicht salzen und zugedeckt weitere 25 Minuten köcheln; bei Bedarf noch etwas Kokosmilch dazugießen. Den fertigen Reis vom Feuer nehmen und zugedeckt 10 Minuten nachquellen lassen.
Wird mit schwarzen Bohnen, gedünsteter Ananas, gebratenen Bananen und Pfeffersauce (Seite 174) auf den karibischen Inseln gegessen.

PILAW
Gewürzreis mit gebratenen Mandeln

(Foto Seite 118)
Für 4 Personen

3 EL Öl
1 Zwiebel, fein gehackt
2 Knoblauchzehen, fein gehackt
1 Prise Kardamom
3 Nelken
1 Stück Muskatblüte
1/2 Zimtstange
1 Lorbeerblatt
250 ml Naturreis
600 ml Gemüsebrühe
1 Dose Safran (0,15 g)
2 EL Rosinen
50 g Mandeln, blättrig geschnitten

2 EL Öl erhitzen, Zwiebeln und Knoblauch anbraten. Kardamom, Nelken, Muskatblüte, Zimt und Lorbeerblatt dazugeben, kurz anrösten. Den Reis hinzufügen, unter Rühren anbraten, bis alle Körner gleichmäßig mit Öl überzogen sind, dann Gemüsebrühe aufgießen. Safran und Rosinen dazugeben, zugedeckt zum Kochen bringen, auf kleiner Flamme 45 Minuten kochen. Pilaw vom Feuer nehmen und zugedeckt 5–10 Minuten nachquellen lassen. Restliches Öl in einer kleinen Pfanne erhitzen, die Mandeln goldbraun braten, Pilaw mit den gebratenen Mandeln garnieren.
Pilaw paßt besonders gut zu indischen Gemüse-Curries.

AUBERGINEN-JOGHURT-PILAW
Für 4 Personen

6 EL Olivenöl
750 g Auberginen, 1 cm dicke Längsscheiben
Salz
300 g Zwiebeln, fein gehackt
4 Knoblauchzehen, fein gehackt
10 Korianderkörner
2 cm Zimtstange
1 Pimentkorn
1 Stück Muskatblüte
Samen aus 1–2 Kardamomkapseln
300 ml Naturreis
700 ml Gemüsebrühe
50 g Rosinen
2 EL Butter
50 g gehackte Mandeln
150 ml Joghurt
1 Ei, verquirlt

Ein Backblech mit 2 EL Olivenöl einstreichen, Auberginenscheiben darauf legen, salzen und mit 2 EL Olivenöl einpinseln. Im vorgeheizten Ofen insgesamt 20 Minuten bei mittlerer Hitze backen, die Auberginenscheiben nach 10 Minuten umdrehen.
2 EL Olivenöl in einem schweren Topf erhitzen, Zwiebeln und Knoblauch in 10 Minuten glasig dünsten, Koriander, Zimt, Piment, Muskatblüte und Kardamomsamen im Mörser fein zerstoßen, in den Topf geben und kurz miterhitzen. Reis dazugeben, unter Rühren glasig dünsten; alle Reiskörner müssen gleichmäßig von einer glänzenden Öl- schicht überzogen sein. Mit der Gemüsebrühe aufgießen, den Reis zugedeckt zum Kochen bringen, 45 Minuten zugedeckt fertig garen. 15 Minuten vor Beendigung der Kochzeit die Rosinen auf den Reis streuen.
Den fertig gekochten Reis vom Feuer nehmen und zugedeckt 10 Minuten nachquellen lassen.
1 EL Butter in einer kleinen Pfanne erhitzen, die Mandeln knusprig braten. Mandeln unter den Reis mischen.
Eine Auflaufform mit 1 EL Butter ausstreichen. Den Joghurt und das Ei vermischen. In die Auflaufform abwechselnd eine Schicht Reis und eine Schicht der vorher in der Joghurt-Ei-Mischung gewendeten Auberginenscheiben geben, mit einer Schicht Reis abschließen. Die Auflaufform gut verschließen, Pilaw 30 Minuten bei mittlerer Hitze im vorgeheizten Ofen backen.

BUCHWEIZENCRÊPES-BERG

Für 4–6 Personen

Für 8 Buchweizencrêpes:
125 ml Milch
125 ml Wasser
2 Eier
¼ TL Salz
150 g Buchweizenmehl (auf feinster Stufe gemahlen)
60 g Butter
5 EL Öl

Champignon-Frischkäse-Füllung:
¼ Zwiebel, fein gehackt
1 EL Butter
1 EL Olivenöl
400 g Champignons, dünne Scheiben
100 g Frischkäse
1 Ei, Salz

Spinatfüllung:
750 g Spinat
Salz
½ Zwiebel, fein gehackt
1 EL Butter

Tomatenfüllung:
1½ kg Tomaten, abgezogen, kleine Würfel
2 EL Butter
½ EL Petersilie, fein gehackt
¼ TL Thymian
1 TL Basilikum
Salz
Pfeffer
2 EL Béchamelsauce (siehe unten),

Béchamelsauce:
50 g Butter
60 g Mehl Type 1050
600 ml heiße Milch
1 Prise Muskatnuß
Pfeffer
Salz
60 ml Sahne
100 g Emmentaler oder Gruyère, frisch gerieben
1 EL Butter für die Form

Buchweizencrêpes: Milch, Wasser, Eier, Salz gut verrühren (geht am einfachsten mit dem Handrührgerät). Mehl unterrühren, Butter schmelzen und in den Teig rühren. Den Teig 1 Stunde kaltstellen. Eine Pfanne dünn mit Öl bestreichen (benutzen Sie dazu ein Papierküchentuch, das Sie in Öl eintauchen). Das Öl heiß werden lassen. Einen Schöpfer Crêpesteig in die Pfanne geben. Die Crêpes auf beiden Seiten knusprig braun backen. Sollte der Teig zu dick werden, etwas Milch unterrühren.

Champignon-Frischkäse-Füllung: Zwiebeln in Butter und Olivenöl glasig dünsten, Champignons dazugeben, unter Rühren 4 Minuten anbraten, salzen. Den Frischkäse mit dem Ei zu einer glatten Paste verrühren, Champignons dazugeben, vermischen. Mit Salz abschmecken.

Spinatfüllung: Den tropfnassen Spinat mit etwas Salz in einem geschlossenen Topf in 3 Minuten zusammenfallen und in einem Sieb abtropfen lassen, grob hacken. Die Zwiebeln in der Butter glasig dünsten, Spinat dazugeben, kurz mitdünsten.

Tomatenfüllung: Tomaten, Butter, Petersilie, Thymian und Basilikum in einem flachen Topf unter Rühren 30 Minuten zu einer dicken Sauce einkochen, mit Salz und Pfeffer abschmecken und mit 2 EL Béchamelsauce vermischen.

Béchamelsauce: Aus Butter und Mehl eine Mehlschwitze zubereiten, die heiße Milch dazugeben, die Sauce glatt rühren, mit Muskat, Pfeffer und Salz würzen. Die Sauce unter Rühren zum Kochen bringen und unter Rühren 2 Minuten kochen. Auf kleine Flamme stellen und langsam die Sahne unterrühren. Vom Feuer nehmen. Die Sauce mit dem Käse vermischen.

Überbacken der Crêpes: Eine Auflaufform, die nur wenig mehr Durchmesser als die Crêpes hat, mit Butter ausstreichen. Ein Crêpe auf den Boden legen, mit einem Teil der Champignon-Frischkäse-Füllung bestreichen, mit einem Crêpe zudecken, etwas Spinat und 2 EL Béchamelsauce darauf verteilen. Ein weiteres Crêpe flach darauf legen, mit der Tomatenfüllung bestreichen, in der gleichen Reihenfolge fortfahren, bis alle Zutaten verbraucht sind, mit einem Crêpe abschließen. Die restliche Béchamelsauce darübergießen. Den Crêpesberg im vorgeheizten Backofen bei mittlerer Hitze 25–30 Minuten überbacken.

HÜLSENFRÜCHTE

Hülsenfrüchte und Getreide gehören zusammen, ergänzen sich sowohl geschmacklich als auch in ihrem Nährwert.
Hülsenfrüchte sind die eiweißreichsten pflanzlichen Lebensmittel. Für den menschlichen Organismus besonders gut verwertbar ist das Eiweiß der Hülsenfrüchte, wird es gemeinsam mit Getreide gegessen. Setzt man diese trockene Theorie in die Essenspraxis um, findet man saftige Gerichte: Pittabrot gefüllt mit Kichererbsenbällchen, Salat und Saucen; eine indische Reistafel mit Pilaw und orange-rotem Linsengericht, andalusischer Eintopf von weißen Bohnen und Vollkornbrot.

MASOOR DAL
Indisches Linsengericht

(Foto Seite 118)
Für 4 Personen

Dal, ein Gericht aus Hülsenfrüchten, wird in Indien zu fast jeder Mahlzeit gegessen. Dal, Reis, ein Chutney, Joghurt und eine gebratene Banane stellen schon ein einfaches indisches Essen dar. Die kleinen, orangeroten Linsen gibt es in griechischen und türkischen Geschäften zu kaufen.

250 g kleine, orangerote Linsen
1000 ml Wasser
2 EL Öl
2 TL schwarze Senfkörner
1/2 TL Cumin
1/2 TL Koriander
1 rote Chilischote
1 EL frischer Ingwer, gerieben
Salz
Saft von 1/2 Zitrone

Linsen mit dem Wasser zum Kochen bringen, Schaum abschöpfen, die Linsen zugedeckt in 20 Minuten weich kochen. In einer kleinen Pfanne das Öl erhitzen, Senfkörner, Cumin und Koriander anrösten, bis die Senfkörner anfangen hochzuspringen. Die Gewürze zu den Linsen geben, Chilischote und Ingwer hinzufügen. Linsen mit Salz abschmecken, 5 Minuten leicht köcheln, dann vom Feuer nehmen und mit Zitronensaft vermischen. Das fertige Dal soll die Konsistenz einer dicken Sauce haben.

ROTE BOHNEN UND REIS

Für 4 Personen

Eine typische, sehr nahrhafte Kombination der karibischen Küche.

150 g rote Bohnen, über Nacht eingeweicht
1 EL Butter
1 EL Öl
1 kleine Zwiebel
2 Knoblauchzehen, fein gehackt
300 g Naturreis
1 Nelke
700 ml Gemüsebrühe

Die eingeweichten Bohnen abgießen. Abgetropfte Bohnen mit 1 l Wasser zum Kochen bringen und zugedeckt in 1 1/2–2 Stunden weich kochen; die Kochflüssigkeit soll fast verdampft sein.
In einem Topf Butter und Öl erhitzen, Zwiebel und Knoblauch darin glasig dünsten, Reis und Nelke hinzufügen. Reis unter Rühren anbraten, bis alle Reiskörner gleichmäßig mit Öl überzogen sind. Mit der Gemüsebrühe aufgießen, zum Kochen bringen, Reis zugedeckt in 45–50 Minuten leicht kochend fertig garen.
Die Bohnen abtropfen lassen, unter den Reis mischen. Reis und Bohnen vom Feuer nehmen, zugedeckt noch 10 Minuten nachquellen lassen.

DEFTIG UND KRÄFTIG

PLATO BELICE

(Foto unten)
Für 4 Personen

Wenn Sie für viele Gäste ein besonderes Essen kochen wollen, dann empfehle ich Ihnen das Plato Belice. Servieren Sie alles gleichzeitig und essen Sie alles miteinander: Kokosreis (Rezept Seite 170), Schwarze Bohnen, Pfeffersauce, gedünstete Ananas und gebratene Bananen. Bohnen, Reis und Sauce lassen sich leicht warm halten, und wenn die Gäste da sind, müssen Sie nur noch die Bananen braten.

GEDÜNSTETE ANANAS

(Foto unten)
Für 4 Personen

400 g frische Ananas, Scheiben
1 EL Honig
Saft von 1 Zitrone

200 ml Wasser zum Kochen bringen, Ananas, Honig und Zitronensaft hineingeben, zugedeckt 10 Minuten leicht kochen. Ananas aus dem Kochwasser nehmen, auf einer Platte anrichten.

PFEFFERSAUCE

(Foto unten)
Für 4 Personen

2 EL Öl
100 g Zwiebeln, fein gehackt
3 Knoblauchzehen, fein gehackt
4 Chilischoten, fein gehackt
500 g Tomaten, abgezogen, Würfel
½ TL Thymian
2 TL Honig
Salz

Öl erhitzen, Zwiebeln, Knoblauch und Chili 5 Minuten anbraten. Alle übrigen Zutaten zugeben. Alles in 10–15 Minuten zu einer dicken Sauce kochen.

SCHWARZE BOHNEN

(Foto links)
Für 4 Personen

300 g kleine schwarze Bohnen, über Nacht eingeweicht
1000–1200 ml Wasser
3 EL Öl
200 g Zwiebeln, fein gehackt
4 Knoblauchzehen, fein gehackt

Bohnen abtropfen lassen. Mit Wasser und den übrigen Zutaten zugedeckt in 1½–2 Stunden weich kochen; wenn nötig, Wasser dazugießen. Die Bohnen sind fertig, wenn sie sich ganz leicht zerdrücken lassen und die Brühe zu einer dicken, sämigen Sauce eingekocht ist. Bohnen mit Salz abschmecken.

GEBRATENE BANANEN

(Foto links)
Für 4 Personen

Die Bananen für dieses Rezept dürfen nicht zu weich sein.

150 ml Öl
4 Bananen

Öl in einer Pfanne erhitzen, Bananen von beiden Seiten goldbraun braten.

SESAM-MANDEL-SAUCE

Für 4 Personen

4 Knoblauchzehen
100 g Tahini (Sesammus)
100 g Mandelmus
Saft von 2 Zitronen
100 ml kaltes Wasser
Salz

Die Knoblauchzehen im Mörser zerstoßen oder fein hacken. Knoblauch, Tahini, Mandelmus und Zitronensaft zu einer glatten Paste verrühren. Das Wasser in kleinen Mengen dazugeben, gut verrühren (am einfachsten geht es mit dem Handrührgerät) und mit Salz abschmecken. Es soll eine sämige Sauce von der Konsistenz einer Mayonnaise entstehen. Schmeckt gut zu Felafel.

FELAFEL
Arabische Kichererbsenbällchen

Für 4 Personen

Ein orientalischer Imbiß-Knüller, Pittabrott (Seite 159) gefüllt mit Felafel, scharfer Tomatensauce, Sesam-Mandel-Sauce, Zwiebeln, Salat und Gurke.

300 g Kichererbsen, über Nacht eingeweicht
3 Knoblauchzehen, gepreßt
1 TL Rosenpaprika, edelsüß
1½ TL Cumin
1 TL Koriander
1 Prise geriebene Muskatnuß
7–8 EL Weizenvollkornmehl (feinst gemahlen)
Salz
Öl zum Fritieren

Die eingeweichten Kichererbsen abgießen und abtropfen lassen. Kichererbsen durch die feine Scheibe des Fleischwolfes drehen, mit Knoblauch, Paprika, Cumin, Koriander, Muskatnuß und Mehl vermischen, den Teig mit Salz abschmecken. Fritieröl erhitzen. Bakken Sie ein Probebällchen von 3 cm Durchmesser, wenn nötig noch etwas Mehl unter den Teig mischen. Bällchen mit 3 cm Durchmesser formen, im Öl rundum knusprig braun backen. Die Felafelbällchen kurz auf einem Papierküchentuch abtropfen lassen, heiß oder kalt mit einer Sauce servieren.

SCHARFE TOMATENSAUCE AUS ROHEN TOMATEN

Für 4 Personen

1 TL Cuminsamen
20 Korianderkörner
Samen aus 3 Kardamomkapseln
1 bis 2 rote Chilischoten
10 Knoblauchzehen
½ TL Rosenpaprika, edelsüß
300 g Tomaten, abgezogen, sehr kleine Würfel
Salz

Cuminsamen, Korianderkörner und Kardamomsamen in einer trockenen Pfanne kurz anrösten, dann mit den Chilischoten im Mörser fein zerstoßen. Knoblauchzehen und Rosenpaprika dazugeben und alles zu einer Paste zerreiben.
Die Tomaten in eine kleine Schüssel geben, mit der Gewürz-Knoblauch-Paste vermischen, mit Salz abschmecken.
Wenn Sie keinen Mörser haben, können Sie sämtliche Saucenzutaten im Mixer pürieren.

HIRTENTOPF

Für 4 Personen

Herzhaftes Bohnen-Gemüse-Gericht! Mit Zaziki, Salat und Fladenbrot eine deftige Hauptmahlzeit.

**200 g weiße getrocknete Bohnen
2 mittlere Zwiebeln, dünne Ringe
6 Knoblauchzehen, fein gehackt
125 ml Olivenöl
3 grüne Paprikaschoten, Streifen
2 Stiele Stangensellerie, Stücke
1 kg Tomaten, abgezogen, kleine Würfel
2 EL Tomatenmark
1/2 TL Thymian
Salz
Pfeffer**

Bohnen in kaltem Wasser 6 Stunden einweichen. Einweichwasser abgießen, die Bohnen in 1 l Wasser zugedeckt in 1–2 Stunden weich kochen (im Dampfkochtopf 1 Stunde). Bohnen in ein Sieb geben und abtropfen lassen. Zwiebeln und Knoblauch in 2 EL Olivenöl 10 Minuten andünsten, die Paprikastreifen dazugeben, 5 Minuten mitdünsten, Stangensellerie, Tomaten, Tomatenmark, Thymian, Salz und Pfeffer hinzufügen, umrühren und 15 Minuten kochen. Eine Auflaufform mit 1 EL Olivenöl ausfetten, abwechselnd Bohnen und Gemüse einschichten, das restliche Olivenöl über den Gemüsetopf gießen und im vorgeheizten Ofen bei mittlerer Hitze 45 bis 60 Minuten backen.

TAGINE
Gemüse, Kichererbsen und Pflaumen im Tontopf

Für 4 Personen

Tagine wird in Marokko in runden Tontöpfen mit kaminförmigem Deckel zubereitet, bei uns kommt hierfür der gute alte Römertopf zum Einsatz. Eine unproblematische Kochweise, die nebenbei Zeit für andere Dinge läßt, z. B. für eine besonders raffinierte Süßspeise.

**100 g Kichererbsen, über Nacht eingeweicht
12 getrocknete Pflaumen, 2 Stunden in 300 ml Wasser eingeweicht
1/2 TL Cuminsamen
25 Korianderkörner
1 Pimentkorn (Nelkenpfeffer)
4 Knoblauchzehen
1/2 TL gemahlenes Curcuma
1 EL Olivenöl
1 grüne Chilischote, fein gehackt
Salz
750 g Kartoffeln, 1/2 cm dicke Scheiben
1 große Zwiebel, dünne Ringe
1 Petersilienwurzel, dünne Scheiben
250 g Selleriewurzel, 1/2 cm dicke Scheiben
500 g Tomaten, abgezogen, 1/2 cm dicke Scheiben**

Die eingeweichten Kichererbsen abgießen, gut abtropfen lassen, mit 1 l Wasser zum Kochen bringen, zugedeckt in 1 bis 2 1/2 Stunden weich kochen (im Dampfkochtopf 45–60 Minuten). Kichererbsen abgießen, Kochwasser aufbewahren.
Die Pflaumen abgießen, Einweichwasser auffangen, Pflaumen halbieren, eventuell Kerne entfernen. Den Römertopf 10 Minuten wässern.
Die Cuminsamen und Korianderkörner in einer kleinen trockenen Pfanne kurz anrösten. Beides mit Piment im Mörser zerstoßen, Knoblauchzehen dazugeben, zerstoßen (oder gepreßte Knoblauchzehen dazugeben). Das Pflaumeneinweichwasser mit dem Erbsenkochwasser auf 250 ml aufgießen, die Flüssigkeit mit der Knoblauch-Gewürz-Mischung, Curcuma, Olivenöl und Chili zu einer Sauce anrühren, mit Salz abschmecken.
Römertopf abtropfen lassen, den Boden des Römertopfes mit den Kartoffelscheiben bedecken, leicht salzen, nacheinander einige Pflaumenstücke, die Zwiebelringe, Kichererbsen, einige Pflaumenstücke, Sellerie und Petersilienwurzel in den Topf schichten, leicht salzen. Die Gemüse mit den Tomatenscheiben bedecken, die Sauce darübergießen. Den geschlossenen Römertopf in den kalten Backofen stellen, alles bei mittlerer Hitze zugedeckt 45 Minuten schmoren lassen. Das Gericht im Römertopf servieren.
Dazu schmeckt Salat mit einer Joghurt-Minz-Sauce.

FRIJOLES TIA MARIA

Mexikanischer Bohnentopf

(Foto rechts)
Für 4 Personen

400 g Wachtelbohnen, über Nacht eingeweicht
3 EL Öl
300 g Zwiebeln, fein gehackt
6 Knoblauchzehen, fein gehackt
1 Chilischote, fein gehackt
½ TL Cumin
1½ TL Rosenpaprika, edelsüß
¼ TL Curcuma
¼ TL Koriander
4–5 EL Sojasauce
3 EL Tomatenmark
Salz
4 EL saure Sahne
2 EL Zwiebeln, dünne Ringe

Wachtelbohnen abgießen und abtropfen lassen. Bohnen mit 1½ l Wasser zum Kochen bringen, zugedeckt in 1 Stunde weich kochen.

In einem großen Topf das Öl erhitzen, Zwiebeln und Knoblauch 15 Minuten andünsten, Gewürze unter Rühren kurz miterhitzen. Sojasauce und Tomatenmark hinzufügen und unter Rühren 5 Minuten einkochen. Die Bohnen dazugießen, mit Salz oder Sojasauce abschmecken. Den Eintopf noch 10 Minuten kochen; die Bohnen sollen von einer dicken, sämigen Sauce umgeben sein.

Den Bohnentopf mit saurer Sahne, Zwiebelringen, Salsa picante und Tortillas (Seite 180 und 183) servieren.

ANDALUSISCHER BOHNENEINTOPF

(Foto Seite 160)
Für 4 Personen

300 g weiße Bohnen, über Nacht eingeweicht
1200 ml Wasser
2½ Zwiebeln, fein gehackt
30 g Knoblauch, fein gehackt
7 EL Olivenöl
4 TL Paprika, edelsüß
¼ TL Paprika, scharf
3 EL Tomatenmark
Salz oder Instant-Gemüsebrühe
1 Lorbeerblatt

Die Bohnen abgießen und abtropfen lassen. Mit 1,2 l Wasser zum Kochen bringen. Bohnen weich kochen. Zwiebeln und Knoblauch in Olivenöl 10 Minuten glasig dünsten, Paprika edelsüß und scharf dazugeben und kurz unter Rühren anrösten. Das Tomatenmark hinzufügen und 2 Minuten unter Rühren erhitzen. Die Bohnen und 700 ml Kochflüssigkeit dazugeben, gut umrühren, mit Gemüsebrühwürfel würzen, das Lorbeerblatt dazugeben, und den Eintopf zugedeckt 40–60 Minuten köcheln lassen, öfters umrühren.

MAROKKANISCHER KICHERERBSEN-GEMÜSE-TOPF

Für 4 Personen

100 g Kichererbsen, über Nacht eingeweicht
100 ml Olivenöl
300 g Zwiebeln, dicke Ringe
8 Knoblauchzehen
1–1½ TL Cumin
½ TL Koriander
2 TL Paprika, edelsüß
1 Prise Piment (Nelkenpfeffer)
1 gute Prise Zimt
200 g Auberginen, große Würfel
1 Paprikaschote, breite Streifen
100 g Sellerie, große Würfel
150 g Karotten, dicke Scheiben
200 g grüne Bohnen, halbiert
400 g Tomaten, geschält, geviertelt
100 g Lauch, dicke Scheiben
100 g Zucchini, dicke Scheiben
1 Bund Petersilie, fein gehackt
Salz
1 kleine Dose Safran (0,15 g)
1 TL Instant Gemüswbrühe
1–2 rote getrocknete Chilischoten

Die eingeweichten Kichererbsen abgießen, mit 1 l Wasser zum Kochen bringen, 1–2½ Stunden weich kochen (im Dampfkochtopf 45–60 Minuten). Kichererbsen abgießen, das Kochwasser auffangen, ½ l Kochwasser abmessen; wenn das Kochwasser zu sehr eingekocht ist, mit Wasser oder Gemüsebrühe auf ½ l auffüllen.
In einem großen Topf Olivenöl erhitzen, Zwiebeln und ganze Knoblauchzehen bei starker Hitze 5 Minuten anbräunen, Cumin, Koriander, Paprika, Piment und Zimt dazugeben, kurz mitrösten. Auberginen, Paprika, Sellerie und Karotten in den Topf geben, unter Rühren 3 Minuten anbraten, Bohnen, Tomaten, Lauch, Zucchini, Petersilie und Kichererbsen dazugeben, salzen und unter Rühren 2 Minuten anbraten. Mit dem Bohnenkochwasser aufgießen, Safran hinzufügen, mit Gemüsebrühe abschmecken und die Gemüse zugedeckt 30 Minuten bei mäßiger Hitze garkochen.
Chilischoten im Mörser fein zerstoßen oder fein hacken. Einen Schöpfer Sauce von den Gemüsen nehmen und mit dem Chili vermischen.
Die Chilisauce getrennt reichen.
Mit einem Schälchen Naturjoghurt fügen Sie dem Essen noch eine erfrischende Variante hinzu.
Dazu passen Cous Cous (Seite 166), Hirse (Seite 162) oder Pitta-Brot (Seite 159).

BOHNENTOPF »ALFREDO«

(Foto rechts)
Für 4 Personen

200 g weiße Bohnen, über Nacht eingeweicht
4 EL Olivenöl
5 Knoblauchzehen, fein gehackt
300 g Auberginen, kleine Stücke
300vg Zucchini, dicke Scheiben
Salz
400 g Tomaten, abgezogen, Viertel
1 TL Oregano
½ TL Thymian
1 Lorbeerblatt
1 Prise Chili
1–2 TL Instant Gemüsebrühe
2 EL Weißwein
2 EL Basilikum, fein geschnitten

Bohnen abgießen, mit 1 l Wasser zum Kochen bringen und zugedeckt in ca. 1 Stunde weich kochen (Schnellkochtopf 20 Minuten). Bohnen in ein Sieb abgießen, 400 ml Kochflüssigkeit abmessen. Olivenöl in einem großen, flachen Topf erhitzen, Knoblauch und Zwiebeln in 10 Minuten unter Rühren goldgelb braten. Auberginen dazugeben, leicht salzen, unter Rühren 5 Minuten braten, Zucchini dazugeben. Das Gemüse noch 5 Minuten schmoren. Tomaten, Bohnen und Kochwasser untermischen, mit Oregano, Thymian, Lorbeerblatt, Chili, Weißwein und Gemüsebrühe würzen. Alles noch 10 Minuten leicht köcheln. Mit Salz abschmecken, mit Basilikum garniert servieren.

MEXIKANISCHE TORTILLAS

Mexikanische Tortillas sind dünne, ungesäuerte Fladenbrote aus Mais oder Weizen. Weizentortillas werden vor allem in Nordmexiko und in Neu-Mexiko gegessen.

Tortillas sind das tägliche Brot der Mexikaner. Wie hier Bäckereien, gibt es dort an jeder Straßenecke ein Tortillageschäft. Angefangen mit dem Frühstück, werden sie zu jeder Mahlzeit haufenweise verzehrt. Aber Tortillas sind nicht nur Beilage, oft bilden sie die Grundlage der gesamten Mahlzeit. Mit den verschiedensten Zutaten werden sie ge- und überbacken, mit und ohne Füllung fritiert.

Essen ohne Tortillas, für die Mexikaner wie ein Ei ohne Dotter. Aber man muß nicht im heißen Mexiko geboren sein, um diese, auf den ersten Blick recht unscheinbaren, Fladen zu schätzen. Eine Tortilla, gefüllt mit Käse, Salat und scharfer Sauce, dazu ein paar Löffel der würzigen Bohnen »Tia Maria«, schmeckt, soweit ich es beobachten konnte, allen, vom kritischen Kleinkind bis zu den skeptischen Großeltern, wobei die Menge der jeweiligen Füllung, je nach Geschmack, variiert werden kann. Es gibt auch niemand, der von gefüllten Tortillas nicht zufrieden satt geworden ist.

Ich schreibe hier aus langjähriger Erfahrung mit Weizen-Tortillas. In der Gastronomie, in Kochseminaren für Erwachsene, für Schulkinder und Jugendliche, im Freundes- und im Familienkreis, Tortillas sind immer ein Hit.

Weiterer, riesiger Pluspunkt: Tortillas und Bohnen, dazu etwas Käse und frischer Salat, erfüllen alle Anforderungen an eine gesunde Ernährung: viele ballaststoffreiche Kohlenhydrate, genügend Eiweiß, nicht zu viel Fett, dazu Vitamine und Mineralstoffe.

MEXIKANISCHE TORTILLAS

Für 12 Tortillas

300 g Weizenmehl (Type 1050)
100 g Weizenvollkornmehl (auf feinster Stufe gemahlen)
60 ml Öl
1/2 TL Salz
225–250 ml lauwarmes Wasser

Mehl, Öl und Salz in einer Schüssel vermischen, das Wasser nach und nach dazugeben, bis ein fester Teig entsteht. Den Teig 10 Minuten kneten, bis er ganz geschmeidig ist. Teig 20 Minuten zugedeckt ruhen lassen. Aus dem Teig 12 Kugeln formen. Die Teigkugeln mit der Hand zu einem kleinen Kreis plattdrücken. Mit dem Nudelholz dünne Tortillas (16–18 cm Durchmesser) ausrollen. Während des Ausrollens die Teigplatte immer wieder wenden. Eine trockene, gußeiserne Pfanne (wichtig! mit einer anderen gelingt es nicht) auf mittlerer Flamme gleichmäßig erhitzen. Tortillas auf beiden Seiten backen, bis sie kleine braune Pünktchen bekommen. Im Idealfall rollen Sie eine Tortilla aus, während die andere in der Pfanne bäckt.

Die fertigen Tortillas gleich in ein Küchentuch wickeln, damit sie weich bleiben. Wenn Sie die Tortillas nicht gleich essen oder weiterverarbeiten, das Küchentuch mit den Tortillas in einem verschlossenen Plastikbeutel aufbewahren. Tortillas können Sie auch einfrieren.

Variation: Sie können Tortillas auch aus 100% Vollkornmehl machen, je nach Mehlbeschaffenheit müssen Sie dann mehr lauwarmes Wasser dazugeben. Vollkorntortillas sind nicht so weich und brechen leichter.

TOSTADA

Fritierte Tortillas mit bunter Füllung

(Foto rechts)
Für 4 Personen

Für dieses Gericht werden die Tortillas zu eßbaren Tellern, auf denen sich die verschiedensten bunten Zutaten türmen.

100 ml Öl
4 Tortillas
8 EL gekochter, heißer Naturreis
12 EL Bohnen Tia Maria
(siehe Seite 175)

Mexikanische Tortillas

**100 g junger Gouda, frisch gerieben
4 Eisbergsalatblätter, dünne Streifen
8 Gurkenscheiben
8 Tomatenscheiben
2 EL Essigzwiebeln oder dünne Zwiebelringe
4 Radieschen, dünne Scheiben
4–6 EL Salsa picante (siehe Seite 180)
4 EL saure Sahne
4–6 EL Guacamole (siehe Seite 183)
4 EL Sprossen (Radieschen oder Alfalfa)**

Das Öl erhitzen, die Tortillas auf beiden Seiten knusprig braun backen, auf einem Papierküchentuch abtropfen lassen. Wenn Sie eine Friteuse haben, können Sie aus den Tortillas eine kleine Schale fritieren (Foto): Die Tortillas in das heiße Fett (180 Grad) geben, mit einem Schöpflöffel unter die Fettoberfläche drücken und knusprig fritieren. Die Tortillaschalen umgedreht auf einem Papierküchentuch abtropfen lassen.

Tostadas zuerst mit Reis und Bohnen füllen. Darauf türmen Sie Käse, Salatstreifen, Gurken- und Tomatenscheiben, Zwiebelringe und dünne Radieschenscheiben. Dann je einen Eßlöffel Salsa picante, saure Sahne und Guacamole, und ganz oben, als freches Schöpfchen, noch einige Sprossen.

QUESADILLAS
Gefüllte Tortillas
Für 4 Personen ⚡

Quesadillas sind gefüllte Tortillas. Sie werden einfach ohne Messer und Gabel aus der Hand gegessen.

4 Tortillas
150 g jungen Gouda, frisch gerieben
12 Gurkenscheiben
2 Tomaten, Scheiben
4 Salatblätter, Streifen
2 EL Essigzwiebeln (nächste Seite)

Den Käse auf die Tortillas verteilen, Tortillas zum Halbkreis zusammenklappen, in einer trockenen, gußeisernen Pfanne von beiden Seiten knusprig braun backen. Die Tortillas aus der Pfanne nehmen, aufklappen, mit Gurken, Tomaten, Salat und Zwiebeln füllen, wieder zuklappen. Gleich servieren. Dazu Salsa picante und Guacamole reichen.

QUESADILLAS MIT SCHAFSKÄSE
Für 4 Personen

4 Tortillas
200 g Schafskäse (Feta)
12 Gurkenscheiben
2 Tomaten, Scheiben
4 Salatblätter, Streifen
6 schwarze Oliven, Scheiben
2 Zwiebelringe

Vorgehensweise wie vorheriges Rezept.

ENCHILADAS
Tortillas, mit pikanter Tomatensauce überbacken

Für 4 Personen

Sauce:
800 g Tomaten, abgezogen, Würfel
200 ml Wasser
1 Zwiebel, fein gehackt
5 Knoblauchzehe, fein gehackt
2–4 frische grüne Chilischoten, fein gehackt
3 EL Tomatenmark
1 EL Honig
1 EL Kakao
1 TL Oregano
½ TL Cumin
1 TL Rosenpaprika, edelsüß
¼ TL Curcuma
¼ TL Koriander
1 Prise gemahlene Nelke
Salz
Enchiladas:
1 EL Butter
8 Tortillas
400 g junger Gouda, frisch gerieben
24 schwarze Oliven
½ Zwiebel, dünne Ringe
100 ml saure Sahne

Sauce: Alle Zutaten in einen Topf mit schwerem Boden geben, gut vermischen, zugedeckt 20–30 Minuten kochen, die Sauce darf nicht zu dick werden.

Enchiladas: Eine große, flache Auflaufform mit der Butter ausstreichen. Käse, 16 Oliven und Zwiebelringe auf den Tortillas verteilen, Tortillas aufrollen, nebeneinander in die Auflaufform legen, mit der Sauce übergießen.

Im vorgeheizten Ofen bei mittlerer Hitze 30 Minuten knusprig backen. Die Enchiladas mit saurer Sahne und den restlichen Oliven garnieren, gleich servieren.

BURRITO
Torrilla, gefüllt mit Käse, Reis und Bohnen

Für 4 Personen

4 Tortillas
4 EL heißer, gekochter Naturreis
8 EL Bohnen Tia Maria (Seite 177)
200 g junger Gouda, frisch gerieben
2 EL Essigzwiebel oder dünne Zwiebelringe

Die ganz frisch gebackenen, noch warmen Tortillas mit allen Zutaten füllen und aufrollen. Sofort essen – wunderbar.

GUACAMOLE
Avocadocreme

Für 4 Personen

Für mich die beste Art, Avocados zu essen. Als Dip mit Vollkorncrackers oder zu Quesadillas. Gelingt nur mit reifen, butterweichen Avocados, deren Fruchtfleisch sich mühelos mit der Gabel zerdrücken läßt.

2 reife Avocados
2–3 Knoblauchzehen, gepreßt
1/4 TL Cumin
1 Prise Chilipulver
Saft von 1/2–1 Zitrone oder Limette
Salz
1 Tomate, kleine Würfel
3 EL frischer Koriander, fein gehackt
(muß nicht sein)

Die Avocados halbieren, entkernen, schälen, mit der Gabel zerdrücken oder im Mörser zerstampfen; es soll eine glatte Creme entstehen. Knoblauch, Cumin, Chili, Zitronensaft und Salz in die Creme rühren, Tomate und Koriander untermischen. Gleich servieren. Guacamole wird schnell braun.

ESSIGZWIEBELN

Für 4 Personen

Die marinierten roten Zwiebeln brauchen Sie für Tortilla-Füllungen. Sie können sie aber in jedem Rezept durch rohe Zwiebelringe ersetzen.

2 kleine rote Zwiebeln, dünne Ringe
2 EL Essig
eventuell 1 EL Wasser
Salz

Zwiebeln mit Essig und Salz vermischen, 30 Minuten durchziehen lassen. Vor dem Weiterverarbeiten die Zwiebelringe abtropfen lassen.

SALSA PICANTE

Für 4 Personen

Zum mexikanischen Essen gehört sie wie das Tüpfelchen auf dem i. In Mexiko steht Salsa picante zu jeder Mahlzeit, vom Frühstück bis zum Abendessen, auf dem Tisch.

500 g Tomaten, Stücke
100 g Zwiebel, Stücke
2 Knoblauchzehen
2–3 grüne Chilischoten, fein gehackt
1/2 TL Cumin
1/2 TL Oregano
Salz

Tomaten, Zwiebel und Knoblauch durch die grobe Scheibe des Fleischwolfes drehen, die Gemüse mit den übrigen Zutaten vermischen. Wenn Sie keinen Fleischwolf haben, die Tomaten in winzige Würfel schneiden und die Zwiebeln fein hacken.
Salsa picante hält sich in einem verschlossenen Behälter im Kühlschrank einige Tage.
Wenn Sie Liebhaber von frischem Koriander sind, mischen Sie unter die Salsa noch 3 EL gehackte Korianderblätter.

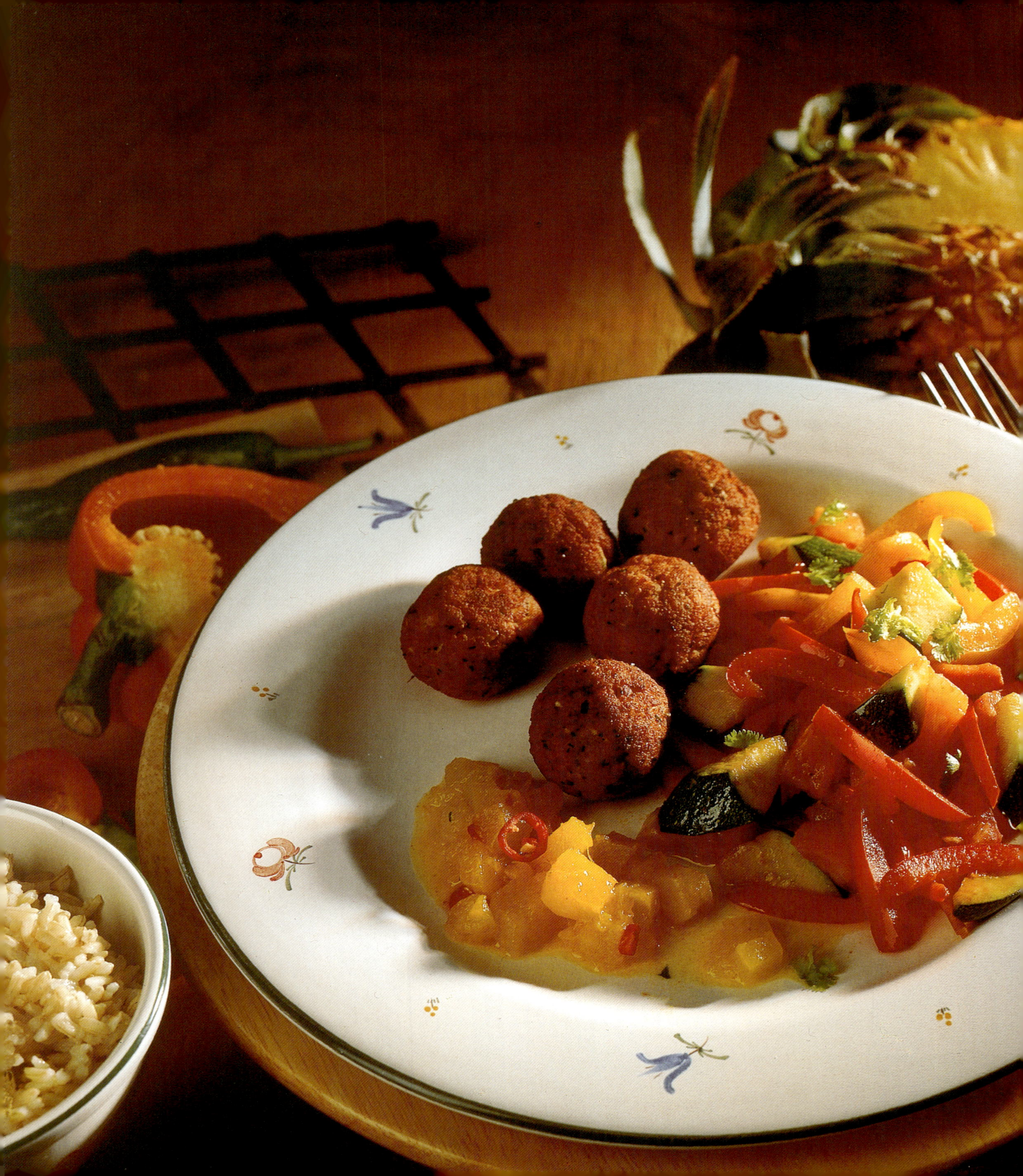

Spezialitäten mit Tofu, Tempeh und Miso

Alles Bohne!

Eine kleine, gelbe Bohne ist das Ausgangsprodukt für eine Reihe hochwertiger Lebensmittel, die in Ostasien zu den wichtigsten Grundnahrungsmitteln zählen.

Aus der bescheidenen Sojabohne werden seit Jahrhunderten mit einfachen, aber sehr intelligenten Verfahren Tofu, Tempeh, Miso und Sojasauce gewonnen. Eines haben alle Produkte gemeinsam: Sie sind richtige Eiweiß-Schätzchen, liefern wichtige Vitamine und Mineralstoffe und enthalten, da es sich um rein pflanzliche Produkte handelt, kein Cholesterin und wenig Fett, das aber hauptsächlich in Form der begehrten ungesättigten Fettsäuren. Alles sehr positiv, sollte man essen, denkt sich der überernährte und von Zivilisationskrankheiten bedrohte Mensch, aber wie schmeckt's und wie wird es gekocht, und überhaupt ist alles viel zu kompliziert und aufwendig.

Ganz im Gegenteil! Tofu und die anderen Produkte sind bestens geeignet für die schnelle, unkomplizierte Küche. So ist die Miso-Suppe

Tofu-Kokos-Bällchen mit Paprika-Zucchini-Curry (Rezepte Seite 192 und 122)

rascher zubereitet als jede Instant-Suppe und hat dazu noch einen hohen Nährwert. Tofu läßt sich im Handumdrehen zu Salatdressing, Brotbelag und Tofuburgern verarbeiten. Kurz gebraten bereichert er Salate und Gemüsegerichte, schmeckt Kindern paniert aus der Pfanne und verwandelt sich in Verbindung mit süßen Beeren in wenigen Minuten in eine rosarote Creme. Tempeh ist nicht weniger vielseitig. Auf die richtige Würze und Begleitung kommt's an, damit sich die neuen, gesunden Produkte in unseren Küchen etablieren und genauso unentbehrlich werden wie die Kartoffel, unsere ureigenste Knolle, die korrekt betrachtet ein Importartikel aus Südamerika ist.
Sollen Tofu und Tempeh schmecken, ist eindringlich und nachdrücklich vor der gemeinsamen Verwendung mit Milchprodukten zu warnen. Tofu überbacken mit Tomatensauce und Käse schmeckt schlicht und einfach scheußlich, und Tofu in Sahnesauce ist ein Gericht zum Abgewöhnen. Ich wähle diese starken Worte, damit diese Kombinationen nie ausprobiert werden, sind sie doch geeignet, die Lust auf diese positiven Lebensmittel auf immer und ewig zu verderben.
Eine neue kulinarische Erfahrung werden Sie machen, wenn Sie z. B. Tofu auf traditionelle Weise mit Sojasauce, Ingwer, Knoblauch, Chili, Reiswein oder Sherry würzen. Sie geben dem relativ neutral schmeckenden Produkt den gefragten Pep. Die richtige Begleitung für Tofu und Tempeh ist Frisches und Knackiges, z.B. pikante Jungzwiebeln, kurz gebratenes Gemüse, grüne Salatblättchen und saftige Früchte. Erfreuliche Nebenwirkung dieser leichten Küche: Sie ist rein pflanzlich und hilft darum, den Verzehr von tierischem Eiweiß und Fett zu verringern.

Tofu

Tofu könnte man auch als Frischkäse aus Sojamilch charakterisieren, erinnert seine Zubereitung doch an die Käseproduktion. Zur Tofugewinnung wird der Sojamilch ein Gerinnungsmittel zugesetzt, traditionellerweise ist das eine Lösung aus Nigari, einem Meersalzextrakt. Die ausgeflockten festen Bestandteile der Sojamilch werden abgeschöpft und gepreßt.
Die Konsistenz von Tofu läßt sich am ehesten mit der Konsistenz von Mozzarella vergleichen. Ungewürzt schmeckt Tofu ziemlich fad, vergleichbar einem rohen Ei, das auch erst durch die richtige Würze seine Qualitäten entwickelt.
Natürlich produzierter Tofu enthält nur biologische Sojabohnen, Nigari und Wasser, sonst nichts! Tofu gibt es, meist vakuumverpackt, in Naturkostgeschäften.
Da Tofu ein absolutes Frischeprodukt ist, hält er sich im Kühlschrank nur einige Tage. Vakuumverpackten Tofu sollte man vor der Verarbeitung 2 Stunden in kaltes Wasser legen, damit der leicht bittere Nigarigeschmack verschwindet. Tofu im Kühlschrank immer im kalten Wasser aufbewahren, Wasser täglich wechseln. Tofu kann auch eingefroren werden, er ändert durch das Einfrieren aber seine Konsistenz und sieht nach dem Auftauen aus wie ein gelber Schwamm. Gefrorener Tofu eignet sich für Suppen, Eintöpfe und Gemüsegerichte mit Sauce.

TOMATEN MIT SPINAT-TOFU-CREME

Für 4 Personen

1 Handvoll Blattspinat

Salz

100 g Tofu

1 Knoblauchzehe

3 EL Olivenöl

2 EL kalte Gemüsebrühe oder Wasser

Saft von 1 Zitrone

½ TL Honig

4 Tomaten in Scheiben

Den tropfnassen Spinat in einem kleinen Topf mit etwas Salz zugedeckt bei mittlerer Hitze in 1 Minute zusammenfallen und in einem Sieb abtropfen lassen.
Spinat mit Tofu, Knoblauch, Öl, Gemüsebrühe, Zitrone und Honig im Mixer pürieren, mit Salz abschmecken. Die Tomatenscheiben auf den Tellern anrichten, die Spinat-Tofu-Creme darübergeben.

SALAT »JAVA« MIT INGWER-VINAIGRETTE UND KOKOSFLOCKEN

(Foto rechts)
Für 4 Personen

Eine attraktive Vorspeise, um sich auf ein fernöstliches Essen einzustimmen. Das Rezept sieht auf den ersten Blick kompliziert aus. Ist es aber nicht, von den vielen Zutaten sind die meisten Würzmittel, die auf dem Gewürzregal stehen. Ansonsten ist die Zubereitung einfach.

Kokosflocken:
1 EL Kokosflocken
1/4 TL Cumin
1/4 TL Koriander
1 Prise Kardamom
1 Prise Chili
abgeriebene Schale von 1/4 ungespritzten Zitrone
Salz

Vinaigrette:
1 EL Sojasauce
1 EL Essig
Saft von 1 Zitrone
1/2 TL frischer Ingwer, gerieben
1 Knoblauchzehe, gepreßt
3 EL Öl

Salat:
1 mittlerer Eissalat, mundgerechte Stücke
1 rote Paprikaschote, 2 mm dünne Streifen
1 Karotte, 2 mm feine Stifte
2 Mandarinen, Schnitze
1 EL Öl
100 g Tofu, kleine Würfel
1 EL Sojasauce
100 g Mungosprossen (Sojasprossen)
2 Frühlingszwiebeln, feine Ringe

Kokosflocken: In einer trockenen Pfanne Kokosflocken und Gewürze unter Rühren kurz anrösten, Zitronenschale und 1 Prise Salz unterrühren, sofort vom Herd nehmen und in eine kleine Schüssel geben.

Vinaigrette: Alle Zutaten miteinander verrühren.

Salat: Eissalat, Paprikastreifen, Karottenstifte und Mandarinenschnitze auf einer großen Platte anrichten. Öl in einer Pfanne oder einem Wok erhitzen. Tofuwürfel darin 2 Minuten unter Rühren anbraten, dann mit der Sojasauce ablöschen. Tofuwürfel unter Rühren weiter erhitzen, bis die Flüssigkeit verdampft ist. Mungosprossen zufügen und eine Minute mitbraten. Tofu und Mungosprossen auf den Salat geben, die Vinaigrette über dem Salat verteilen und mit Frühlingszwiebeln und gerösteten Kokosflocken garnieren.

Weil es so schön aussieht, den Salat erst auf dem Tisch vermischen.

TOFUDRESSING

(Foto rechte Seite)
Für 4 Personen

Ein schnell zubereitetes, cremiges All-Round-Dressing zu Blattsalaten, Rohkost, Kartoffelsalat und marinierten Gemüsen.

150 g Tofu, Würfel
1 EL Essig
2 EL Zitronensaft
2 EL Olivenöl
½ TL Salz
1 EL mittelscharfer Senf
1 Prise Cayenne
1 TL Honig
100 ml kaltes Wasser

Alle Zutaten im Mixer zu einer glatten Creme pürieren.
Sehr gut schmeckt das Dressing, wenn Sie nach Fertigstellung noch kleingeschnittene Kräuter (z. B. Dill, Schnittlauch, Liebstöckel) und feingehackte Kapern und Essiggurken unterrühren.

TOFU-TOAST

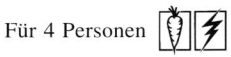

Für 4 Personen

Tofu-Liebhaber müssen auf den schnellen heißen Bissen nicht verzichten, gut gewürzt mit pikanter Sauce. Lassen Sie sich von der langen Zutatenliste nicht abschrecken, es ist nichts Außergewöhnliches dabei und von allem nur ein »Hauch«.

1 EL Olivenöl
1 EL Sojasauce
1 Prise Oregano
1 Prise Basilikum
schwarzer Pfeffer, frisch gemahlen
200 g Tofu, 0,5 cm dicke Scheiben
4 Scheiben Weizenvollkorntoast
Salz
Sauce:
2 TL Kapern
8 schwarze Oliven, kleine Stücke
1 EL Zwiebeln, fein gehackt
1 Knoblauchzehe, gepreßt
1 EL Petersilie, fein gehackt
2 TL Olivenöl
Garnitur:
1 Tomate, dünne Scheiben

Olivenöl, Sojasauce, Oregano, Basilikum und Pfeffer vermischen. Die Tofuscheiben in der Marinade wenden und die Toasts damit belegen. Die Brote im vorgeheizten Backofen bei mittlerer Hitze 8 bis 10 Minuten backen. In dieser Zeit die Sauce zubereiten: Dafür alle Zutaten gut vermischen. Die fertig gebackenen Toasts leicht salzen, mit den Tomatenscheiben belegen und die Sauce darüber verteilen.

TOFU-BURGER

Für 4 Personen

Besonders beliebt bei Kindern. Die Burger schmecken auf Vollkornbrötchen mit Salatblatt, Gurken-, Tomaten- und Zwiebelscheiben, Senf und Tofu-Dressing.

Dip:
4 EL Sojasauce
4 EL Apfelsaft
2 TL geriebener Meerrettich
Tofu-Burger:
300 g Tofu
50 g Karotten, grob gerieben
50 g Zwiebeln, fein gehackt
1 EL Petersilie, fein gehackt
1 EL Sojasauce
2 EL Mehl
100 ml Öl zum Ausbacken

Für den Dip alle Zutaten vermischen.
Tofu in ein Küchentuch wickeln, beschweren, 1 Stunde pressen. Tofu zerdrücken, mit Karotten, Zwiebeln, Petersilie, Sojasauce und Mehl vermischen.
Kleine, flache Küchlein formen, im heißen Öl auf beiden Seiten knusprig braun braten (das Öl soll ½ cm hoch in der Pfanne stehen). Die Burger kurz auf Küchenkrepp abtropfen lassen, mit dem Dip servieren.

MARINIERTE GEMÜSE MIT PAPRIKA-TOFU-CREME

Für 4 Personen

Gemüse:
300 g Lauch, 10 cm lange Stücke
300 g Selleriewurzel, geviertelt,
½ cm dicke Scheiben
500 ml Gemüsebrühe
1 EL Zitronensaft

Paprika-Tofu-Creme:
1 rote Paprikaschote
100 g Tofu
1 TL mittelscharfer Senf
½ TL Honig
3 TL Zitronensaft
2 EL Olivenöl
2 EL Selleriekochwasser
einige Tropfen Tabasco oder
1 Prise Chili
1 Prise Piment
Salz

Lauch und Sellerie in der Gemüsebrühe mit Zitronensaft zugedeckt 10 Minuten köcheln. Die Gemüse im Kochsud abkühlen lassen, dann abgetropft auf einer Platte anrichten. Für die Creme die Schote im Wasser in 30 Minuten weich kochen, abgießen, kurz abkühlen lassen. Die Haut abziehen und die Kerne entfernen. Die Schote mit den übrigen Zutaten pürieren. Creme zu dem Gemüse reichen.

Buntgemischter Salat mit Tofu-Dressing

NORI MAKE
Japanische Reisröllchen

(Foto rechte Seite)
Für 4 Personen

In ein geröstetes Norialgenblatt werden marinierter Reis, Karotten, Gurken, Schnittlauch, Tofu und Gewürze gewickelt. Die Norirolle schneiden Sie in Scheiben und servieren sie als Vorspeise.

4 EL Reisessig
2 EL Honig
14 EL gekochter, heißer Naturreis
2 Norialgenblätter
1/2 Karotte, 1/2 cm dicke Streifen
1/4 Gurke, 1/2 cm dicke Streifen
80 g Tofu, 1/2 cm dicke Streifen
6 Röhrchen Schnittlauch
2 EL Meerrettich, gerieben
2 EL Umeboshipaste

Reisessig und Honig mit dem Schneebesen verrühren. Den heißen Reis damit vermischen, Reis abkühlen lassen. Die Noriblätter über einer Gasflamme oder in einer trockenen Pfanne von beiden Seiten kurz anrösten, bis sie sich grün verfärben. In Japan werden Norirollen mit Hilfe von kleinen Bambusmatten zusammengewickelt, es geht aber auch ohne sie.
Den Reis teilen und gleichmäßig auf den Noriblättern verstreichen. An einer Längskante des Noriblattes 5 cm frei lassen. Karotten-, Gurken-, Tofustreifen und Schnittlauch nebeneinander in Reihen über die gesamte Länge des Noriblattes auf den Reis legen, Meerrettich und Umeboshipaste über Gemüse und Tofu verteilen.
Die Norirolle wird längs aufgerollt: Beginnen Sie mit der Seite, auf welcher der Reis bis zum Rand verstrichen ist, und rollen Sie die Nori Make auf. Lassen Sie die fertige Rolle einige Minuten auf dem Blatteil, das Sie nicht mit Reis bestrichen haben, liegen.
Die Norirolle in Scheiben schneiden (am besten geht das mit einem sehr scharfen, in kaltem Wasser angefeuchteten Messer). Die Norischeiben auf kleinen Tellern anrichten.

Umeboshi (japanische Salzpflaumen). Unreife Pflaumen werden mit Meersalz und Blättern mit rotem Farbstoff (Shisoblätter) 6 Monate eingelegt. Die Pflaumen wirken sich wohltuend auf die Verdauung aus. Umeboshipflaumen gibt es auch als Paste. Erhältlich in Naturkostgeschäften und Japanläden.

IKIRUSUPPE

Für 4 Personen

10 g Hijikialgen
1 Blatt gepreßte Norialge
1250 ml schwach gesalzene Gemüsebrühe
5 EL Sojasauce
1/2 TL frischer Ingwer, gerieben
100 g Karotten, dünne Scheiben
100 g Rettich, dünne Scheiben
100 g Lauch, Ringe
100 g Tofu, kleine Würfel
3 EL Reiswein oder trockener Sherry
2 EL Schnittlauch, fein geschnitten

Hijikialgen abwaschen, abtropfen lassen und kurz in einer trockenen Pfanne rösten. Das Noriblatt in einer trockenen Pfanne ganz kurz von beiden Seiten anrösten: wenn das Blatt sich grün verfärbt, aus der Pfanne nehmen. Das Algenblatt mit der Schere in dünne, 2 cm lange Streifen schneiden.
Gemüsebrühe, Sojasauce und Ingwer zum Kochen bringen. Gemüse, Hijikialgen und Tofu hinzufügen und bei leichter Hitze zugedeckt 10–15 Minuten kochen. Die Gemüse sollten weich sein, aber noch einen Biß haben. Vom Feuer nehmen. Suppe mit Reiswein würzen, mit Noristreifen und Schnittlauch garnieren. Sofort in vorgewärmten Suppentassen servieren.

GEBRATENER TOFU MIT EXOTISCHEN FRÜCHTEN

Für 4 Personen

Eine attraktive Vorspeise oder ein Imbiß für eilige Köche.

300 g Tofu
2 EL Öl
1 kleine Zwiebel, fein gehackt
2 Knoblauchzehen, fein gehackt
1 Chilischote, fein gehackt
2½ EL Sojasauce
1 TL Honig
2 EL geröstete Erdnüsse, gehackt
100 g frische Ananas, Stücke
1 Mango, Scheiben
½ EL frischer Koriander oder Petersilie, fein gehackt

Tofu in ein Küchenhandtuch wickeln, beschweren und 1 Stunde pressen. Den gepreßten Tofu mit der Gabel zerdrücken.
Öl erhitzen, Zwiebeln, Knoblauch und Chilischote goldbraun braten, den Tofu unter Rühren einige Minuten braten, Sojasauce und Honig dazugeben, unter Rühren weiterbraten, bis der Tofu trocken und locker ist; mit den Erdnüssen vermischen.
Tofu mit Ananasstücken, Mangoscheibchen auf einzelnen Tellern anrichten, mit Koriander oder Petersilie bestreuen.

Nori Make

TOFU-KOKOS-BÄLLCHEN

(Foto Seite 186)
Für 4 Personen

400 g Tofu
5 EL Kokosflocken
2 EL Sojasauce
1 kleine Zwiebel, fein gehackt
2 EL Petersilie, fein gehackt
3 Knoblauchzehen, gepreßt
1 TL Honig
abgeriebene Schale von
½ ungespritzten Zitrone
1 Prise Chilipulver
1 Prise Muskatblüte
½ TL Rosenpaprika, edelsüß
Salz
2–3 EL Mehl
200 ml Öl zum Fritieren

Tofu in ein Küchenhandtuch wickeln, mit einem schweren Gegenstand belasten. 1 Stunde pressen.
Tofu mit der Gabel zerdrücken, mit den übrigen Zutaten zu einer festen, geschmeidigen Masse verkneten.
Ein Bällchen mit 3,5 cm Durchmesser formen. Fritieröl erhitzen, ein Probebällchen backen. Bei Bedarf mehr Mehl in den Teig mischen.
Die Bällchen rundum knusprig fritieren. Auf einem Küchenkrepp kurz abtropfen lassen.
Dazu schmeckt Paprika-Zucchini-Curry (Seite 122).

TOFU-SPROSSEN-SALAT

Für 4 Personen

Eine schnell zubereitete Vorspeise aus mariniertem, gebratenem Tofu, Sprossen, Ananas und hauchdünn geschnittenen frischen Gemüsen.

2 EL Sojasauce
1 Prise Chilipulver
¼ TL frischer Ingwer, gerieben
250 g Tofu, 2 cm große Würfel
Saft von 1 Limette oder Zitrone
3 EL Öl
1½ TL Honig
50 g Karotten, hauchdünne Scheiben
100 g Ananas, kleine Stücke
1 Frühlingszwiebel, dünne Ringe
100 g Mungsprossen
½ EL frischer Koriander oder
Petersilie, fein gehackt
8 Cashewnüsse, halbiert

Sojasauce, Chili und Ingwer vermischen.
Die Tofuwürfel mindestens 1 Stunde in der Sauce marinieren. Tofu abgießen, abtropfen lassen, Marinade auffangen und mit Limettensaft, 2 EL Öl und Honig zu einer Sauce vermischen; eventuell mit Sojasauce nachwürzen.
Karotten, Ananas und Frühlingszwiebeln auf einem großen Teller kranzförmig anrichten. Restliches Öl in einem Wok oder einer Pfanne erhitzen, Tofu unter Rühren 3 Minuten braun braten, Mungsprossen unterrühren und kurz mitbraten. Tofu und Sprossen in die Mitte des Tellers geben, mit der Marinade übergießen, mit Koriander oder Petersilie und Nußhälften garnieren.
Salat sofort servieren.

PIKANTE ANANASSAUCE

Für 4 Personen
(Foto Seite 183)

500 g frische Ananas, sehr kleine Stücke
2 EL Honig
1–2 frische Chilischoten, feine Ringe
1 Prise Curcuma
1 gute Prise geriebene Muskatnuß
¼ TL Kardamom
1 Prise Muskatblüte
250 ml Wasser

Alle Zutaten ca. 30 Minuten kochen, bis die Ananasstücke sehr weich sind und das Wasser fast verkocht ist. Nach Belieben alles im Mixer pürieren oder die Ananasstücke ganz lassen.
Ananassauce hält sich im Kühlschrank in einem verschlossenen Behälter eine Woche.
Zu Tofu-Kokosbällchen reichen.

TOFU-YAKI
Marinierter, gebackener Tofu

(Foto rechts)
Für 4 Personen

400 g Tofu, 1½ cm dicke Dreiecke
<u>Marinade:</u>
100 ml Sojasauce
100 ml Reiswein oder trockener Sherry
1 TL Honig
1 TL geriebener Ingwer
2 Knoblauchzehen, gepreßt
1 Prise Chili

Die Zutaten für die Marinade vermischen. Den Tofu 1–2 Stunden in der Flüssigkeit einlegen. Tofu in eine feuerfeste Auflaufform legen, die Marinade darübergießen, auf dem Herd zum Kochen bringen. Im vorgeheizten Ofen bei mittlerer Hitze 15–20 Minuten backen.
Tofu-Yaki schmeckt auch kalt als Brotbelag mit Salatblatt, Tomate und Frühlingszwiebelringen.

CHINESISCHER WINTERSUPPENTOPF

Für 4 Personen

100 g Buchweizenspaghetti
Salz
1 l Gemüsebrühe
2 EL Weißwein
1 EL Sojasauce
½ TL Honig
1 Prise Chili
100 g Tofu, kleine Würfel
2 EL Öl
2 Knoblauchzehen, fein gehackt
100 g Sellerie, 3 mm dünne Streifen
100 g Karotten, 3 mm dünne Scheiben
1 kleine Petersilienwurzel, dünne Stifte
100 g Lauch, längs halbiert, dünne Streifen
100 g Mungosprossen (Sojasprossen)
2 EL Schnittlauch, fein geschnitten

Nudeln in reichlich Salzwasser al dente kochen, abgießen, mit kaltem Wasser abschrecken und gut abtropfen lassen. In dieser Zeit Gemüsebrühe mit Weißwein, Sojasauce, Honig und Chili zum Kochen bringen. Tofuwürfel in der Brühe 5 Minuten leicht köcheln. Das Öl in einer Pfanne oder einem Wok erhitzen, Knoblauch darin kurz anbraten. Sellerie, Karotten, Petersilienwurzel und Lauch dazugeben, leicht salzen und unter Rühren 3 Minuten anbraten. Sprossen zufügen und unter Rühren kurz mitbraten. Die Gemüse sollen noch Biß haben. Die Gemüse in die Suppe geben, 2 Minuten leicht kochen. Die gekochten Nudeln zufügen, die Suppe kurz aufkochen. Die Suppe mit Schnittlauch garniert servieren.

GEMÜSESUPPE MIT TOFU-ZITRONEN-KLÖSSCHEN

Für 4 Personen

Klößchen:
150 g Tofu
2 EL Zwiebeln, fein gehackt
½ Knoblauchzehe, fein gehackt
1½ EL Petersilie, fein gehackt
½–1 TL geröstetes Sesamöl
50 g Weizenvollkornbrot (1 Scheibe), fein zerkrümelt
2–4 TL Mugi-Miso
1 Prise Muskatblüte
1 Prise Chilipulver
abgeriebene Schale von ½ ungespritzten Zitrone
4–5 TL Sojasauce
½ TL frischer Ingwer, gerieben

Suppe:
1250 ml Gemüsebrühe
1 Lorbeerblatt
1½ Karotten, hauchdünne Scheiben
1½ Selleriewurzel, streichholzdünne Stifte
2 EL Reiswein oder Sherry Amontillado
2 EL Frühlingszwiebeln, dünne Ringe

Klößchen: Damit die Klößchen die richtige Festigkeit bekommen, muß aus dem Tofu die größtmögliche Flüssigkeitsmenge herausgepreßt werden. Dazu wird der Tofu in ein Küchenhandtuch gewickelt, mit einem schweren Gegenstand belastet und 30 Minuten gepreßt.

In der Zwischenzeit Zwiebeln und Knoblauch im Öl glasig dünsten, Petersilie dazugeben und 3 Minuten unter Rühren weiterdünsten. Von der Flamme nehmen. Tofu in einer Schüssel mit der Gabel zerdrücken. Zwiebelmischung mit dem Sesamöl, Brotkrümeln, Miso, Muskatblüte, Chili, abgeriebene Zitronenschale, Sojasauce und Ingwer dazugeben. Mit der Hand einen geschmeidigen teig kneten. 30 Minuten kaltstellen.

Suppe: Die Brühe mit dem Lorbeerblatt zum Kochen bringen. Mit befeuchtetem Händen kleine Klößchen formen (ca. 2½ cm Durchmesser). Die Klößchen in der Brühe 10 Minuten ziehen lassen. Die letzten Minuten Karotten und Selleriestückchen miterhitzen.

Die Suppe mit Reiswein abschmecken, mit den Frühlingszwiebeln bestreuen.

GEFÜLLTE TOFU-TASCHEN

(Foto rechts)
Für 4 Personen

Fritierter Tofu mit gebratenen Pilzen, Karotten, Sonnenblumenkernen und Sprossen gefüllt.

400 g Tofu
125 ml Öl
1 mittlere Zwiebel, feine Ringe
150 g Karotten, feine Stifte
150 g Champignons, kleine Würfel
1½ EL Sojasauce
1 EL geröstete Sonnenblumenkerne
2 EL Sprossen (Alfalfa, Kresse)

Tofu in ein Küchentuch wickeln, beschweren, 1 Stunde pressen. Tofu in 1 cm dicke Dreiecke schneiden. 1 EL Öl im Wok oder einer Pfanne erhitzen. Zwiebeln 2 Minuten unter Rühren braten, Karotten dazugeben, 1 Minute unter Rühren braten, Pilze dazugeben, 1 Minute unter Rühren braten. Die Gemüse mit der Sojasauce vermischen, vom Feuer nehmen, die gerösteten Sonnenblumenkerne unterrühren. Das restliche Öl erhitzen, Tofudreiecke auf beiden Seiten goldgelb backen, auf einem Papierküchentuch abtropfen lassen. Mit einem Messer in die Längsseite der Tofudreiecke eine Tasche schneiden. Mit einem kleinen Löffel die Gemüse in die Tasche füllen. Auf die Tofu-Taschen obendrauf einige Sprossen stecken.
Schmeckt gut zu Blattspinat (Seite 102).

TAUSEND-INSELN-PFANNE

Gemüse, Tofu und Ananas in süß-saurer Sauce

Für 4 Personen

250 g Tofu, kleine Würfel
2 EL Öl
1 kleine Zwiebel, fein gehackt
3 Knoblauchzehen, fein gehackt
1 gelbe Paprikaschote, 1 cm breite Streifen
150 g Karotten, ½ cm breite Stifte
50 g Selleriewurzel, ½ cm breite Stifte
200 g Zuckererbsenschoten, halbiert
200 g Zucchini, ½ cm dicke Scheiben
100 g Mungsprossen
200 g frische Ananas, kleine Stücke
1 gestrichener EL Speisestärke
6 EL Wasser
Salz

Marinade:
100 ml Sojasauce
100 ml Reiswein oder Sherry
200 ml Wasser
2 EL Honig
2 EL Tomatenmark
2 TL Ingwer, gerieben
1 Prise Chilipulver

Alle Marinadenzutaten vermischen. Tofuwürfel darin einlegen und 2 Stunden im Kühlschrank durchziehen lassen. Sie können die Tofuwürfel auch über Nacht marinieren. Tofuwürfel abgießen, abtropfen lassen, Marinade auffangen.
In einem Wok oder einer großen Pfanne das Öl erhitzen, Zwiebeln und Knoblauch anbraten. Paprika, Karotten, Selleriewurzel dazugeben und unter Rühren 3 Minuten braten. Erbsenschoten, Zucchini, Mungsprossen, Ananas und marinierten Tofu dazugeben, unter Rühren 3 Minuten braten. Mit der Tofumarinade aufgießen, umrühren, zugedeckt 5–7 Minuten köcheln lassen; die Gemüse sollen noch einen guten Biß haben. Die Speisestärke mit dem Wasser anrühren, in die Gemüse rühren, kurz aufkochen lassen, eventuell mit Salz abschmecken. Gericht vom Feuer nehmen und sofort servieren.

GEDÄMPFTE SPINAT-TOFU-BÄLLCHEN MIT MANDELN

Für 4 Personen

500 g Tofu
Salz
400 g Spinat
100 g Mandeln, gemahlen
2 EL Sojasauce
1 Prise Muskatblüte
weißer Pfeffer
2 EL Mehl
½ EL Öl

Den Tofu in ein Küchentuch wickeln, mit einem schweren Gegenstand belasten und 1 Stunde pressen. Es soll möglichst viel Wasser aus dem Tofu herausgepreßt werden, damit die Bällchen eine feste Konsistenz bekommen.
Tropfnassen Spinat mit etwas Salz in einem Topf zugedeckt bei mittlerer Hitze in 2–3 Minuten zusammenfallen lassen. In einem Sieb abtropfen lassen, leicht ausdrücken, und fein hacken. Tofu mit der Gabel zerdrücken, mit Mandeln, Sojasauce, Muskatblüte, Pfeffer und Mehl vermischen. Den kleingehackten Spinat untermischen und alles mit Salz abschmecken. Bällchen mit 4 cm Durchmesser formen. Die Bällchen auf einer leicht eingeölten Fläche zugedeckt im Wasserdampf 10 Minuten garen.
Dazu benutzen Sie den gelöcherten Einsatz des Schnellkochtopfs (schließen Sie den Schnellkochtopf aber mit einem normalen Deckel ab), oder Sie stellen 2 Tassen ins kochende Wasser auf den Topfboden und legen darauf einen großen Teller; das Wasser darf die Bällchen nicht berühren. Reichen Sie zu den Bällchen Sojasauce.

TOFU-GEMÜSE-PFANNE MIT SPROSSEN GEBRATEN

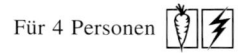

Für 4 Personen

3 EL Sojasauce
1½ gestrichene EL Speisestärke
3 EL Öl
4 Knoblauchzehen, fein gehackt
500 g Broccoli, kleine Röschen, Stiele in dünnen Scheiben
300 g Karotten, 3 mm dünne Scheiben
200 g Mungosprossen (Sojasprossen)
100 g Tofu, kleine Würfel
Salz
1 Frühlingszwiebel, feine Ringe

Sojasauce, Speisestärke und 1 Eßlöffel kaltes Wasser verrühren. Öl in einer großen Pfanne oder einem Wok erhitzen. Knoblauch zufügen und kurz anbraten. Broccoli und Karotten zugeben und unter Rühren 3 Minuten braten. Sprossen und Tofu untermischen und unter Rühren kurz braten. Die Gemüse leicht salzen, mit 100 ml Wasser aufgießen und zugedeckt 4–6 Minuten leicht kochen. Die Gemüse sollen noch Biß haben. Die Sojamischung unterrühren und nochmals kurz aufkochen.
Die Gemüse auf eine Platte geben und mit Frühlingszwiebelringen garniert servieren.

TOFU-STÄBCHEN
Panierter, gebratener Tofu

Für 4 Personen

Diese Art der Tofu-Zubereitung schmeckt Kindern besonders gut.

400 g Tofu, 1½ cm dicke, 3 cm breite, 7 cm lange Stücke
2 Eier, verquirlt
5 EL Speisestärke
100 ml Öl
Sojasauce

Die Tofustücke in Ei, dann in der Speisestärke wenden. Öl in einer Pfanne erhitzen, das Öl sollte ½ cm hoch in der Pfanne stehen. Tofuwürfel von beiden Seiten knusprig braun braten, auf einem Küchenkrepp kurz abtropfen lassen. Die Tofustücke mit Sojasauce reichen.

Frucht-Cremes mit Tofu. Mit Tofu lassen sich auch cremige Frucht-Desserts ganz ohne tierisches Fett und Eiweiß zubereiten. Wichtig für das gute Gelingen: Damit die Cremes glatt werden, müssen sie mit hoher Geschwindigkeit im Mixer püriert werden.

HIMBEER-TOFU-DESSERT

Für 4 Personen

400 g Himbeeren
2 Vanillestangen
200 g Tofu, Stücke
1–2 EL Honig

Himbeeren im Mixer pürieren, durch ein Sieb streichen. Die Vanillestangen mit einem kleinen Messer aufschneiden, das Mark herauskratzen. Himbeerpüree, Tofu, Honig und Vanillemark im Mixer zu einer glatten Creme pürieren.

ERDBEER-TOFU-CREME

Für 4 Personen

200 g Tofu
400 g Erdbeeren
100 ml Sojamilch (ungesüßt)
2 EL Honig

Tofu, die Hälfte der Erdbeeren, Sojamilch und Honig im Mixer pürieren. Die restlichen Erdbeeren in Stücke schneiden und unter die Creme mischen.

Tempeh

Tempeh kommt aus Indonesien, ist ein Naturprodukt aus fermentierten Sojabohnen, enthält Mineralstoffe und Vitamine, darunter auch das wichtige Vitamin B12.

Bei der Tempeh-Produktion werden (ähnlich wie bei der Camembertherstellung) Sojabohnen mit einem Schimmelpilz geimpft, die danach bei gleichmäßiger Temperatur (30 Grad) in 24 Stunden fermentieren. Die Schimmelbakterien bewirken, daß die Sojabohnen zu einem festen Kuchen zusammenwachsen, der sich sehr gut in Stücke schneiden läßt.

Tempeh hat einen angenehmen Hefegeschmack und kann roh, gekocht, gebraten und fritiert gegessen werden.

Tempeh aus biologischen Sojabohnen gibt es vakuumverpackt in Naturkostgeschäften. Einmal ausgepackt hält sich Tempeh im Kühlschrank nur wenige Tage. Tempeh eignet sich aber gut zum Einfrieren.

THAILÄNDISCHE GEWÜRZMISCHUNG

Eine Würzpaste, von der schon ein Eßlöffel genügt, um den verschiedensten Gerichten einen ausgeprägten Geschmack zu geben. Mit der Paste bestreichen Sie Tempeh- oder Tofuspießchen, würzen Kokoscurry, Gemüsehäppchen, Suppen und gebratenen Reis. Im Mixer ist die Paste im Nu gemacht und sie hält sich im Kühlschrank in einem verschlossenen Behälter mindestens eine Woche.

1½ TL Cuminsamen
1½ TL Korianderkörner
4 frische, rote Chilischoten, gehackt
1 kleine Zwiebel, fein gehackt
4 Knoblauchzehen, fein gehackt
abgeriebene Schale von 1 unbehandelten Zitrone
3 EL frischer Koriander, gehackt
1 TL Rosenpaprika, edelsüß
1 TL Curcuma
2–3 EL Öl
Saft von ½ Zitrone
Salz

Cumin und Koriander in einer trockenen Pfanne anrösten, dann im Mörser zerstoßen. Alle Zutaten im Mixer zu einer glatten Paste pürieren. Wenn Sie keinen Mörser und Mixer haben: Gemahlene Gewürze verwenden, aber trotzdem anrösten. Chilischoten, Zwiebel, Knoblauch und Koriander sehr fein hacken und mit den übrigen Zutaten vermischen.

TEMPEH-SPIESSCHEN

Das Rezept ergibt 4 Spießchen. Wenn Sie die Spießchen als Hauptgericht servieren wollen, sollten Sie die Menge verdoppeln.

4 TL thailändische Gewürzmischung
3 EL Sojasauce
250 g Tempeh, Würfel
1 rote Paprikaschote, Würfel
2 Tomaten, Schnitze
1 Mittelgroße Zwiebel, 1½ cm breite Streifen
200 g frische Ananas, große Stücke
3–4 EL Öl

Paste mit der Sojasauce vermischen. Tempehwürfel mit der Paste bestreichen und 1 Stunde im Kühlschrank marinieren.

Abwechselnd Tempehwürfel, Paprika, Tomaten, Zwiebeln und Ananas auf Spießchen stecken. Die Spießchen auf ein mit Öl bestrichenes Backblech legen. Oberfläche der Spießchen mit der restlichen Paste und Öl bestreichen, im vorgeheizten Ofen 15–20 Minuten backen. In dieser Zeit einmal wenden, wenn nötig mit mehr Öl bestreichen.

Dazu schmeckt Erdnußsauce (siehe nächste Seite).

Variation: Tempeh durch Tofu ersetzen.

TEMPEH CHIPS

Für 4 Personen

Tempeh Chips werden mit Erdnußsauce serviert und sind eine beliebte Vorspeise.

250 g Tempeh
350 ml Wasser
5 Knoblauchzehen, gepreßt
Salz
200 ml Öl zum Fritieren

Tempeh in 1/2 cm dünne Streifen schneiden.
Wasser mit Knoblauch und Salz vermischen. Tempehstreifen darin 1/2 Stunde einlegen. Tempeh in einem Sieb abtropfen lassen.
Das Öl erhitzen, die Tempehstreifen goldbraun fritieren.

ERDNUSSAUCE

1 EL Öl
1 kleine Zwiebel, fein gehackt
3 Knoblauchzehen, fein gehackt
3 EL Sojasauce
150–200 ml selbstgemachte Kokosmilch mit Wasser (siehe Seite 121)
150 g Erdnußmus
1 Prise Chilipulver
Saft von 1/2 Zitrone
1 EL Honig

In einem Wok oder einer Pfanne das Öl erhitzen, Zwiebeln und Knoblauch in 10 Minuten knusprig braun braten, mit der Sojasauce ablöschen. 5 Minuten leicht kochen, ab und zu umrühren. Die Zwiebelmischung mit den übrigen Zutaten im Mixer zu einer glatten Creme pürieren. Sie können die Creme auch mit einer Gabel per Hand verrühren.
Erdnußsauce hält sich in einem verschlossenen Behälter im Kühlschrank einige Tage.

TUMIS TEMPEH

Für 4 Personen

Ein Gericht mit grünem Gemüse in Kokosmilch mit Tempeh-Chips und Erdnußsauce.

1 EL Öl
4 Knoblauchzehen, fein gehackt
250 g grüne Prinzeßbohnen, 4 cm lange Stücke
250 g Lauch, 1 1/2 cm dicke Scheiben
250 g Broccoli, kleine Röschen
250 g Zucchini, 1 1/2 cm dicke Scheiben
Salz
300 ml dicke Kokosmilch mit Wasser (siehe Seite 121)
1 Rezept Tempeh-Chips
1 Rezept Erdnußsauce

Öl in einem Wok oder einer großen Pfanne erhitzen. (Wenn Sie eine Pfanne benutzen, müssen Sie mehr Öl verwenden.) Die Knoblauchzehen kurz anbraten, Bohnen unter Rühren 4 Minuten anbraten, restliches Gemüse dazugeben, salzen und unter Rühren 2 Minuten braten. Mit der Kokosmilch aufgießen, zugedeckt 5–7 Minuten dünsten, ab und zu umrühren, mit Salz abschmecken.
Die Gemüse auf einer Platte anrichten. Tempeh-Chips auf die Gemüse legen und mit Erdnußsauce servieren. Dazu gibts Reis.
Wenn Ihnen das zu üppig ist, servieren Sie statt Erdnußsauce pikante Ananassauce (siehe Seite 192).
Das Gemüse schmeckt aber auch für sich allein.

SPEZIALITÄTEN MIT TOFU, TEMPEH UND MISO

MISO

Miso, eine durch natürliche Fermentation gewonnene Paste aus Sojabohnen, Getreide und Meersalz, ist reich an hochwertigem Eiweiß, fördert die Verdauung und regt den Stoffwechsel an. In Japan gehört Misosuppe zum täglichen Speiseplan. Der regelmäßige Genuß von Miso gilt in Japan als Garant für Gesundheit und langes Leben, so wie bei den Völkern des Kaukasus Joghurt, der wie Miso durch Milchsäuregärung entsteht.

Die Zubereitung einer Misosuppe ist denkbar einfach: In sehr schwach gesalzener Gemüsebrühe werden rohe oder leicht sautierte Gemüsestückchen kurz gekocht. Die Misopaste wird mit etwas Brühe glatt gerührt und in die Suppe gegeben. Die Suppe soll danach nicht mehr kochen, weil sonst die wertvollen Milchsäurebakterien vernichtet werden. Noch etwas Garnitur auf die Suppe, fertig.

Neben Suppen wird Miso auch, häufig in Verbindung mit Sesam, zu cremigen Saucen verarbeitet. Es gibt verschiedene Sorten von Miso. Bei uns sind drei Sorten am verbreitetsten: das sehr intensive Hatcho-Miso, nur aus Sojabohnen und Meersalz hergestellt, oder die milderen Misosorten, denen Reis oder Gerste beigemischt ist. Ich empfehle Ihnen Reis- oder Gersten-Miso. Mit ihrem abgerundeten Geschmack sind sie bestens für täglich neue Suppen-Kreationen geeignet. Miso hat noch einen weiteren Vorteil: Aufgrund seines Salzgehaltes ist es auch ungekühlt sehr lange haltbar. Kaufen Sie Miso, auf traditionelle Art hergestellt, in Naturkostgeschäften und Reformhäusern.

MISOSUPPE MIT WINTERGEMÜSEN

(Foto unten)
Für 4 Personen

½ Zwiebel, fein gehackt
2 EL Öl
100 g Karotten, ½ cm dicke Scheiben
100 g Kartoffeln, kleine Würfel
100 g Lauch, 1 cm breite, dicke Ringe
100 g Chinakohl, 2 cm breite Streifen
100 g Rettich, ½ cm dicke Halbkreise
100 g Broccoli, Röschen
1250 ml schwach gesalzene Gemüsebrühe
80–100 g Gersten-Miso
3 EL Schnittlauch, fein geschnitten

Die Zwiebeln im Öl glasig dünsten, alle anderen Gemüse einige Minuten mitdünsten, mit der kochenden Brühe aufgießen. Die Suppe zugedeckt 10–15 Minuten leicht kochen; die Gemüse sollen weich sein, aber noch einen Biß haben. In der Zwischenzeit das Miso mit 5 EL kaltem Wasser zu einer glatten Paste verrühren. Suppe vom Feuer nehmen, Misopaste einrühren (Suppe nicht mehr erhitzen).
Suppe mit Schnittlauch garnieren.

MISOSUPPE MIT GEMÜSE UND GEBRATENEM TOFU

Für 4 Personen

500 ml Gemüsebrühe
500 ml Wasser
2 EL Öl
50 g Tofu, kleine Würfel
½ junger Kohlrabi, 2 mm dünne Scheibchen
1 Handvoll Spinatblätter
2 EL Reis- oder Gerstenmiso (60 g – 80 g)
1 Frühlingszwiebel, feine Ringe

Gemüsebrühe und Wasser zum Kochen bringen. In dieser Zeit die Zutaten kleinschneiden. Öl in einer kleinen Pfanne erhitzen und Tofu kurz goldgelb anbraten. Tofu in die Suppe geben und 3 Minuten köcheln. Kohlrabi in die Suppe geben, 2 Minuten köcheln. Spinat dazugeben und 1 Minute köcheln. Miso mit 3 Eßlöffeln kaltem Wasser glattrühren. Die Suppe vom Herd nehmen und das Miso einrühren. Dann mit Frühlingszwiebeln garnieren.

MISOSUPPE MIT EI UND FRÜHLINGSZWIEBELN

Für 4 Personen

Die beliebte Eierflockensuppe im japanischen Stil. Schneller kann eine nahrhafte Suppe nicht gekocht werden.

500 ml Gemüsebrühe
500 ml Wasser
2 EL Reis- oder Gerstenmiso (60 – 80 g)
2 Eier
2 Frühlingszwiebeln, feine Ringe

Gemüsebrühe und Wasser zum Kochen bringen. Eier verquirlen. Miso mit 3 EL kaltem Wasser glattrühren. Die kochende Suppe vom Feuer nehmen, nacheinander mit dem Schneebesen Eier und Miso einrühren. Die Suppe nicht mehr erhitzen. Mit Frühlingszwiebeln garniert servieren.

GEDÄMPFTER RETTICH MIT SESAM-MISO-CREME

Für 4 Personen

300 g weißer Rettich, geschält, 4 Scheiben, ca. 2 cm dick
Sesam-Miso-Creme:
1 EL Gersten-Miso (Mugi-Miso)
1 EL Tahini (Sesammus)
1 TL Sojasauce
2 EL trockener Sherry
1 TL Honig
1 Eigelb
1 TL ungeschälte Sesamkörner

Rettich: Schneiden Sie mit einem scharfen Messer 5 kleine Kerben längs in den Rand der Rettichscheiben, und im Handumdrehen hat der Rettich eine Blütenform. Rettich in einem Dämpfsieb über kochendem Wasser zugedeckt in 25–30 Minuten weich, aber mit Biß garen.
Sesam-Miso-Creme: Miso, Tahini, Sojasauce, Reiswein, Honig und Eigelb zu einer glatten Creme verrühren. Alles in einem kleinen Topf unter Rühren vorsichtig erhitzen, bis die Creme eindickt. Sesamkörner in einer trockenen Pfanne anrösten, bis sie anfangen hochzuspringen, mit der Creme vermischen.
Je eine Rettichscheibe auf einen kleinen Teller legen, darauf einen Löffel Sesam-Miso-Creme geben.

GRÜNE BOHNEN MIT SESAM UND MISO

Für 4 Personen

500 g grüne Bohnen, 5 cm Stücke
Salz
3 EL ungeschälte Sesamkörner
1 EL Gersten-Miso (Mugi-Miso)
2 TL Sojasauce
4 EL heiße Gemüsebrühe
1 TL Honig

Die Bohnen im Salzwasser al dente kochen, abgießen, kalt abschrecken und abtropfen lassen.
Die Sesamkörner in einer trockenen Pfanne unter Rühren anrösten, bis sie anfangen hochzuspringen, mit Miso, Sojasauce, Gemüsebrühe und Honig kurz im Mixer vermischen oder im Mörser zerstoßen. Sauce mit den Bohnen vermischen.

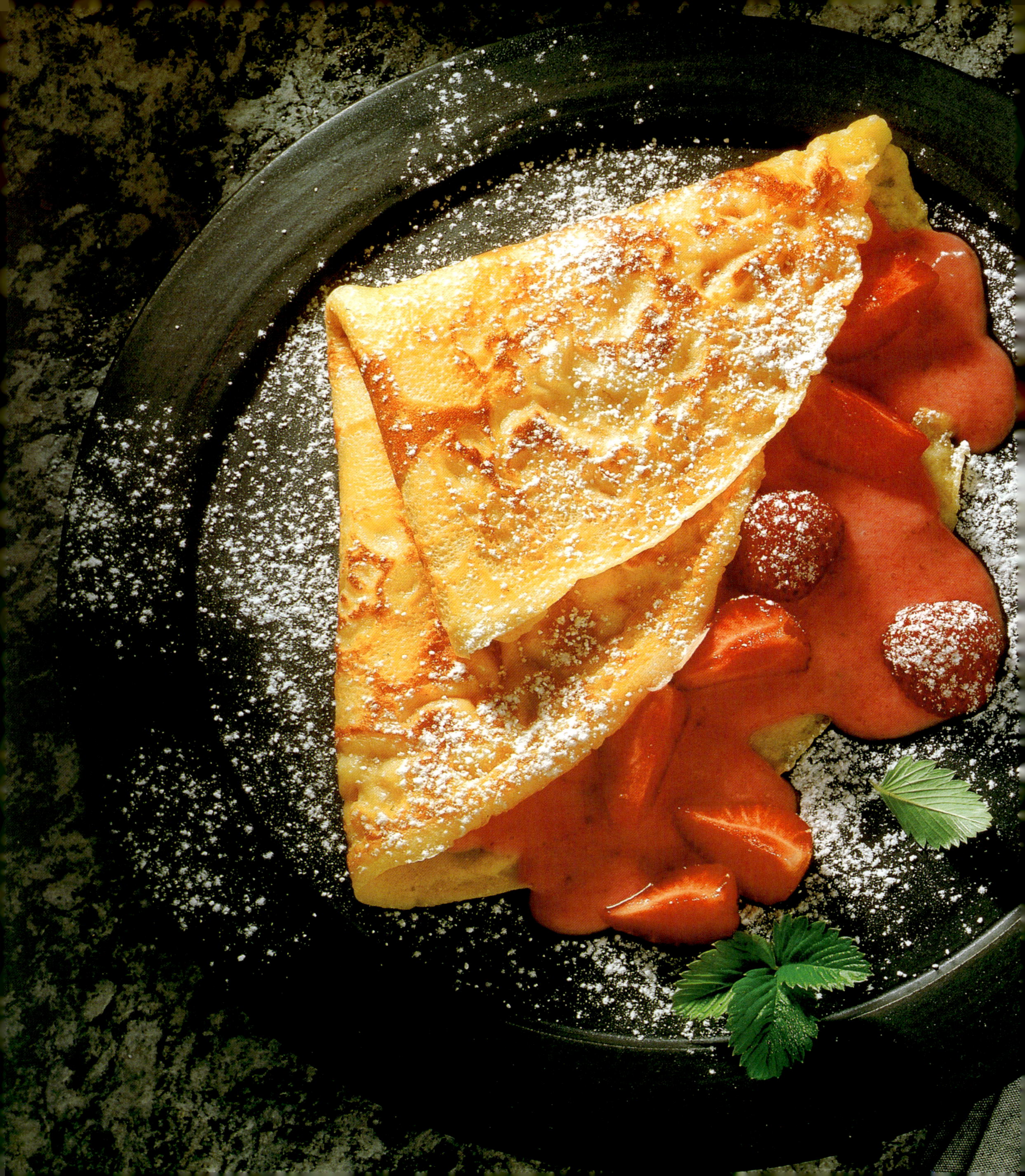

SÜSSE LECKEREIEN

Kurz rühren –

so lautet das Geheimnis der schnellen Cremes, die unser gesundes Süßspeisen-Potpourri schwungvoll eröffnen. Denn durch kurzes Rühren mit dem Handmixgerät kommen Mandelmus, Haselnußmus, Erdnuß- und Sesammus in honigsüße Verbindung mit Sahne und Mascarpone, Joghurt und Quark. Diese üppigen Cremes, serviert mit frischen Beeren und Früchten, sind selbst für die verwöhntesten Schleckermäuler ein Hochgenuß.
Auch warme Desserts gehören zur schnellen Abteilung. Überbackene Pfirsiche, Apfelgratin, Biskuit-Omelette sorgen dafür, daß selbst Naschkatzen mit wenig Zeit auf ihre Kosten kommen.
Haben Sie jedoch an einem entspannten Tag so richtig Lust und Muße auf ein etwas aufwendigeres Dessert, sei die Russische Charlotte empfohlen. Oder indisches Karottenhalwa, Mandelgelee mit Ananassauce oder Dattel-Sesam-Pralinen. Und ist zum Kaffeeklatsch eine prächtige Torte gefragt, sorgt die Orangentorte für ungeteilte Zustimmung.
Wenn im Sommer die lieben Kinder am liebsten sämtliche Mahlzeiten des Tages im Eissalon einnehmen

Crêpes mit Erdbeerfüllung
(Rezept Seite 221)

wollen, bricht die harte Zeit an für Mütter und Väter, die Eiszeit in der Eltern-Kind-Beziehung. Wer hat das stärkere Durchsetzungsvermögen, die lieben Kleinen, beflügelt von einer unersättlichen Gier nach dem kühlen Süßen, oder die Eltern, die verständliche Eineslust der Kinder gegen den allzu hohen Zuckerkonsum abwägend.

Ein Ausweg aus diesem Dilemma ist selbstgemachte Eiscreme, die viel frische Früchtchen, aber wenig Zucker enthält. Angenehmer Nebeneffekt dieser Eisproduktion: Sie sparen viel Geld.

KALTE DESSERTS

Bei den schnellen Süßspeisen kommen die Nußmuse zum Einsatz und zur vollen Geltung. Wieder ein Lebensmittel, das ohne großen Arbeitseinsatz viel Geschmack entfaltet und sich vielseitig verwenden läßt. Gute Nußmuse bestehen zu 100% aus gemahlenen Nüssen und sonst nichts, kein Zucker, kein Salz, keine Geschmacksverstärker! Verwenden Sie nur diese reinen Produkte. Die Mischprodukte verderben den Geschmack der Speisen. Zu kaufen gibt es solche Nußmuse in Naturkostläden, Reformhäusern oder gut sortierter Supermärkten. Nußmuse sind nicht billig, aber Sie brauchen wegen des intensiven Geschmacks nur wenig davon. Durch den natürlichen Fettgehalt der Nüsse ist das Mus sehr cremig, bei längerem Stehen setzt sich manchmal Öl an der Oberfläche ab – verrühren Sie das Mus vor Gebrauch.

Wenn Sie vor dem Essen nicht mehr dazugekommen sind, das Dessert vorzubereiten, keine Panik! In Windeseile haben Sie den Nachtisch gezaubert.

WINTERLICHER OBSTSALAT MIT MANDELCREME

Für 4 Personen ⚡

Getrocknete Aprikosen erweitern das Früchtespektrum. Kaufen Sie ungeschwefelte Aprikosen (Naturkostgeschäft, Reformhaus, Naturkostabteilung des Supermarktes).

Obstsalat:
8 getrocknete Aprikosen, kleine Stücke
1 Banane, dünne Scheiben
1 Apfel, kleine Stücke
1 Birne, kleine Stücke
1 Orange, kleine Stücke
1½ EL Honig
1½ EL Brandy oder Rum
Saft von 1 Orange
Creme:
1½ EL Honig
1½ EL Mandelmus
80 g Mascarpone
Saft von 1 Orange

Die kleingeschnittenen Früchte in eine Schüssel geben. Honig, Brandy oder Rum und Orangensaft verrühren und mit den Früchten vermischen. Dann einige Zeit im Kühlschrank durchziehen lassen.

Für die Creme alle Zutaten mit dem Handmixer verrühren und zum Obstsalat servieren.

Mascarpone. Ein sehr cremiger, italienischer Sahnefrischkäse. Mascarpone ist von festerer Konsistenz als Schlagsahne, dadurch bekommen Sie ohne zusätzliche Dickungsmittel wunderbare Cremes, wenn Sie ihn mit pürierten Früchten oder frischen Säften vermischen und mit Honig süßen. Mascarpone bekommen Sie in Käsegeschäften, aber auch im Supermarkt fertig abgepackt zu kaufen.

MASCARPONE-VANILLE-CREME MIT SOMMERLICHEM OBSTSALAT

(Foto rechts)
Für 4 Personen

2 Pfirsiche, kleine Stücke
1 Banane, dünne Scheiben
250 g Erdbeeren
250 g Brombeeren
Creme:
100 g Mascarpone
100 g Joghurt
1 EL Honig
Vanillemark aus einer Vanillestange

Die Früchte in eine Schüssel geben. Mascarpone, Joghurt, Honig und Vanillemark mit dem Handmixer vermischen und die Creme über die Früchte gießen.

ERDBEERCREME MIT MASCARPONE

Für 4 Personen

400 g Erdbeeren
1½ EL Honig
300 g Mascarpone

200 g Erdbeeren mit dem Honig im Mixer pürieren (oder die Erdbeeren durch ein Sieb streichen und mit dem Honig vermischen). Mit Mascarpone verrühren, die restlichen Erdbeeren halbieren und darunterrühren. Dessert kalt stellen.

VANILLA BRANDY

Für 4 Personen

**1 Flasche Brandy oder Cognac
mehrere ausgekratzte
Vanilleschoten**

Ausgekratzte Vanilleschoten, die bei der Zubereitung der Nachspeise übrigbleiben, in den Brandy geben, Flasche schließen.
Mindestens 1 Woche durchziehen lassen. 6 Schoten reichen schon aus, um eine Flasche zu aromatisieren. Je mehr Vanilleschoten Sie in der Flasche sammeln, um so besser wird der Brandy.
Oder Sie geben die ausgekratzten Vanilleschoten in ein gut schließendes Glas mit weißem oder braunem Zucker und erhalten so echten Vanillezucker.

Vanille. Das intensivste Vanille-Aroma erhalten Sie, wenn Sie das Mark aus ganzen Vanilleschoten verwenden. Das ist nicht sehr arbeitsaufwendig: halbieren Sie die Vanilleschote der Länge nach mit einem scharfen Messer und kratzen Sie das Mark mit einem kleinen Löffel heraus. Mit den ausgekratzten Schoten können Sie einen Vanilla Brandy (oben) ansetzen, mit dem Sie Obstsalate und Dessertcremes verfeinern können.

HASELNUSS-ORANGEN-CREME

Für 4 Personen ⚡

Diese Creme essen Kinder besonders gern.

**200 g Quark
3 EL Haselnußmus
Saft von 2 Orangen
2 EL Honig
200 ml Sahne**

Quark, Nußmus, Orangensaft und Honig mit dem Handrührgerät verrühren. Die Sahne steif schlagen und unter die Quarkmasse heben.

BANANEN-HASELNUSS-CREME

Für 4 Personen ⚡

Ihre Süße hat diese Creme nur vom Fruchtzucker der Bananen. Sie brauchen also weiche, reife Bananen zum guten Gelingen.

**4 reife Bananen
2 EL Haselnußmus
125 ml Sahne**

Bananen mit einer Gabel zerdrücken und mit dem Haselnußmus vermischen. Sahne steif schlagen und unter die Bananenmasse heben.
Diese Creme sollten Sie kurz vor dem Servieren zubereiten. Wenn sie längere Zeit im Kühlschrank steht, wird sie wegen der Bananen braun.

ORANGEN MIT MARASCHINO UND PINIENCREME

Für 4 Personen ⚡

**4 Orangen
2 TL Honig
1 bis 2 EL Maraschino
Piniencreme:
50 g Pinienkerne
1 EL Honig
5 EL Sahne
einige Pinienkerne zum Garnieren**

Die Orangen schälen und in Scheiben schneiden. Zum Essen ist es angenehmer, wenn Sie die Orangen filetieren. Dafür die Orange mit einem scharfen Messer schälen, die weiße Haut muß ganz abgeschnitten werden. Die einzelnen Orangenschnitze zwischen den Trennhäuten herausschneiden. Den Saft aus dem Rest der Orange ausdrücken und zu den Filets geben. Filets mit Honig und Maraschino vermischen, kalt stellen.
Piniencreme: Pinienkerne, Honig und Sahne im Mixer zu einer dicken Creme pürieren. Die Creme kalt stellen.
Orangenfilets mit der Sauce auf 4 Dessertteller verteilen, je einen EL Piniencreme obendrauf geben und mit einigen Pinienkernen garnieren.

JOGHURT-CREME MIT HIMBEEREN

(Foto rechts)
Für 4 Personen

600 g Joghurt
2–3 EL Honig
100 ml Sahne
500 g Himbeeren
einige Blättchen Minze

Ein Sieb mit einem Küchentuch ausschlagen, Sieb über eine Schüssel hängen, Joghurt hineingeben und zugedeckt im Kühlschrank 5 Stunden abtropfen lassen.
Joghurt-Frischkäse mit Honig verrühren. Sahne steif schlagen. Sahne mit dem Frischkäse vermischen. Himbeeren unterrühren.
Die Creme mit Minzeblättchen garnieren.

MANGOCREME

Für 4 Personen ⚡

Ein sehr schnell zubereitetes Dessert.

700 g reife Mangos
125 ml Sahne
2 EL Honig

Die Mangos schälen, Fruchtfleisch in kleine Stücke schneiden und mit Sahne und Honig im Mixer zu einer glatten Creme pürieren, Creme durch ein Sieb streichen. Gekühlt servieren.

DATTEL-SESAM-PRALINEN

500 g getrocknete Datteln, entsteint
1 Vanillestange
3 EL Cognac
1½ EL Tahini (Sesammus)
1½ EL Kakaopulver
50 g Kokosflocken

Die Datteln durch die feine Scheibe des Fleischwolfs drehen. Das Mark der Vanilleschote herauskratzen und mit dem Cognac vermischen. Dattelmasse mit Cognac, Tahini und Kakao gut verkneten, mit befeuchteten Händen kleine Kugeln formen, die Kugeln in den Kokosflocken wälzen.

Agar Agar: Aus Algen gewonnenes mineralstoff- und vitaminreiches Geliermittel mit großer Gelierkraft. Am einfachsten ist Agar Agar in Pulverform zu verarbeiten.

MANDELGELEE MIT ANANASSAUCE

Für 4 Personen

Ein raffiniertes Dessert, trotzdem einfach und schnell zu machen. Es zergeht auf der Zunge, ist üppig und trotzdem leicht verdaulich. Die Krönung eines vielgängigen Menüs. Das Dessert kann schon am Tag vorher zubereitet werden.

Mandelgelee:
200 g Mandelmus
250 ml Wasser
4 EL Honig
1½ gestrichene TL Agar Agar-Pulver
3 EL kaltes Wasser
Ananassauce:
1 Ananas (ca. 500 g), Stücke
2 EL Honig
100 ml Wasser

Gelee: Mandelmus, Wasser und Honig im Mixer vermischen.
In einem Topf mit schwerem Boden die Masse unter ständigem Rühren erhitzen (brennt leicht an!). Agar Agar-Pulver mit kaltem Wasser anrühren. Die Mandelmasse kurz vor dem Kochen vom Feuer nehmen, Agar Agar-Lösung untermischen.
Masse in eine kalt ausgespülte, abgetrocknete Form gießen, abkühlen lassen. Zugedeckt 30 Minuten in das Tiefkühlfach stellen, dann im Kühlschrank weiter aufbewahren.
Sauce: Die Ananasstücke mit Wasser und Honig zum Kochen bringen, zugedeckt 10 Minuten leicht kochen. Sauce im Mixer pürieren, durch ein Sieb streichen und kalt stellen.
Vor dem Servieren das Mandelgelee stürzen und in kleine Würfel schneiden. Die Würfel auf Dessertteller geben und mit der Ananassauce servieren.

MANDARINENGELEE

Für 6–8 Personen

1 kg kernlose Mandarinen (Satsumas)
2½ EL Honig
1½ gestrichene TL Agar Agar-Pulver
3 EL kaltes Wasser

Mandarinen auspressen. Ergibt ca. 500 ml Mandarinensaft.
Den Saft mit Honig in einen Topf geben und erhitzen. Das Agar Agar-Pulver mit kaltem Wasser anrühren. Kurz vor dem Kochen den Saft vom Feuer nehmen und die Agar Agar-Lösung in den Saft rühren.
Die Flüssigkeit in eine kalt ausgespülte, abgetrocknete Form gießen, abkühlen lassen. Die Form zugedeckt 20 Minuten in das Tiefkühlfach stellen.
Das Gelee auf eine Platte stürzen, es läßt sich wunderbar in Würfel schneiden. Dazu die Erdbeersauce von Seite 224 reichen.

KALTE DESSERTS

MANGO MIT KOKOS-ORANGEN-CREME

(Foto rechts)
Für 3 Personen

1 große reife Mango
Creme:
100 g Mascarpone
2 EL Kokosflocken
2 EL Honig
Saft von 1 großen Orange
abgeriebene Schale von
¼ ungespritzten Orange oder Zitrone

Mango in dünne Scheiben schneiden. Für die Creme die Zutaten mit dem Handmixer zu einer glatten Creme verrühren und mit den Mangoscheiben anrichten.

OBSTSALAT AUS EXOTISCHEN FRÜCHTEN

Für 4 Personen

300 g frische Ananas, kleine Stücke
1 Mango, kleine Stücke
1 Banane, dünne Scheiben
4 frische Lychees, halbiert
Saft von 1 Orange
½ kleine Melone, kleine Stücke
2 TL Honig

Die Früchte in eine Schüssel geben und mit Orangensaft und Honig vermischen. Den Obstsalat ½ Stunde durchziehen lassen.

MEXIKANISCHER FRUCHTSALAT MIT ERDNUSSAUCE

Für 4–6 Personen

Obstsalat:
200 g frische Ananas, Stücke
1 Apfel, kleine Stücke
1 Birne, kleine Stücke
1 Orange, filetiert
1 Banane, dünne Scheiben
1 Kiwi, kleine Stücke
1 EL Rosinen
1 EL gehackte Nüsse
1 EL Honig
Saft von 1 Orange
Sauce:
250 g Joghurt
2 EL Erdnußmus
2 EL Honig

Für den Salat alle Zutaten vermischen, im Kühlschrank durchziehen lassen.
Für die Sauce alle Zutaten mit dem Handmixer vermischen. Sauce zum Obstsalat reichen.

»SULEIKA SCHLECKT SICH DIE FINGER DANACH«

Aprikosencreme mit Sesamkrokant, Crème fraîche und Granatapfelkernen

Für 4–6 Personen

Eigentlich gehört zu diesem Dessert ein Bauchtanz.

Aprikosencreme:
300 g getrocknete Aprikosen
500 ml warmes Wasser
½ EL Honig
2 EL Zitronensaft
abgeriebene Schale von
½ unbehandelten Zitrone
6 EL Crème fraîche oder Joghurt
1 Granatapfel, einzelne Kerne
Sesamkrokant:
50 g ungeschälte Sesamkörner
1 EL Honig

Aprikosencreme: Die getrockneten Aprikosen abwaschen, in warmem Wasser 1 Stunde einweichen lassen. Die eingeweichten Aprikosen mit dem Einweichwasser zum Kochen bringen, Honig, Zitronensaft, abgeriebene Zitronenschale hinzufügen und 20–30 Minuten zu einer dicken Creme einkochen, öfters umrühren, die Creme brennt leicht an.
Die Masse durch ein Sieb streichen oder im Mixer pürieren. Kalt stellen. Wenn Sie es nicht so süß mögen, lassen Sie den Honig weg.
Sesamkrokant: Die Sesamkörner in einer kleinen trockenen Pfanne unter Rühren anrösten, bis die Körner anfangen hochzuspringen. Den Honig unter die heißen Sesamkörner mischen. Die Masse auf einem Teller glattstreichen und kalt werden lassen. Nach 2 Stunden läßt sich das Krokant in Stücke schneiden.
Pro Person auf einen Dessertteller 2 EL Aprikosencreme geben, darauf kommt 1 EL Crème fraîche oder Joghurt. Darüber werden 2 EL Granatapfelkerne und einige Krokantstücke gestreut.
Sesamkrokant ist eine süße Knabberei, die Kinder leicht selbst machen können.

BANANEN-SCHOKOLADEN-CREME

Für 4 Personen

20 g Butter
1 gestrichener EL Kakao
250 ml Sahne
2 reife Bananen
1 EL Honig

Die Butter im Wasserbad schmelzen. Kakao mit 1 EL Sahne vermischen, zur Butter geben und alles 5 Minuten unter Rühren im Wasserbad erhitzen.
Bananen mit der Gabel zerdrücken und mit dem Honig leicht schaumig rühren. Kakaomischung mit den Bananen verrühren, abkühlen lassen. Restliche Sahne steifschlagen und mit den Bananen vermischen.

RUSSISCHE CHARLOTTE

(Foto rechts)
Für 4 Personen

Mit diesem Dessert landen Sie bei Alt und Jung einen Volltreffer.

**3 Vanillestangen
500 ml Milch
4 Eigelb
40 g Speisestärke
80 g Honig
250 ml Sahne
200 g Trauben oder rote Johannisbeeren, Brombeeren, Himbeeren, Erdbeeren, Orangenschnitze**

Vanillestangen mit einem kleinen Messer aufschneiden, das Mark herauskratzen. Vanillemark, Milch, Eigelb, Speisestärke und Honig mit dem Schneebesen vermischen. Die Flüssigkeit in einem Topf mit schwerem Boden unter Rühren langsam erhitzen, zum Kochen bringen, kurz aufkochen. Die Creme vom Feuer nehmen, in eine kalt ausgespülte, abgetrocknete Schüssel gießen, im kalten Wasserbad auskühlen lassen; dabei ab und zu umrühren, damit sich keine Haut bildet. Sahne steif schlagen, unter die Creme rühren, die gewaschenen Beeren unter die Creme mischen. Mit den Orangenschnitzen garnieren.

OBSTSALAT APHRODITE

Für 4 Personen

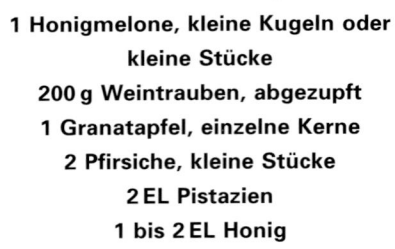

1 Honigmelone, kleine Kugeln oder kleine Stücke
200 g Weintrauben, abgezupft
1 Granatapfel, einzelne Kerne
2 Pfirsiche, kleine Stücke
2 EL Pistazien
1 bis 2 EL Honig
2 EL Zitronensaft

Früchte und Nüsse in eine Schüssel geben. Zitronensaft und Honig verrühren, den Fruchtsalat mit der Sauce vermischen und im Kühlschrank 1 Stunde durchziehen lassen.

DATTELN GEFÜLLT MIT SESAMCREME

Für 6 Personen

500 g frische Datteln (ca. 30 Stück)
Creme:
1 gestrichener Eßlöffel Sesammus (Tahini)
4 EL Quark
2 EL Joghurt
2 EL Honig
2 TL Zitronensaft
1 gute Prise Zimt

Die Datteln entkernen. Für die Creme alle Zutaten mit dem Handrührgerät gut vermischen und in die Datteln füllen.

REIS NACH ART DER PRINZESSIN

Für 4 Personen

150 ml Sahne
1 EL brauner Zucker (Demerara)
2 Vanilleschoten
1 gute Prise abgeriebene Schale von 1 ungespritzten Zitrone
350 g kalter Milchreis
500 g Beeren
1 EL Mandelsplitter

Sahne mit dem Handrührgerät etwas schlagen, Zucker unterrühren, Sahne steif schlagen. Vanilleschoten mit einem scharfen Messer der Länge nach aufschneiden, Mark mit einem kleinen Löffel herauskratzen. Vanillemark und abgerieben Zitronenschale mit der Sahne vermischen. Den kalten Milchreis unterheben.
Beeren in Portionsschüsseln verteilen, den Sahnereis darübergeben und mit Mandelsplittern garnieren.

HALWA

Indisches Karottendessert

Für 4 Personen

374 g Karotten, gerieben
750 ml Milch
5 EL Honig
Samen aus 8–10 Kardamomkapseln, im Mörser zerstoßen
6 EL gemahlene Mandeln
2 EL Butter
125 ml Sahne

Karotten und Milch unter Rühren zum Kochen bringen und $1-1^{1}/_{2}$ Stunden auf kleiner Flamme unter häufigem Rühren auf Hälfte des Volumens einkochen. Honig und Kardamom hinzufügen, alles unter häufigem Rühren zu einer sehr dicken Masse einkochen. Mandeln und Butter dazugeben und die Masse auf sehr kleiner Flamme in 10–15 Minuten zu einem dicken Kloß kochen.
Halwa abkühlen lassen. Mit einem löffel kleine Nocken anstechen und mit flüssiger Sahne servieren.

GEFÜLLTE MELONE

(Foto rechts)
Für 4 Personen

2 reife Netz- oder Ogenmelonen
8 EL Portwein
250 g Brombeeren
4 EL Zucker
10 Blätter frische Minze

Die Melonen quer zum Stengelansatz halbieren und die Kerne mit einem Eßlöffel herausnehmen.

Das Fruchtfleisch mit einem Kugelausstecher herauslösen. Die Melonenkugeln mit dem Portwein in einer Schüssel mischen und kaltstellen.

Die Brombeeren mit dem Zucker bestreuen. Die Minze abbrausen und die Blättchen abzupfen.

Die Melonenkugeln mit den Brombeeren in die ausgehöhlten Melonenhälften füllen und immer ein paar Minzeblättchen dazwischenstreuen. Mit dem Portwein, in dem die Melonenkugeln mariniert wurden, beträufeln.

Statt der Beeren können Sie auch eine Kugel Vanille- oder Fruchteis in die Melonenhälften setzen.

ZITRONENCREME »KLARA«

(Foto links)
Für 4 Personen

Saft von 2 Zitronen
abgeriebene Schale von
½ ungespritzten Zitrone
150 g brauner Zucker
30 g Speisestärke
2 Eigelb
250 ml Wasser
125 ml Sahne
Garnitur:
4 Zitronenscheiben, geviertelt
2 EL Mandeln, gerieben
100 g Erdbeeren, halbiert

Zitronensaft und Schale, Zucker, Speisestärke, Eigelb und Wasser mit dem Schneebesen verrühren. Die Flüssigkeit unter Rühren zum Kochen bringen, vom Feuer nehmen und abkühlen lassen.
Die Masse mit der steifgeschlagenen Sahne vermischen. Die Zitronencreme in Gläser oder Schalen füllen, mit Mandeln, Zitronenscheiben und Erdbeeren garnieren.

EIS UND SORBETS

Um Eis und Sorbets selbst zu machen, braucht man keine Eismaschine. Das Tiefkühlfach des Kühlschranks, eine gut verschließbare Plastikdose und ein Rührlöffel genügen. Schnell und einfach ist die köstlichste Eiscreme zubereitet.

HIMBEEREIS

(Foto rechts)
Für 4 Personen

Der Traum eines jeden Kindergeburtstags. Auf die gleiche Weise bereiten Sie Eiscreme oder Halbgefrorenes mit Brombeeren und Erdbeeren zu.

500 g Himbeeren
6 EL Honig
250 ml Sahne

Himbeeren mit dem Honig im Mixer pürieren. Sahne sehr steif schlagen. Himbeerpüree unter die Sahne mischen. Die Masse 1 bis 2 Stunden zugedeckt in das Tiefkühlfach stellen, ab und zu kräftig umrühren.

VANILLEEIS

Für 6 Personen

2 Vanilleschoten
150 g Mascarpone
500 g Joghurt
4 bis 5 EL Honig

Vanilleschoten der Länge nach aufschneiden, Vanillemark herauskratzen. Vanillemark, Mascarpone, Joghurt und Honig mit dem Handrührgerät gut vermischen. Die Masse im Tiefkühlfach zugedeckt ca. 2 Stunden gefrieren lassen, dabei ab und zu kräftig umrühren. Vor dem Servieren noch einmal kräftig verrühren.

ERDNUSS-ORANGEN-EIS

(Foto rechte Seite)
Für 4 Personen

4 EL Erdnußmus
Saft von 2 Orangen
2 EL Honig
125 ml Sahne

Erdnußmus, Orangensaft und Honig mit dem Handmixer glattrühren. Sahne sehr steif schlagen und mit der Erdnußcreme vermischen. Die Masse 1½ Stunden zugedeckt ins Tiefkühlfach stellen, dabei ab und zu umrühren.
Dazu paßt Obstsalat aus frischen Früchten.

ORANGENEIS

Für 4 Personen

Saft von 8 Orangen
4 EL Honig
250 ml Sahne

Orangensaft mit Honig gut vermischen. Sahne sehr steif schlagen und mit dem Orangensaft vermischen (von Hand, nicht mit dem Handmixer, damit das Eis eine cremige Konsistenz bekommt). Das Eis im Tiefkühlfach zugedeckt 2–3 Stunden gefrieren lassen, dabei ab und zu kräftig umrühren.

CUBANISCHES ZITRONENEIS

Für 4 Personen

Für dieses Eis verwenden Sie als Süßmittel Succanat, den getrockneten Saft des Rohrzuckers.

Saft von 2 Zitronen
abgeriebene Schale von
½ ungespritzten Zitrone
250 g Joghurt
4 EL Succanat
125 ml Sahne

Zitronensaft, Zitronenschale, Joghurt und Succanat mit dem Handmixer vermischen. Sahne sehr steif schlagen. Die Joghurtmasse unter die Sahne heben. Die Creme im Tiefkühlfach zugedeckt 1–2 Stunden gefrieren lassen, dabei ab und zu kräftig umrühren.

»FATIMAS ERRÖTEN«
Granatapfel-Rosenwasser-Sorbet

Für 4 Personen

2 Granatäpfel
2 EL Rosenwasser
½ –1 EL Honig

Die Granatäpfel auspressen. Hierfür gibt es zwei Methoden:
1. Sie halbieren die Granatäpfel wie Orangen und pressen Sie mit der Saftpresse aus oder
2. Sie geben die einzelnen Kerne in ein Sieb und passieren das Fruchtfleisch durch.
Den Granatapfelsaft mit Rosenwasser und Honig vermischen. Zugedeckt in das Tiefkühlfach des Kühlschranks oder die Tiefkühltruhe stellen; alle 20 Minuten mit einem Schneebesen gut durchrühren und eventuelle Eisklümpchen vom Boden der Schüssel lösen. Ingesamt dauert die Sorbetherstellung ca. 2 Stunden. Das Sorbet soll eine cremige Masse aus winzigen Eiskristallen bilden. Stechen Sie mit dem Löffel pro Person 3 Kugeln ab. Wenn Sie ungespritzte Rosen auf dem Balkon oder im Garten haben, servieren Sie das Sorbet mit einigen Rosenblättchen garniert.

Süßspeisen für Kinder. Einige Rezepte enthalten Alkohol, zwar in sehr geringen Mengen, aber doch. Lassen Sie die hochprozentigen Zutaten weg, wenn Kinder mitnaschen.

EIS UND SORBETS

KOKOSSORBET
Für 4 Personen

**500 ml selbstgemachte Kokosmilch
aus Milch (siehe Seite 121)
1 EL Honig**

Kokosmilch und Honig vermischen, zugedeckt in das Gefrierfach oder die Tiefkühltruhe stellen. Alle 20 Minuten gut umrühren; es dürfen sich keine Eisklümpchen bilden. Insgesamt 1 1/2–2 Stunden kühlen. Das Sorbet soll eine cremige Konsistenz haben.
Mit Himbeeren oder anderen Beeren und Zitronenmelisse nach belieben garnieren.

PFIRSICHSORBET
Für 4 Personen

**400 g reife Pfirsiche
100 ml frischer Orangensaft
2 bis 3 EL Honig**

Die Pfirsiche kurz in kochendem Wasser blanchieren, die Haut abziehen, Pfirsiche in kleine Stücke schneiden. Mit dem Orangensaft und Honig im Mixer pürieren, dann wie beim Orangensorbet weiterverfahren.

HIMBEERSORBET
Für 4 Personen

**400 g Himbeeren
50 ml Orangensaft
50 ml Zitronensaft
3 EL Honig**

Die Himbeeren mit Orangen- und Zitronensaft im Mixer pürieren. Masse durch ein Sieb streichen. Weitere Zubereitung wie Orangensorbet

ORANGENSORBET
Für 4 Personen

**500 ml frischer Orangensaft
2 bis 3 EL Honig**

Orangensaft und Honig vermischen. Die Schüssel bedeckt in das Gefrierfach des Kühlschranks stellen. Alle 20 Minuten die Fruchtmasse gut durchrühren. Besonders darauf achten, daß sich an den Rändern keine feste Eisschicht bildet. Insgesamt ca. 2 Stunden kühlen.

Erdnuß-Orangen-Eis mit Obstsalat

WARME DESSERTS

Verwerfen Sie ein für allemal das Vorurteil, daß gut essen etwas mit viel Arbeit zu tun hat und planen Sie schon für morgen. An einem ganz normalen, stressigen Werktag werden Ihre Lieben mit einem Karibischen Bananen-Kokos-Gratin zum Dessert verwöhnt. Die 5 Minuten, bis das Ganze im Ofen steht, können Sie leichten Herzens aufbringen.

GEBACKENE ANANAS »BAHIA«

Für 4 Personen ⚡

30 g Butter
1 Ananas, 1 cm dicke Scheiben
100 g Mandelsplitter
2 EL Honig
200 ml Sahne

Eine flache Auflaufform mit ½ Teelöffel Butter ausstreichen. Ananasscheiben in einer Schicht in die Form geben. Restliche Butter schmelzen, mit Mandelsplittern und Honig vermischen. Die Mandelmasse auf die Ananasscheiben streichen. Im vorgeheizten Ofen bei mittlerer Hitze 15 Minuten backen, bis die Mandeln goldbraun sind. Dann mit geschlagener Sahne servieren.

APFELGRATIN MIT WEIZENSPROSSEN UND DATTELN

Für 3 Personen ⚡

Ein Winternachtisch – servieren Sie ihn dem Weihnachtsmann nach der Bescherung.

1 TL Butter
3 mittelgroße, säuerliche Äpfel, 1 cm dicke Schnitze
7 getrocknete Datteln, geviertelt
3 EL Weizenkeime
3 EL Cognac
1 EL brauner Zucker (Demerara)
1½ EL Haselnußmus
125 ml Sahne

Eine flache Auflaufform mit der Butter ausstreichen. Apfelschnitze und Datteln in einer Lage in die Form schichten. Weizenkeime über das Obst streuen. Cognac, Zucker und Haselnußmus gut verrühren und auf den Äpfel verteilen. Das Gratin im vorgeheizten Ofen bei mittlerer Hitze in 12–15 Minuten backen. Dann mit geschlagener Sahne servieren.
Anstelle der Weizenkeime können Sie auch gehackte Nüsse verwenden.

KARIBISCHES BANANEN-KOKOS-GRATIN

Für 4 Personen ⚡

Dieses Dessert ist ein Hit! – An Einfachheit und Wohlgeschmack kaum zu überbieten. Ich habe allerdings ein kleines Problem damit, ich kann mich nicht entscheiden, wie es mir besser schmeckt: 10 Minuten gebacken mit sahniger Kokos-Rum-Sauce oder 20 Minuten gebacken mit knuspriger Kokoskruste.

1 TL Butter
4 Bananen, in je 3 Längsscheiben geschnitten
2 EL Rum
abgeriebene Schale von ¼ ungespritzten Zitrone
1 EL Succanat oder brauner Zucker (Demerara)
100 ml Sahne
2 EL Kokosflocken, ungesüßt

Eine große, flache Auflaufform mit der Butter ausstreichen. Die Bananenscheiben nebeneinander in die Form legen. Der Boden der Form muß ganz ausgefüllt sein. Rum, Zitronenschale und Succanat auf den Bananen verteilen. Die Sahne darübergießen und die Kokosflocken über das Gratin streuen. Im vorgeheizten Backofen bei mittlerer Hitze 10–20 Minuten (siehe oben) backen.

ÜBERBACKENE BEEREN

(Foto rechts)
Für 6 Personen

½ TL Butter
500 g Heidelbeeren, Himbeeren, Erdbeeren
4 Eigelb
50 g brauner Zucker (Demerara)
Eischnee:
4 Eiweiß
100 g brauner Zucker (Demerara)

Den Boden einer flachen Auflaufform (ca. 25 cm Durchmesser) mit der Butter ausstreichen (am schönsten sieht das Dessert in einer runden Form aus). Beeren in die Form geben. Aus Eigelb und Zucker eine Creme rühren und über die Beeren gießen. Die Beeren im vorgeheizten Ofen bei starker Hitze auf der mittleren Schiene des Ofens 7–10 Minuten backen, bis die Eiermasse goldbraun ist.

In dieser Zeit das Eiweiß sehr steif schlagen. Zucker nach und nach zugeben und solange rühren, bis sich der Zucker aufgelöst hat. Die Eischneemasse gleichmäßig auf die heißen Beeren streichen und im oberen Drittel des Ofens bei starker Hitze 3 Minuten überbacken. Die Eischneemasse soll nur ganz zart karamelbraun sein. Das Dessert sofort servieren.

SCHMELZENDE APRIKOSEN

Für 4 Personen ⚡

8 große Aprikosen
1½ EL Butter
50 g Mandelsplitter
1 TL Succanat oder brauner Zucker (Demerara)
125 ml Sahne

Aprikosen heiß überbrühen, häuten, halbieren und entkernen. Eine kleine Auflaufform mit ½ Eßlöffel Butter ausstreichen. Die restliche Butter schmelzen, mit Mandeln und Succanat vermischen. Aprikosenhälften in die Form setzen, die Buttermischung darüber verteilen. Die Aprikosen im vorgeheizten Ofen bei mittlerer Hitze 12 Minuten backen, dann mit geschlagener Sahne servieren.

PFIRSICH-GRATIN

Für 4 Personen ⚡

1 EL Butter
4 Pfirsiche, halbiert, entsteint
8 getrocknete Datteln, kleine Stücke
30 g Pinienkerne
1 EL Honig
150 ml Schlagsahne

Eine Auflaufform mit ½ Teelöffel Butter ausstreichen. Die Früchte mit der Schnittfläche nach oben in die Form setzen. Datteln, Pinienkerne und Honig vermischen und die Masse in die Früchte füllen. Die restliche Butter auf der Füllung verteilen. Die Früchte im vorgeheizten Ofen bei mittlerer Hitze 15–18 Minuten backen. Dann mit geschlagener Sahne servieren. Schmeckt heiß und kalt.

Im Winter können Sie anstelle der Pfirsiche Äpfel verwenden, im Herbst säuerliche Birnen.

ARABISCHER BIRNENSALAT MIT SESAM UND DATTELN

Für 4 Personen ⚡

Kein ganz warmes Dessert, nur die Sesamkörner werden knusprig geröstet, das ist aber entscheidend für den Wohlgeschmack.

4 saftige Birnen, dünne Scheibchen
8 frische Datteln, geviertelt
Saft von 1 Zitrone
100 g Mascarpone
50 g Kefir
1 EL Honig
1 EL ungeschälte Sesamkörner

Birnenscheibchen und Datteln mit Zitronensaft vermischen. Mascarpone, Kefir und Honig mit dem Handrührgerät vermischen. Die Creme unter die Birnen rühren. Die Sesamkörner in einer trockenen Pfanne kurz unter Rühren anrösten, bis sie anfangen hochzuspringen, sofort vom Herd nehmen und unter den Salat mischen.

JAMAIKANISCHES ANANASKOMPOTT

Für 4 Personen ⚡

Das könnte ein Lieblingsnachtisch werden!

100 g Kokosflocken, ungesüßt
3 EL Succanat oder brauner Zucker (Demerara)
1 große Ananas, 1 cm dicke Stückchen
2 EL Rum
150 ml Sahne

Die Kokosflocken mit 300 ml Wasser zum Kochen bringen, dann sofort vom Herd nehmen (kocht über!) und durch ein Sieb gießen (die Flüssigkeit dabei auffangen). Die Kokosflocken mit einem Rührlöffel gut ausdrücken, im Sieb beiseite stellen und etwas auskühlen lassen. Kokosmilch und Succanat in einem kleinen Topf zum Kochen bringen, die Ananasstücke zufügen und das Kompott im offenen Topf 12–15 Minuten kochen. Gegen Ende der Kochzeit die Kokosflocken mit der Hand gut ausdrücken und die zusätzliche Kokosmilch zum Kompott geben. Das fertige Kompott mit Rum abschmecken. Reichen Sie kühle Schlagsahne zum heißen Kompott. Wie das Kompott kalt schmeckt, konnte ich leider nicht in Erfahrung bringen, denn es wurde immer sofort aufgegessen.

ÜBERRASCHUNGS-BIRNE

Für 4 Personen

Sie sieht aus wie eine frische Birne, ist aber gefüllt und im Dampf gegart.

**4 Birnen
100 g getrocknete, entsteinte Datteln, fein gehackt
50 g Walnüsse, fein gehackt
1 Prise Zimt
etwas abgeriebene Schale von 1 ungespritzten Zitrone**

Einen 2 cm breiten Deckel am Stielende der Birnen abschneiden.
Die Birnen mit einem Dessertlöffel aushöhlen, dabei einen 1 cm breiten Rand lassen.
Datteln, Walnüsse, Zimt und Zitronenschale vermischen, die Birnen damit füllen und mit dem abgeschnittenen Deckel verschließen.
Die Birnen in flache Schälchen aufrecht stehend geben und 15–20 Minuten im Wasserdampf garen.
Sofort servieren.

GEDÄMPFTE ÄPFEL MIT RUMSAUCE

Für 4 Personen

Das schnellste Apfelrezept! Die Äpfel werden im Wasserdampf schaumig-weich gegart und saugen sich mit Rumsauce voll, dazu kühle Schlagsahne.

**4 säuerliche Äpfel, geschält, geviertelt
4 EL Rum oder Cognac
2 EL Succanat oder brauner Zucker (Demerara)
1 gute Prise Zimt
250 ml Sahne**

Äpfel in einem Siebeinsatz über kochendem Wasser im Dampf zugedeckt in 3–5 Minuten schaumig-weich kochen (schauen Sie schon nach 3 Minuten nach den Äpfeln, sie zerfallen leicht). Rum, Succanat und Zimt gut verrühren, Sahne steif schlagen. Die gedämpften Äpfel auf Desserttellern anrichten, mit Rumsauce beträufeln und mit Schlagsahne servieren.

> **Succanat** ist der unraffinierte, getrocknete Saft des Rohrzuckers. Es gibt Süßspeisen schon in geringen Mengen ein angenehmes, süßes Aroma. Succanat können Sie in Naturkostläden und den Naturkostabteilungen der Supermärkte kaufen.

CRÊPES MIT ERDBEERFÜLLUNG

(Foto Seite 202)
Für 4–6 Personen

**Füllung:
500 g Erdbeeren
250 g Mascarpone
3 EL Zucker
Crêpes:
125 g Weizenmehl (Typ 1050)
4 Eier
1/4 l Milch
Salz
Butterschmalz zum Ausbacken
Puderzucker zum Bestäuben**

Füllung: Die Hälfte der Erdbeeren mit Zucker im Mixer pürieren, durch ein Sieb streichen. Mit Mascarpone verrühren, die restlichen Erdbeeren halbieren, unter die Creme mischen.
Crêpes: Alle Zutaten zu einem glatten Teig verrühren. wenig Butterschmalz in einer Pfanne erhitzen, nur so viel Teig in die Pfanne gießen, daß der Boden bedeckt ist, bei mäßiger Hitze Crêpes auf beiden Seiten goldbraun backen. Die Crêpes warm halten.
Sind alle Crêpes gebacken, Füllung auf den Crêpes verteilen, zusammenklappen, mit Puderzucker bestäuben und sofort servieren.

SÜSSE LECKEREIEN

KOKOS-PFANNKUCHEN

Ergibt ca. 10 Pfannkuchen

**250 g Weizenvollkornmehl
(auf feinster Stufe gemahlen)
350–450 ml selbstgemachte
Kokosmilch mit Wasser
(siehe Seite 121)
2 Eier
Salz
4 EL Öl**

Aus Mehl, Kokosmilch, Eiern und Salz einen Teig anrühren; am besten geht das mit dem Handrührgerät. Eine schwere Pfanne mit Öl bestreichen. Öl erhitzen, einen Schöpfer Teig in der Pfanne verteilen und knusprige Pfannkuchen bakken. Wenn der Teig zu sehr eindickt, etwas mehr Kokosmilch dazugeben.
Kokospfannkuchen schmecken süß gefüllt mit exotischem Fruchtsalat und Sahne – ein üppiges Dessert – oder als süßes Hauptgericht.
Kindern schmecken die Pfannkuchen einfach mit etwas Honig oder Marmelade.

Backformen. Ich habe die Desserts in Metallformen gebacken, aus Email oder Edelstahl. Metall erwärmt sich schneller als Keramik oder Glas. In Keramik- oder Glasformen erhöht sich die Backzeit um wenige Minuten.

MILCHREIS

Für 4 Personen ⚡

Wenn Ihnen Milchreis bis jetzt eine zu weiche Angelegenheit war, kosten Sie ihn einmal mit Naturreis. Körnig, locker, lecker – ein gesundes Hauptgericht.

**250 ml Naturreis
375 ml Milch
125 ml Wasser
1 EL brauner Zucker (Demerara)**

Reis, Milch, Wasser und Zucker in den ungelochten Einsatz des Schnellkochtopfs geben. Den Reis 20 Minuten unter Druck kochen.
Bestreuen Sie den Milchreis ganz klassisch mit Zimtzucker und reichen Sie ihn zu Kompott oder frischen Beeren. Wenn Sie es besonders üppig lieben, rühren Sie noch etwas Butter unter oder übergießen Sie den Reis mit Sahne. Sehr gut schmeckt es auch, wenn Sie echtes Vanillemark und etwas abgeriebene Schale von einer ungespritzten Zitrone untermischen und zum Milchreis Erdbeersauce (Seite 224) reichen.

GEFÜLLTES BISKUIT-OMELETTE MIT HEIDELBEERSAUCE

(Foto rechte Seite) ⚡
Für 4 Personen

Das Rezept sieht kompliziert aus, ist es aber nicht! Die Zubereitung beginnt mit der Heidelbeersauce. Die köchelt leise vor sich hin, während Sie die Erdbeerfüllung anrühren. Erst ganz zum Schluß wird das Omelett in einer Pfanne (am besten einer gußeisernen Omelettepfanne) in 7 Minuten im Ofen gebacken.

**Heidelbeersauce:
250 g Heidelbeeren frisch oder gefroren
2 EL brauner Zucker (Demerara)
Erdbeerfüllung:
150 g Joghurt
2 EL Honig
250 g Erdbeeren, halbiert
Biskuitomelette:
1 TL Butter
etwas Mehl zum Bestäuben der Pfanne
3 Eiweiß
40 g brauner Zucker (Demerara)
1 Prise geriebene Zitronenschale von einer ungespritzten Zitrone
3 Eigelb
40 g Weizenvollkornmehl, auf feinster Stufe gemahlen oder Weizenmehl (Type: 1050)**

<u>Heidelbeersauce:</u> Heidelbeeren und Zucker in einem kleinen Topf verrühren und in 10–12 Minuten bei mittlerer Hitze zu einer Sauce einkochen, dabei ab und zu umrühren.

WARME DESSERTS

Erdbeerfüllung: Joghurt und Honig verrühren, Erdbeeren untermischen.
Biskuitomelette: Eine Omelettepfanne mit feuerfestem Stiel (ca. 21 cm Durchmesser) mit Butter gut ausstreichen und mit Mehl bestäuben. In einer schmalen hohen Rührschüssel das Eiweiß mit dem Handrührgerät steif schlagen. Zucker nach und nach zugeben und solange rühren, bis sich der Zucker aufgelöst hat. Mit dem Kochlöffel nacheinander vorsichtig abgeriebene Zitronenschale, Eigelb und Mehl unterheben. Die Masse gleichmäßig in die Pfanne streichen und im vorgeheizten Ofen bei mittlerer Hitze 7 Minuten backen. Damit sich das Omelette zusammenklappen läßt, einmal diagonal durch die Mitte einritzen.
Das Omelette auf eine Platte stürzen, eine Hälfte mit der Erdbeer-Joghurt-Füllung bestreichen, zusammenklappen und sofort servieren. Reichen Sie die heiße Heidelbeersauce getrennt dazu.

Gefülltes Biskuitomelett mit Heidelbeersauce

KIRSCHENMICHEL

Für 4 Personen

Ein süßes Hauptgericht (für Kinder das Kirschwasser weglassen), das mit Vanillesauce serviert wird.

250 g Vollkorntoast, Stücke
125 ml Milch
4 Eier
120 g brauner Zucker
80 g Butter
½ TL Zimt
abgeriebene Schale von
½ ungespritzten Zitrone
1 EL Kirschwasser
750 g Kirschen, nicht entsteint
½ EL Butter zum Ausfetten der Form

Das Brot mit der Milch befeuchten, eventuell überschüssige Milch ausdrücken. Die Eier trennen. Eigelb mit Zucker und Butter schaumig rühren, mit Zimt, Zitronenschale und Kirschwasser zum Brot geben und vermischen. Die Eiweiß zu Schnee schlagen. Den Eischnee unter die Brotmasse heben. Die Kirschen daruntermischen und den Kirschenmichel in eine ausgefettete Auflaufform geben. 1 Stunde im vorgeheizten Ofen bei mittlerer Hitze backen.

VANILLESAUCE

Für 4 Personen

2 Vanillestangen
1 Ei
1 EL brauner Zucker
500 ml Milch

Die Vanillestangen mit einem kleinen Messer aufschneiden und das Mark herauskratzen. Ei, Zucker, Milch und Vanillemark mit dem Schneebesen verrühren. Die aufgeschnittene Vanillestange dazugeben. Alles in einem kleinen Topf mit schwerem Boden unter Rühren langsam zum Kochen bringen. Sauce vom Feuer nehmen, heiß mit dem Kirschenmichel servieren.
Sie können die Vanillesauce im Wasserbad warm halten.

ERDBEERSAUCE

Für 4 Personen

500 g Erdbeeren
3 EL Honig

Erdbeeren und Honig im Mixer pürieren. Die Sauce in einem kleinen Topf erhitzen und 3 Minuten leicht kochen, dabei ab und zu umrühren.

TOPFENKNÖDEL MIT ERDBEERSAUCE

Für 4 Personen

Salz
250 g Quark (10% Fett)
70 g Weizenvollkornmehl, auf feinster Stufe gemahlen oder Weizenmehl (Type: 1050)
1 Ei
30 g brauner Zucker (Demerara)
20 g weiche Butter, kleine Stücke
1 TL Butter
2 TL Mandelsplitter
1 Rezept Erdbeersauce

In einem großen Topf reichlich Salzwasser zum Kochen bringen. Quark, Mehl, Ei, Zucker, Butter und 1 Prise Salz mit dem Handrührgerät rasch vermischen! Aus dem Teig kleine Knödel mit 4 cm Durchmesser formen. Die Knödel im leicht kochenden Salzwasser ohne Deckel 15 Minuten ziehen lassen. In dieser Zeit die Mandelsplitter zubereiten: In einer kleinen Pfanne die Butter erhitzen, die Mandelsplitter darin kurz unter Rühren goldbraun braten und auf einen Teller geben. Die fertigen Knödel mit dem Schaumlöffel aus dem Wasser nehmen, portionsweise anrichten, mit Mandelsplittern garnieren und mit Erdbeersauce umgossen servieren.

AUSGEBACKENE ANANASSCHEIBEN

(Foto rechts)
Für 4 Personen

125 g Weizenvollkornmehl
(auf feinster Stufe gemahlen)
100–125 ml Milch
3 Eier, getrennt
1 EL Öl
Salz
8 Scheiben frische Ananas,
1 cm dick
3 EL Mehl (Type 1050)
Öl zum Ausbacken

Mehl und Milch glatt rühren. Mit Eigelb, Öl und Salz vermischen. Eiweiß steif schlagen, unter den Teig heben.

Die Ananasscheiben mit einem Küchenpapier abtupfen, erst in Mehl wenden, dann in den Teig tauchen und in Öl schwimmend auf beiden Seiten goldbraun ausbacken.

Die Ananasscheiben auf einem Küchenpapier kurz abtropfen lassen und sofort servieren. Wer es besonders süß mag, träufelt sich etwas Honig darüber.

Statt Ananas können Sie auch Bananenviertel oder Apfelscheiben ausbacken. Dazu Schlagsahne oder Erdbeersauce reichen.

Kuchen und Torten

ORANGENTORTE

Ein grandioses Dessert: Es ziert jede Kaffeetafel, ist ein Erfolg bei Kindergeburtstagen. Eine Torte, ganz vom frischen Orangenaroma durchdrungen, wunderbar der lockere Biskuit, die Füllung, die Sahne obendrauf und drumherum. Sie muß einige Stunden im Kühlschrank durchziehen, kann auch, bis auf den Sahnebelag, schon einen Tag vorher zubereitet werden.

Biskuit:
1/2 EL Butter
Butterbrotpapier
5 Eier
100 g brauner Zucker
70 ml frischer Orangensaft
abgeriebene Schale von
1 ungespritzten Orange oder
1/2 TL getrocknete Orangenschale
170 g Weizenvollkornmehl
(auf feinster Stufe gemahlen)
Orangenfüllung:
30 g Speisestärke
500 ml frischer Orangensaft
100 g brauner Zucker
Sahnebelag:
200 ml Sahne
1/3 der Orangenfüllung
Garnitur:
100 g geröstete Mandelsplitter
2 filetierte Orangen (siehe Seite 147)
eventuell 3 EL Erdbeerkonfitüre

Biskuit: Eine Kuchenform von 26 cm Durchmesser mit der Butter bestreichen und mit Butterbrotpapier auslegen. Die Butter dient nur der besseren Haftung des Butterbrotpapiers an der Kuchenform. Der Teig darf nicht mit dem Fett in Berührung kommen.
Eigelb und Eiweiß trennen. Eigelb schaumig rühren, Zucker dazugeben, weiterschlagen, bis sich die Masse blaßgelb verfärbt. Orangensaft und abgeriebene Orangenschale unterrühren, das Mehl untermischen.
Eiweiß zu festem Eischnee schlagen, vorsichtig unter die Kuchenmasse heben. Den Teig in die ausgelegte Backform gießen, im vorgeheizten Ofen bei mittlerer Hitze 25–30 Minuten backen.
Den Kuchen auf ein Kuchengitter stürzen, das Butterbrotpapier mit etwas kaltem Wasser einpinseln und abziehen. Kuchen auskühlen lassen, dann längs halbieren.
Orangenfüllung: Die Speisestärke mit 4 EL Orangensaft anrühren, den übrigen Orangensaft mit dem Zucker erhitzen; wenn die Flüssigkeit anfängt zu kochen, die Stärkemischung mit dem Schneebesen unterrühren, kurz aufkochen, vom Feuer nehmen und in einer kalt ausgespülten, abgetrockneten Schüssel abkühlen lassen. 1/3 der Orangenfüllung im Kühlschrank kaltstellen, sie bekommt dadurch eine festere Konsistenz.
Die Schnittflächen der Tortenböden mit je einem Drittel Füllung bestreichen. Die Tortenböden aufeinanderlegen, so daß die Schnittflächen nach oben zeigen. Torte mindestens 2 Stunden kaltstellen, damit die Füllung in den Biskuit einziehen kann.
Sahnebelag: Die Sahne steif schlagen, mit der kaltgestellten Füllung vermischen, die Torte ringsherum mit der Sahne-Orangen-Creme bestreichen.
Den Rand der Torte mit den gerösteten Mandelsplittern bestreuen, die Oberfläche mit Orangenfilets verzieren. Ist die Torte für einen Kindergeburtstag, dann zeichnen Sie die Jahreszahl des Geburtstagskindes mit roter Konfitüre in die Mitte und verzieren die Torte noch mit roten Punkten.

BANANEN-ORANGEN-BROT

(Foto rechts)

Überall in der Karibik nennt sich dieses Gebäck Brot. Für mich ist es ein saftiger Kuchen, der mit Schlagsahne jede Kaffeetafel ziert.

4 reife Bananen
Saft von 1 Zitrone
abgeriebene Schale von
1 ungespritzten Orange oder Zitrone
1 Prise Piment
100 g brauner Zucker
100 g weiche Butter
2 Eier
200 g Weizenvollkornmehl
(auf feinster Stufe gemahlen)
2 TL Backpulver
½ EL Butter zum Ausfetten der Form

Die Bananen mit der Gabel zerdrücken und schaumig rühren, mit Zitronensaft, Orangenschale und Piment vermischen.
Zucker und Butter schaumig rühren (am einfachsten mit dem Handrührgerät). Nacheinander Eier, die Hälfte Mehl und Backpulver und die Hälfte der Bananenmasse unterheben. In der gleichen Reihenfolge das restliche Mehl, Backpulver und die restliche Bananenmasse untermischen. Den Teig in eine mit Butter ausgefettete Kastenform gießen. Im vorgeheizten Ofen bei mäßiger Hitze 50 Minuten backen. Den Kuchen auf ein Gitter stürzen und abkühlen lassen.

PIÑA COLADA-TORTE

Sie könnte auch Torte Caribic Totale heißen: Es ist alles drin, Rum, Ananas, Kokoscreme.

Am besten ist es, Sie lassen die mit Ananas gefüllte Torte über Nacht im Kühlschrank durchziehen. Das erfordert zwar einige Willensstärke und Selbstbeherrschung, 2 Stunden Wartezeit kann ich Ihnen aber in keinem Fall ersparen, solange muß die Torte in den Kühlschrank.

1 Kuchenform (26 cm Durchmesser)
1/2 EL Butter
Butterbrotpapier oder Backpapier
Tortenboden:
5 Eier
100 g brauner Zucker
50 ml Rum
abgeriebene Schale von
1 ungespritzten Zitrone
170 g Weizenvollkornmehl
(auf feinster Stufe gemahlen)
Salz
Ananasfüllung:
500 g frische Ananas, sehr kleine Stücke
200 ml Wasser
50 g brauner Zucker
3–5 EL Rum
Saft von 1/2 Zitrone oder Limette
15 g Speisestärke (ca.
1 EL, gestrichen voll)
Kokoscreme:
500 ml selbstgemachte Kokosmilch aus Milch (siehe Seite 121)
50 g Honig
30 g Speisestärke
100 ml Sahne

Die Kuchenform mit Butter ausstreichen, mit Butterbrotpapier auslegen; die Butter soll nur das Papier besser an der Form haften lassen. Der Teig darf nicht mit dem Fett in Berührung kommen, sonst fällt er zusammen.

Tortenboden: Eigelb und Eiweiß trennen. Eigelb mit dem Zucker schaumig rühren, Rum und Zitronenschale unterrühren, Weizenmehl untermischen. Das Eiweiß mit einer Prise Salz steif schlagen, unter den Teig heben. Teig in die Kuchenform gießen und im vorgeheizten Backofen bei mittlerer Hitze 25–30 Minuten backen.

Den Kuchen auf ein Kuchengitter stürzen, das Butterbrotpapier mit etwas kaltem Wasser einpinseln und abziehen. Kuchen auskühlen lassen, dann längs halbieren.

Ananasfüllung: Ananas, Wasser und Zucker zum Kochen bringen. 5 Minuten auf kleiner Flamme kochen. Rum und Zitronensaft hinzufügen, aufkochen. Die Speisestärke mit 2 EL Wasser anrühren, in die Ananasmischung rühren, kurz aufkochen. Füllung in eine Schüssel gießen und etwas auskühlen lassen. Die noch warme, ziemlich flüssige Füllung auf den Schnittflächen der Tortenböden verteilen, abkühlen lassen. Die Tortenböden so aufeinanderlegen, daß beide Füllungen nach oben zeigen. Die Torte mindestens 2 Stunden kalt stellen.

Kokoscreme: Kokosmilch, Honig und Speisestärke mit dem Schneebesen verrühren. In einem kleinen Topf mit schwerem Boden die Kokosmilch langsam unter Rühren erhitzen, kurz aufkochen lassen. Die Creme in eine kalt ausgespülte, abgetrocknete Schüssel gießen, abkühlen lassen.

Die Sahne steif schlagen, unter die Creme mischen. Die Torte ringsherum mit der Kokoscreme bestreichen.

PFITZAUF

6 Gebäckstücke ⚡

Ein lockeres Gebäck, das heiß gegessen wird. Dazu paßt Apfelmus oder Butter und Konfitüre.

500 ml lauwarme Milch
300 g Weizenvollkornmehl
(auf feinster Stufe gemahlen)
6 Eier
Salz
3 TL Butter

Milch und Mehl verrühren. Die Eier nacheinander damit vermischen, leicht salzen. Es entsteht ein dünner, flüssiger Teig. 6 Tassen (ca. 6 cm hoch, mit einem Durchmesser von 8 cm) werden mit je 1/2 TL Butter ausgestrichen. Die Tassen mit dem Teig halbvoll füllen. Im vorgeheizten Ofen bei mittlerer Hitze 50 Minuten backen. Der Pfitzauf bäckt in einer kleinen Haube über den Tassenrand hinaus.

Das Gebäck aus den Tassen nehmen, sofort servieren.

MANDELGRIESS-KUCHEN MIT FRUCHTSAUCE

Schmeckt heiß und kalt und Kindern immer.

Kuchen:
250 g Mandeln, abgezogen
250 ml Milch
50 g Vollkorngrieß
2 Eier, getrennt
1 Prise Zimt
1 Prise Piment (Nelkenpfeffer)
2 EL Honig
1 EL Butter

Fruchtsauce:
500 g reife Pfirsiche, abgezogen, Stücke
100 g Himbeeren
50 ml frischer Orangensaft (2 Orangen)
½ EL Honig

Kuchen: Die Mandeln mit der Milch im Mixer fein pürieren, in eine Schüssel geben, mit Grieß, Eigelb, Zimt, Nelkenpfeffer und Honig vermischen. Eiweiß steif schlagen, vorsichtig unter die Masse heben. Eine Auflaufform mit etwas Butter ausstreichen, die Masse hineingeben, die restliche Butter als Flöckchen auf dem Kuchen verteilen. Im vorgeheizten Ofen bei mittlerer Hitze 25 Minuten bedeckt und weitere 25 Minuten unbedeckt backen.
Fruchtsauce: Alle Zutaten im Mixer pürieren, durch ein Sieb streichen, kalt stellen.
Kuchen in Stücke schneiden. Mit der Sauce umgießen.

MÜRBTEIG

Für 1 Kuchen

250 g Vollkornmehl, auf feinster Stufe gemahlen
60 g kalte Butter
2 Eier
2 EL brauner Zucker
1 Msp. Backpulver
Salz

Die Zutaten müssen sehr schnell verarbeitet werden.
Mehl auf ein großes Brett schütten. Die Butter auf dem Mehl mit einem Messer in Stücke hacken und mit dem Mehl vermischen. Die Mehlmischung in eine Schüssel geben, mit den restlichen Zutaten rasch zu einem festen Teig kneten.
Eine Kugel formen, Teig in einem Plastikbeutel geben und 1 Stunde im Kühlschrank ruhen lassen.

KÄSEKUCHEN MIT APRIKOSEN

½ TL Butter
1 Rezept Mürbteig
1 EL Semmelbrösel

Füllung:
150 g saure Sahne
150 g Magerquark
2 Eier
1 EL Speisestärke
1 Päckchen Naturvanillezucker
2 EL brauner Zucker (Demerara)
abgeriebene Schale von
½ unbehandelten Zitrone
1 Prise Zimt
500 g Aprikosen, geviertelt oder ungezuckerte Aprikosen aus der Dose, große Schnitze

Füllung: Saure Sahne, Quark, Eier, Speisestärke, Vanillezucker, Zucker, Zitronenschale und Zimt mit dem Handrührgerät glatt rühren. Eine Kuchenform mit Butter ausstreichen. Den Teig dünn ausrollen und in die Form legen, einen 2 cm hohen Rand stehen lassen. Den Teig mit Semmelbröseln bestreuen.
Die Aprikosen auf den Kuchenboden legen, den Guß über die Früchte gießen. Den Kuchen im vorgeheizten Ofen bei milder Hitze (170 °C) 45–50 Minuten backen.
Kuchen zum Auskühlen auf ein Kuchengitter geben.

Menü-Vorschläge

Schnelle Menüs – praktische Kombinationen

Toasts und eine Kleinigkeit

Damit aus dem Imbiß eine volle Mahlzeit wird, gibt es vor dem Toast eine Suppe, dazu einen abwechslungsreichen Salat oder als Überraschung ein raffiniertes Dessert.

KALTE GEMÜSE-BASILIKUM-SUPPE
ZIEGENKÄSETOAST MIT PROVENÇALISCHER SAUCE

TOAST »VIVA MEXICO!«
KARIBISCHES BANANEN-KOKOS-GRATIN

TOFU-TOAST
CHINESISCHER SALAT MIT ENDIVIEN, KAROTTEN UND ORANGEN

SUPPE, SALAT UND VOLLKORNBROT

Grundvoraussetzung des schnellen Kochens ist es, daß verschiedene Gerichte problemlos gleichzeitig zubereitet werden können. Eine der idealen Kombinationen für diese entspannte Gleichzeitigkeit mit köstlichem Ergebnis: Suppe, Salat und Vollkornbrot.

**FELDSALAT MIT CHAMPIGNONS
UND KRESSE
MAISKLÖSSCHENSUPPE »FÜR KASPAR«
KNOBLAUCHBAGUETTE**

**SALAT TOSCANELLA MIT KAPERN-
VINAIGRETTE UND KNOBLAUCH-CROÛTONS
WIENER RAHMLINSEN
VOLLKORNBROT**

**SALAT MIT STANGENSELLERIE,
ANANAS UND NÜSSEN
KAROTTEN-ORANGEN-CREMESUPPE
VOLLKORNBRÖTCHEN MIT SESAM**

SALAT UND NUDELGERICHTE

—•—

Warum sich den Kopf zerbrechen, wenn man
Nudeln kochen kann. Damit Abwechslung
in den Topf kommt, sollten Sie die bewährte
Ebene von Nudeln und Tomatensauce
kühn verlassen und auch andere Zutaten unter
die Immerguten mischen:

MEXIKANISCHER AVOCADO-SALAT
SPAGHETTI MIT BROCCOLI UND SAHNIGER
GORGONZOLASAUCE

—•—

SALAT »TRI COLORI« MIT BRUNNENKRESSE
SPAGHETTI »KRETA«

—•—

BLATTSALATE MIT KRÄUTERDRESSING
SPAGHETTI ALL'ARRABIATA MIT TOMATEN,
PEPERONI UND RÄUCHERKÄSE

Drink, Gericht aus dem Backofen und eine Getreidebeilage

Noch ein unkompliziertes Dreigespann. Ersetzen Sie Suppe und Salat durch ein schnell gemixtes Getränk. Im Backofen können sich die Gemüse ungestört mit dem Aroma von Käse und Kräutern verbinden. Reis, Hirse oder Polenta dampfen im Schnellkochtopf vor sich hin und Ihnen bleibt genug Zeit, alle Zutaten für den Drink vorzubereiten, dessen Qualität von der »Zubereitung in letzter Minute« abhängt.

VITAMIN-MIX
SCHAFSKÄSE-KRÄUTER-SOUFFLÉ
VOLLKORNBAGUETTE

FRÜCHTE-COCKTAIL »ALOHA IN SAMOA«
ZUCCHINIGRATIN MIT KALTER TOMATEN-KRÄUTER-SAUCE
POLENTA

AYRAN, (TÜRKISCHES JOGHURT-GETRÄNK)
FLORENTINER SPINAT-EIER
PELLKARTOFFELN

GERICHTE AUS DER PFANNE IN LECKERER BEGLEITUNG

Besonders im Urlaub sind sie beliebt: die kunterbunten Gerichte für viele Personen aus einer großen Pfanne. Wer will schon Berge von Töpfen abspülen, wenn Erholung auf dem Programm steht!

**KALTE JOGHURT-GURKEN-SUPPE
MIT KRÄUTERN
GRIECHISCHE KARTOFFELPFANNE
MIT PAPRIKA UND SCHAFSKÄSE**

**CHINESISCHE GEBRATENE NUDELN
MANGO MIT KOKOS-ORANGEN-CREME**

**FRANZÖSISCHE LAUCH-KARTOFFEL-PFANNE
MIT BRIE
PIKANTER ORIENTALISCHER SALAT**

Ein kleines, feines Essen

Eine kolossale Anstrengung muß es nicht sein, wenn Gäste abends zum Essen gebeten werden. Es funktioniert auch anders! Riskieren Sie ein kleines, feines Essen, ohne große Mühe in kurzer Zeit zubereitet, dessen hervorragende Qualität in seiner Leichtigkeit und Frische liegt.

SPINATSALAT »SARDA«
AUBERGINENPIZZA MIT KALTER
TOMATEN-OLIVEN-SAUCE
GEWÜRZTE HIRSE
MASCARPONE-VANILLE-CREME MIT
SOMMERLICHEM OBSTSALAT

ANANAS-COCKTAIL »KING CREOLE«
KALTE AVOCADO-BUTTERMILCH-SUPPE
VOLLKORNBAGUETTE
MANGO MIT KOKOS-ORANGEN-CREME

AVOCADO-NUSS-CREME MIT KAROTTEN,
GURKEN UND SELLERIE-STREIFEN
SALAT »JAVA« MIT INGWERVINAIGRETTE
UND KOKOSFLOCKEN
VOLLKORNBAGUETTE
SCHMELZENDE APRIKOSEN

Ein wirklich kaltes Buffet

Stellen Sie sich vor, Sie haben keinen Herd
und wollen eine Einladung geben.
Die wahre Kochkunst erweist sich in Extremsituationen. Obwohl Kochkunst für die erforderlichen Fähigkeiten nicht der passende Ausdruck ist,
es ist eher die Kunst des Schneidens, Mischens
und Abschmeckens, die hier gefragt ist.
Es macht auch Spaß, dieses Buffet in Gemeinschaftsarbeit vorzubereiten. Rechnen Sie pro Rezept
eine Person und maximal 15 Minuten!
Ein schneller Spaß!

GEFÜLLTE TOMATE »BELLA ITALIA«
ZIEGENKÄSECREME MIT KRÄUTERN
EDELSCHIMMEL-MASCARPONE-CREME
TOFU-KRÄUTER-CREME
SALAT »SMOKY JOE«
APFEL-WALNUSS-SALAT MIT STANGENSELLERIE
CHICORÉE GEFÜLLT MIT HÜTTENKÄSE
UND MANDARINEN

REGISTER

Ananas, gebackene, »Bahia« 218
–, gedünstete 174
Ananas-Bananen-Flip 21
Ananas-Cocktail, »King Creole« 18
Ananas-Paprika-Curry in Kokosmilch 120
Ananaskompott, jamaikanisches 220
Ananassauce, pikante 192
Äpfel mit Runsauce, gedämpfte 221
Apfel-Walnuß-Salat mit Stangensellerie 32
Apfelgratin mit Weizensprossen und Datteln 218
Aprikosen, schmelzende 220
Aprikosen-Bananen-Raita 126
Aprikosen-Chutney 124
Aprikosen-Himbeer-Drink 20
Aprikosencreme 210
Artischocken à la provençale 142
Auberginen, Pilze und Sprossen mit geröstetem Sesam 114
Auberginen-Joghurt-Pilaw 171
Auberginen-Scheiben, gebratene 131
Auberginenpizza mit kalter Tomaten-Oliven-Sauce 142
Auberginenpüree mit Tahini, Baba Channooj 35
Ausgebackene Ananasscheiben 225
Austernpilze mit Kräuterpüree 100
– und Zuckererbsen 114
Avocado mit Grapefruitgelee 41
Avocado-Buttermilchsuppe, kalte 62
Avocado-Nuß-Creme 22
Avocado-Salat, mexikanischer 47
Avocadocreme mit Roten Paprikaschoten 30
–, Guacamole 183, Ayran 20

Bananen, gebratene 175
Bananen-Haselnuß-Creme 206
Bananen-Kokos-Gratin, karibisches 218
Bananen-Mandel-Milch 20
Bananen-Orangen-Brot 227
Bananen-Orangen-Shake 19
Bananen-Schokoladen-Creme 210
Bangkok-Reis 134
Basilikumgnocchi 94
Bauernsalat, bulgarischer 55
Bayerischer Obatzter 24
Beeren, überbackene 219
Birnensalat, arabischer mit Sesam und Datteln 220
Biskuit-Omelette, gefülltes, mit Heidelbeersauce 222
Blattsalat mit Walnußsauce 42
Blattspinat 102
Blitz-Hollandaise 106
Blumenkohl-Auberginen-Kartoffel-Curry 124
Blumenkohl-Curry 122
Blumenkohl-Spinat-Soufflé mit Safran 154
Blumenkohlsalat »Rhodos« 52
Bohneneintopf, andalusischer 179
Bohnensalat, pikanter 54
Bohnentopf »Alfredo« 178
–, mexikanischer, Frijoles Tia Maria 177
Borschtsch mit Dill-Sahne 79
Bratkartoffeln, indische 134
Broccoli »Korfu« 50
– in Orangensauce 108
– mit Gorgonzolasauce 82
– mit Kräuter-Senf-Butter 99
– und Karotten in Joghurt-Mandel-Sauce 120
Broccoli-Camembert-Quiche 155
Broccoli-Kartoffel-Gratin 144
Brotaufstriche 22f.
Buchweizencrêpes-Berg 172
Bulgarischer Bauernsalat, »Sopska Salata« 55
Buttermilch-Kartoffel-Suppe mit Kräutern 69

Camembertcreme mit grünem Pfeffer 22
Champignons à la Creme 102
– mit Walnuß-Ricotta-Füllung 28
–, gefüllte 149
Charlotte, russische 211
Chicorée gefüllt mit Hüttenkäse und Mandarinen 29
– provençale 151
Chili-Zitronen-Sauce 100

Cous Cous 166
Cremesuppen 67f.
Crêpes mit Erdbeerfüllung 221
Curry-Gerichte, indische 118f.

Dattel-Sesam-Pralinen 208
Datteln gefüllt mit Sesamcreme 212
Desserts, kalte 204f.
–, warme 218f.
Dreifrucht-Cocktail 18
Drinks 17f.

Edelschimmel-Mascarpone-Creme 22
Eier auf Zigeunerinnen Art 148
Einkauf 8f.
Eintöpfe 75ff.
Eis und Sorbets 215f.
Empanadas mit Käse-Paprika-Füllung 157
Enchiladas, Tortillas mit pikanter Tomatensauce 182
Endiviensalat mit Früchten, Sprossen und Nüssen 46
Erdbeer-Shake 18
Erdbeer-Tofu-Creme 197
Erdbeercreme mit Mascarpone 205
Erdbeersauce 224
Erdnuß-Orangen-Eis 216
Erdnußsauce 199
Essigzwiebeln 183
EU-Toast 26

Felafel, arabische Kichererbsenbällchen 175
Feldsalat mit Champignons und Kresse 41
– mit Nüssen und Sprossen 40
Fenchel in Sahnesauce mit Mandelsplittern 104
–, gratinierter, mit Zitronen-Parmesan-Kruste 152
Festtagssuppe, indische 66
Frijoles Tia Maria, Mexikanischer Bohnentopf 177
Frittata 130
Fruchtbowle »Aruba« 20
Früchte-Cocktail »Aloha In Samoa« 18
Fruchtsalat mit Erdnußsauce, mexikanischer 210

Gazpacho 61
Gemüse 97f.

– »Oshawa« 116
– »Shanghai« 116
–, junges, in Curry-Kokos-Creme 123
–, Kichererbsen und Pflaumen im Tontopf, Tagine 176
–, marinierte 49f.
–,–, mit Paprika-Tofu-Creme 189
Gemüse-Basilikum-Suppe, kalte 60
Gemüse-Kräuter-Topf, griechischer 152
Gemüsecremesuppe, französische 73
Gemüsecurry, Grün-Rotes 119
Gemüsehappen, fritierte 138
Gemüsereis, indonesischer 130
Gemüsesalat, griechischer 50
Gemüsesuppe »Drei Köstlichkeiten« 66
– mit Petersilienpesto 76
– mit Pistou 78
– mit Tofu-Zitronen-Klößchen 194
Gemüsetopf mit Joghurt-Minz-Sauce 103
–, arabischer, mit Joghurt-Minz-Sauce 103
Gerstensuppe mit Gemüse 70
Getreide 162
Gewürzmischung, thailändische 198
Gomasio (Sesamsalz) 73
Granatapfel-Karotten-Salat auf Fenchel 39
Granatapfel-Rosenwasser-Sorbet, »Fatimas Erröten« 216
Gratin aus geriebenen Kartoffeln 154
Grießsuppe, gebrannte 68
Grüne Bohnen mit Cashewnüssen 116
– mit Sesam und Miso 201
– mit Tomaten-Vinaigrette 50
– mit Tomatensauce 101
Grünkern-Kräuter-Knödel 162
Gruyèrecreme auf Birnenscheiben 28
Guacamole, Avocadocreme 183
Gurke »Santorini«, gefüllte 32
Gurken-Minze-Raita 126

Hafersuppe 74
Halwa, indisches Karottendessert 212

237

Haselnuß-Orangen-Creme 206
Himbeer-Tofu-Dessert 197
Himbeereis 215
Himbeersorbet 217
Hirse 162
–, gewürzte 163
Hirsotto mit Waldpilzen 168
Hirtentopf 176
Hommos Bi Tahini, Sesam-Kichererbsen-Creme 35
Hülsenfrüchte 173

Ikrusuppe 190
Ingwerlimonade 18

Joghurt-Creme mit Himbeeren 207
Joghurt-Gurkensuppe, kalte, mit Kräutern 62

Kalte Gemüse-Basilikum-Suppe 60
Kalte Joghurt-Gurkensuppe mit Kräutern 62
Karotten à la Crème 103
– mit Basilikumsauce 107
Karotten-Orangen-Salat 48
Karotten-Orangencreme-Suppe 68
Karottengemüse in Kapernsauce 108
Karottensalat, andalusischer 52
Kartofelpfanne, griechische 139
Kartoffel-Käse-Cremesuppe 72
Kartoffelgratin mit Schafskäse und Tomaten 144
Kartoffeln mit Spinat, gebratene 132
Kartoffelpfanne, griechische 139
Kartoffelpüree, überbackenes, mit Käse 153
Kartoffelsalat, indischer 56
Käsecremesuppe, pikante 73
Käsekuchen mit Aprikosen 229
Kässpätzle 168
Kerbel-Champignon-Suppe 69
Kichererbsen-Eintopf »Granada« 75
Kichererbsen-Gemüse-Topf, marokkanischer 178
Kichererbsenbällchen, arabische, Felafel 175
Kirschenmichel 224
Knoblauch-Tortilla 137
Knoblauchbaguette 27

Knoblauchbrot 26
Knoblauchsuppe, provençalische 70
Kohlrabi in Zitronensauce mit Minze 109
Kokos-Koriander-Chutney 126
Kokos-Pfannkuchen 222
Kokos-Zitronensuppe mit Pilzen 74
Kokosmilch 121
–, dicke 121
Kokosreis 170
Kokossorbet 217
Kräuterdressing 44
Krautsalat »New York« 43
Kuchen und Torten 226f.
Küchenausstattung 12f.
Kürbis, Stangensellerie, Zucchini und Tomaten süßsauer 112
Kürbis-Joghurt-Suppe 71
Kürbisgemüse »Santo Domingo« 100

Labna, Joghurt-Frischkäse 34
Lauch mit Gorgonzola 106
Lauch-Kartoffel-Pfanne, französische 132
Linsengericht mit Spinat und Kokosmilch 78
–, indisches, Masoor Dal 173
Linsensalat mit Minze 57
–, arabischer, mit Minze 57

Mais, junger 103
Mais-Käse-Klößchen 167
Maisklößchen-Suppe »Für Kaspar« 63
Makkaroni »Dreikäsehoch« 84
Mandarinengelee 208
Mandelgelee mit Ananassauce 208
Mandelgrießkuchen mit Fruchtsauce 229
Mandelpanierter Seitang auf Chinakohl in Orangensauce 113
Mango mit Erdnußsauce 38
– mit Kokos-Orangen-Creme 209
Mango-Chutney 127
Mango-Orangen-Flip 21
Mango-Papaya-Cocktail 43
Mangocreme 207
Mascarpone-Vanille-Creme mit sommerlichem Obstsalat 205

Masoor Dal, indisches Linsengericht 173
Maultaschen, schwäbische 92
Melone, gefüllte 213
Melonensalat, mexikanischer 42
Milchreis 222
Minestrone 77
Minzchutney 124
Miso 200f.
Misosuppe mit Ei und Frühlings-Zwiebeln 201
– mit Gemüse und gebratenem Tofu 201
Misosuppe mit Wintergemüsen 200
Mittelmeersalat 56
Moussaka 149
Mozzarella-Tomaten-Crostini 25
Mung-Fu 111
Mürbteig 229

Naturreis 169
Nori Make, japanische Reisröllchen 190
Nudel-Gerichte 81ff.
Nudeln mit Gemüse und Schafskäse 91
– mit Wildkräutern, gebratene 133
– mit Zucchini und Knoblauch, gebratene 132
–, gebratene, chinesische 138

Obatzter, bayerischer 24
Obstsalat Aphrodite 212
– aus Exotischen Früchten 209
–, winterlicher, mit Mandelcreme 204
Omelett, japanisches 134
Orangen mit Maraschino und Piniencreme 206
Orangen-Joghurt-Getränk 21
Orangeneis 216
Orangensorbet 217
Orangensuppe, geeiste 60
Orangentee 21
Orangentorte 226

Paella 170
Papaya-Kokos-Drink 20
Paprika mit Oliven-Ziegenkäsecreme 28
–, Sellerie, Karotten und Ananas süß-sauer 112

–, Tomaten, Zucchini und Pilze »Sirikit« 114
Paprika-Zucchini-Curry 122
Paprikarouladen mit Spinat-Käse-Füllung 150
Paprikasalat »Sevilla« 53
Pasta mit Austernpilzen und Sahne 86
– mit Pilzen, Walnüssen und Minze 86
– mit Tomatensauce, Mozzarella und Oliven 87
– mit Zucchini, Walnüssen und Kräutern 90
Pastetchen mit Pilz-Mandel-Füllung 158
– mit Roquefort-Lauch-Füllung 157
Pfeffersauce 174
Pfirsich-Gratin 220
Pfirsich-Orangen-Chutney 125
Pfirsichsorbet 217
Pilaw 171
Pilz-Lauch-Cremesuppe 68
Pilz-Tomaten-Vorspeise 44
Pina Colada-Torte 228
Pipérade, provençalische Eier 138
Pisto 102
Pittabrot 159
Pizza Dieci Cose 158
Plato Belice 174
Polenta 164
– mit Gorgonzola überbacken 165
– Pasticciata mit Spinat 164
–, einfache 164
Polenta-Nockerln mit Tomatensauce 166
Preiselbeer-Meerrettich-Creme m. Pfirsich od. Apfel 30

Quesadillas, gefüllte Tortillas 182
Quiches, Pastetchen und Pizza 155f.

Rahmlinsen, Wiener 76
Ravioli mit Ricotta-Kräuter-Füllung 91
Reis 168
– nach Art der Prinzessin 212
–, »Bangkok« 134
–, thailändischer, mit Spiegelei, 136

Register

Reisröllchen, japanische, Nori Make 190
Reissalat, karibischer 57
Reissuppe, chinesische »Congee« 72
Rettich mit Sesam-Miso-Creme, gedämpfter 201
Rigatoni mit Kräutern und Tomaten 82
Risotto Primavera 169
Roggensuppe mit Steinpilzen 67
Roquefortbirne 32
Rosenkohlgratin, Veroneser 147
Rosinen-Zitronen-Chutney 124
Rote Bete in Kokosmilch mit Basilikum 121
Rote-Bete-Salat 52
– mit Mandel-Meerrettich-Sauce 42
Rote Bohnen und Reis 173
Russische Charlotte 211

Safranreis 169
Salat »California« mit Roquefort 56
– »Java« mit Ingwer-Vinaigrette und Kokosflocken 187
– »Smokey Joe« 57
– »Speedy Gonzales« 45
– »Tri Colori« mit Brunnenkresse 46
– »Viermal Grün« mit Hongkong-Dressing 48
– aus Kresse, Karotten und Grapefruit mit Avocadocreme 40
– mit Avocado und Sprossen 48
– mit Joghurt-Minz-Sauce 44
– mit Stangen-Sellerie, Ananas und Nüssen 46
– mit Tomaten-Vinaigrette 38
– Toscanella mit Kapern-Vinaigrette und Croûtons 45
–, bunter, mit Kartoffeldressing 40
–, chinesischer, mit Endivien, Karotten u. Orangen 42
–, gemischter, mit Olivensauce 41
–, japanischer, mit Mandarinen-Sauce 45
–, orientalischer 40
Salate 37f.
–, bunt gemischt 38
–, Sattmacher 54

Salsa Picante 182
Sauce aus Auberginen, Tomaten und Gorgonzola 90
Sauerkraut, ungarisches 105
Saure Milch mit Schwarzbrot 62
Schafskäse-Kräuter-Soufflé 142
Schnittlauch-Quiche 156
Schwarze Bohnen 174
Selleriesalat mit Senfsauce 53
Sesam-Kokos-Flocken 116
Sesam-Mandel-Sauce 175
Sieben-Kräuter-und-Sieben-Gemüse-Suppe 77
Skordalia, pikante Kartoffelpaste 34
Snacks 28f.
Sonnenblumenkerne, geröstete 46
Spaghetti »Como Carbonara« 84
– »Jardin« 83
– »Kreta« 85
– »Picante« 84
– All'Arrabiata 86
– mit Champignons und Tomaten 88
– mit Lauch und Roquefort 94
– mit Paprika, Oliven und Kapern 95
– mit Paprika, Tomaten und Gorgonzola 89
– mit Safrancreme, Fenchel und Pinienkernen 89
– mit Sahnesauce, Broccoli, Pilzen und Lauch 88
– mit Zucchini und Senfcreme 87
Spaghettipizza 144
Spargel im Spinatmantel 150
–, grüner 108
Spargel-Pilz-Salat 52
Spinat »Tinos« mit Joghurt-Kräuter-Sauce 104
– in Kokos-Curry-Sahne 119
– mit Cumin, gebratener 119
– mit Gorgonzola 102
–, Lauch und Mungosprossen 115
Spinat-Eier, Florentiner 146
Spinat-Kichererbsen-Eintopf »La Jerezana« 76
Spinat-Tofu-Bällchen, gedämpfte 196
Spinatsalat »Sarda« mit Schafskäse 54

Spinatsauce zu Spaghetti 93
Sprossenzucht 14f.
Suppe »Die den Drachen freundlich stimmt« 65
– mit Grünkern-Klößchen 64
–, jamaikanische 74
– und Eintöpfe 59f.
–, kalte 60
–, klare 63f.
Suppengemüse à la Creme mit Kerbel 106
– auf chinesische Art, gebratenes 112
Szetschuan-Suppe mit Sprossen, Pilzen und Lauch 64

Tabbouli, Bulgur-Kräutersalat 34
Tagine, Gemüse, Kichererbsen und Pflaumen im Tontopf 176
Tagliatelle mit Räucherkäse und Grünem Pfeffer 94
Tausend-Inseln-Pfanne, Gemüse, Tofu und Ananas 196
Tempeh 198
Tempeh-Chips 199
Tempeh-Spießchen 198
Tempura, fritierte Gemüse auf japanische Art 117
Toast »Viva Mexico!« 26
Toasts 25f.
Tofu 185f.
– mit Exotischen Früchten, gebratener 191
Tofu-Burger 188
Tofu-Gemüse-Pfanne mit Sprossen gebraten 197
Tofu-Kokos-Bällchen 192
Tofu-Sprossen-Salat 122
Tofu-Stäbchen 197
Tofu-Taschen, gefüllte 195
Tofu-Toast 188
Tofu-Yaki 193
Tofudressing 188
Tofukräuter-Creme 23
Tomate »Bella Italia«, gefüllte 30
Tomaten mit Basilikumcreme 30
– mit Gorgonzola-Füllung 148
– mit Spinat-Tofu-Creme 186
– mit Spinatfüllung 148
Tomaten-Cocktail 19
Tomatensauce »Verano« 84

Tomatensauce 90
–, scharfe, aus rohen Tomaten 175
Tomatensuppe mit Mandelcreme 69
Tonmaten-Paprika-Raita 126
Topfenknödel mit Erdbeersauce 224
Tortilla Espanola 136
– mit Champignons 136
– mit Grünen Bohnen 136
– mit pikanter Tomatensauce, Enchiladas 182
–, gefüllte, Quesadillas 182
–, mexikanische 180
Tostada, fritierte Tortillas mit bunter Füllung 180
Trauben-Raita 126
Traubensaft 18
Tumis Tempeh 199

Überraschungsbirne 221

Vanilla Brandy 206
Vanilleeis 216
Vanillesauce 224
Vesper, schwäbische 24
Vitamin-Mix 20
Vorratshaltung 10f.
Vorspeisen, arabische 33f.

Weizen-Mandel-Klößchen in Gemüsebrühe 64
Wiener Rahmlinsen 76
Wintersuppentopf, chinesischer 194
Würzen 11f.

Zaziki 35
Ziegenkäse in Knoblauch-Marinade 31
Ziegenkäsecreme mit Kräutern 22
Ziegenkäsetoast mit provençalischer Sauce 26
Zitronencreme 214
Zitroneneis, cubanisches 216
Zitronensuppe mit Minze 72
Zucchini »Palermo« 52
– mit Pilzen gefüllt 146
Zucchini-Spinat-Omelett 134
Zucchini-Tomaten-Gratin 145
Zucchinigratin mit kalter Tomaten-Kräuter-Sauce 143

Bildnachweis
Gusto/Köb: 200/**Liewehr:** 16/17, 36/37, 55, 58/59, 67, 80/81, 96/97, 140/141, 160/161, 177, 184/185, 189, 193, 195;

Weitere Fotos:

Mosaik Verlag: Brauner: 14, 19, 25, 27, 31, 43, 44, 48, 49, 51, 61, 71, 79, 93, 95, 101, 107, 115, 128/129, 135, 137, 145, 147, 151, 156, 167, 179, 202/203, 213, 225; **Eising:** 24, 53, 153, 207, 211; **Feuz:** 214; **Goldmann:** 133, 215; **Kerth:** 62, 79, 125, 127, 131, 165; **Pudenz:** 227; **Schinharl:** 6/7, 9, 13, 21, 23, 29, 33, 39, 47, 63, 65, 75, 83, 89, 99, 105, 109, 111, 118, 123, 139, 143, 163, 174, 181, 187, 191, 205, 209, 217, 219, 223; **Teubner:** 85. Alle Rechte Mosaik Verlag

Redaktion: Heidrun Schaaf
Layout: Kathrin Hälbich
Fotos: siehe Bildnachweis
Umschlaggestaltung: Karoline Droege

Der Mosaik Verlag ist ein Unternehmen der Verlagsgruppe Bertelsmann

© 1995 Mosaik Verlag GmbH, München / 5 4 3 2
Repros: Arti Litho, Trento
Satz: Filmsatz Schröter GmbH, München
Druck und Bindung: Mohndruck Graphische Betriebe GmbH, Gütersloh
Printed in Germany
ISBN 3-576-10505-0